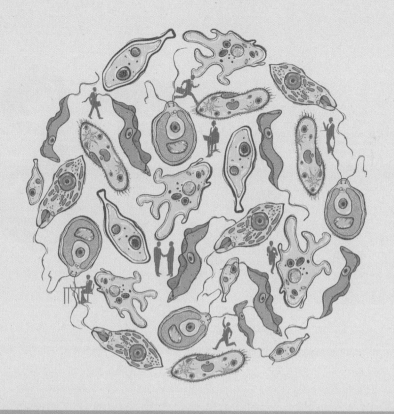

THE FOURTH INDUSTRIAL REVOLUTION

· 아메바 경영의 진화 ·

제4차 산업혁명을
위한 조직 만들기

PREFACE

 조직이란 개인이 완수할 수 없는 목적을 달성하기 위한 여러 사람들의 협동·수단·시스템(체계)을 말한다. 인간 등의 집단 혹은 공동체가 일정한 목적 또는 목표를 달성하기 위해서, 지휘 관리와 역할 분담이 정해져 계속적인 결합이 유지되고 있을 때, 그 집단은 조직 혹은 단체로 불린다. 집단의 활동을 조직화하기 위해서는 어떠한 관리의 방법이 존재하지 않으면 안 된다. 관리는 소수자의 강력한 리더십에 의한 경우도 있고, 집단의 합의에 의한 경우도 있다. 구성 요소에 변동이 있어도 조직의 자율적인 활동을 유지하기 위해서는, 대표 선출이나 총회 운영 등의 조직 운영을 위한 제 규범을 갖추는 것이 불가결하다. 현대의 대기업이나 정부는 다수의 계층으로 구성된 복잡한 조직구조를 가지고 있다.

 조직은 환경에서 자원을 획득하고, 그것을 처리하여 산출물을 생산하는 안정되고 정형화된 사회구조를 갖는다. 생산 기능에서 이러한 투입을 제품이나 서비스로 변환시킨다.

 다시 말하면, 조직이란 일반적으로 공동의 목적과 비전을 공유하는 구성원들의 집합체를 의미하고 있다. 조직은 구성원들이 각자 고유한 직무를 맡아 조직의 비전과 목적을 향해 서로 협력할 때 높은 생산성과 창의성을 구현하게 된다.

그러니까 조직에는 각 직무의 성과책임이 규명되어 있고 그 직무에 적합한 사람이 선발·배치되는 것이 인사조직론의 기본이다.

조직의 목적과 비전이 이 성과책임(accountability)을 통해 각 직무로 분해되어 스며들어가게 된다. 직무담당자들은 자신의 직무에 부여된 성과책임을 인식한 후, 업무활동을 수행함으로써 자신에게 부여된 성과책임을 완수해 가는 것이 일반적인 조직운영과정이다.

조직의 비전, 목적, 방향, 가치 등이 각 직무의 성과책임에 적절히 배분되어 스며들어가 있어야 한다. 각 직무는 이 성과책임에 근거하여 성과목표를 스스로 세우고 이를 달성하기 위해 노력하도록 직무가 설계되어야 한다.

이를 위해서는 구성원들이 직무가 요구하는 역량에 부합하도록 선발·배치되어야 한다. 당연한 이야기지만, 채용에서 출발하여 급여보상을 거쳐 퇴출까지의 모든 인사과정에는 인간의 존엄성이 보장되어야 한다.

과거 관료화된 조직의 비효율성 때문에 여러 가지 어려움을 겪었으나, 이는 구성원들에게 매력적인 비전을 제시하여 함께 성취하려는 리더십이 부족했기 때문이다. 구성원들이 서로 경쟁하지 않았기 때문에 비효율적인 것은 아니다. 원인과 결과를 잘못 이해한 것이다.

체스터 어빙 바나드(Chester Irving Barnard, 1886~1961년)는 미국의 고위급 경영인이자 행정학자이며 경영이론과 조직이론 분야에서 선구자적인 이론을 수립한 인물이다. 그는 기념비적 저술 《경영자의 역할》(The Functions of the Executive)에서 조직이 무엇인지, 그리고 그 조직에서 경영자가 수행해야 할 역할이 무엇인지를 이론화하여 수록했다. 바너드는 경영자의 역할을 다음과 같이 세 가지로 요약했다.

- 조직의 목적과 목표를 공식화하는 것
- 다른 조직원들로부터 중요한 서비스를 확실히 받도록 하는 것
- 의사소통 체계를 만들고 유지하는 것

제4차 산업혁명을 주도하고 있는 기업들은 한결같이 분권화된 자율적인 네트워크 조직, 즉 DANO(decentralized autonomous networked organization)의 경영철학을 실천하고 있다. 게르만 모델 또는 스칸디나비아 모델을 추구하는 기업들은 이미 1970년대 이전부터 DANO의 경영방식으로 전환하여 높은 생산성과 창의성을 구현하고 있다. 독일, 스위스 등을 중심으로 지금 제조업 차원에서의 혁명적인 변화라고 할 수 있는 인더스트리 4.0을 이끌고 있는 원동력도 바로 여기에서 비롯된 것이다.

그렇다면 이러한 유럽의 DANO 경영방식이 우리나라에 그대로 적용될 수 있을까. 그들의 조직문화가 우리에게 무리 없이 접목될 수 있겠는가. 다소 우려되는 바가 없지 않다. 그래서 생각해낸 것이 일본 교세라의 창업자 이나모리 가즈오(稻盛和夫)가 창안한 아메바 경영이다. 유럽의 DANO 경영방식과 마찬가지로 아메바 경영 역시 분권화된 자율적인 네트워크 조직운영방식이라고 할 수 있다. 아메바 경영이라면 유사한 조직문화를 가진 우리나라 기업에도 충분히 뿌리내릴 수 있겠다고 생각한 것이다.

제4차 산업혁명은 단순한 구호에 의해 달성되는 것이 아니다. 인공지능을 비롯한 주요 기술동인은 물론 우리나라의 조직운영방식을 분권화된 자율적인 네트워크 조직으로 전환해야 비로소 높은 생산성과 창의성을 확보할 수 있을 것이다.

아메바 경영은 우리나라에 소개되어 도입된 지 오래다. 이미 그것의 가치를 충분히 이해하고 있으려니와 그 도입효과도 상당하다.

이 책에서는 조직이론 및 조직행동 등에 대한 개략적인 내용을 소개하고, 그것의 실천방안으로서 아메바 경영의 이론과 실제를 소개하기로 한다. 특히 최근에는 일본 내에서 제조업 외에 항공사, 병원, 호텔, 학교 등 전통적인 서비스 업종에도 도입되어 큰 성과를 거두고 있는 것으로 알려져 있다. 이런 상황에서 아메바 경영의 가치와 효과를 재조명하는 것은 큰 의미가 있을 것이다.

이 책을 준비하는 데는 주위 많은 분들의 격려와 지원을 받아서, 이 자리를 빌어 감사의 말씀을 전한다. 특히 교세라 디스플레이 주식회사에 근무하고 있는 큰 아들 승렬의 도움이 컸다. 어려운 전문용어의 번역 및 해설과 상세한 현지 사정에 대한 정보제공이 없었다면 이 책은 빛을 보지 못했을 것이다.

끝으로 이 책의 출판에 많은 도움을 주신 한올출판사 임순재 사장님과 최혜숙 실장님 그리고 관계자 여러분의 노고에 깊은 감사의 말씀을 드린다.

2018년 1월
저자 씀

● business

제4차 산업혁명을 위한 조직 만들기
| 아메바 경영의 진화 |

Chapter 01

조직문화

Chapter 01 조직문화

1. 개요

　조직문화(組織文化, organizational culture)는 조직행동에서 주요하게 다루고 있는 개념으로 개인과 집단, 그리고 조직의 태도와 행동에 영향을 주는 공유된 가치와 규범을 의미한다.

🌐 그림 1-1　조직문화 이미지

　1979년 생긴 용어로 조직행동과 경영전략을 연결시켜준다. 경영학에서는 조직 관리 분야에서 다룬다. 건전한 조직문화를 가진 기업은 높은 직업 만족도를 지니게 된다. 사람, 자본, 물자, 정보뿐만 아니라 조직문화 역시 중요한 요소로 작용한다. 학자마다 서로 다른 용어를 채택하고 있고, 학계뿐만 아니라 각 기업에서도 관심을 가지고 있는 주제로서 하나의 일관된 체계를 세우기는 어렵다.

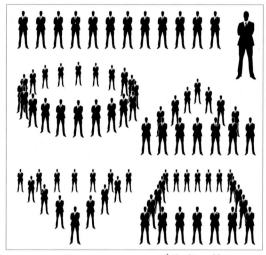

자료: clipart-library.com

그림 1-2 조직행동 이미지

Jones의 경우, 조직문화를 조직 내의 개인과 집단이 상호작용하고 고객, 공급자 등 조직 외부의 사람들과 상호작용하는 방법을 통제하는 일련의 비공식적 가치, 규범 및 신념이라고 정의했다. Ouchi는 조직의 전통과 분위기로서 조직의 가치관, 신조 및 행동패턴을 규정하는 기준이라고 보았다.

2. 정의

(1) Pettigrew

조직문화는 언어, 이데올로기, 신념뿐만 아니라 지배적인 상징, 의식, 노동조직의 신화 등에 연관되어 있다. 또한 조직문화는 가치와 이해관계가 협상과 조정을 따르는 광범위한 정치적, 문화적 체계의 일부이다. 이는 조직문화가 상급의 관리층에 의해 구성되는 것도 아니고 동질적이지도 않다는 사실을 의미한다.

(2) Deal & Kennedy

강한 조직문화는 조직 구성원들의 비공식적인 행동규범이 되며, 그들이 자부심을 가지고 열심히 일하도록 해주는 원동력이 되는 등 조직을 통합하고 응집시키는 역할을 한다. 즉, 조직문화는 조직 구성원에게 정체성과 동질성 및 행위지침을 제공하고, 조직몰입의 촉진과 사회시스템의 안정성을 향상시키는 기능을 수행한다. 또한 강한 조직문화는 조직성과와 정(正)의 관계를 가진다.

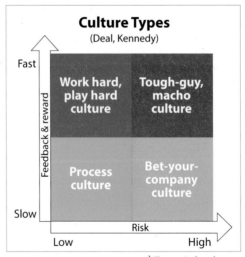

자료: comindwork.com

◉ 그림 1-3 Deal and Kennedy's Model Diagram

(3) 신유근

조직문화란 개인의 개성처럼 다른 조직과는 구별되는 개별조직 고유의 독특성이다. 이 독특성을 설명하는 가장 핵심적인 구성요소는 구성원들의 가치의식(선호하는 가치, 태도, 신념, 경영철학, 기업정신 등)과 행동방식(행동성향으로서 업무수행 방식, 대인관계 방식, 욕구표출 방식 등)으로 집약할 수 있다.

자료: k-mma.com
⊛ 그림 1-4 신유근

자료: pace-od.com
⊛ 그림 1-5 Edgar Schein

(4) Edgar Schein

조직문화란 일정 패턴을 갖는 조직활동의 기본가정(또는 전제, 믿음)이다. 이것들은 특정집단의 내외적 활동과정에서 발견 또는 개발된 것들이다. 이러한 가정들은 오랜 시간 조직 구성원들이 타당한 것으로 여겼기 때문에 당연한 것으로 받아들여지며, 새로운 구성원들에게도 조직의 문제를 해결하는 올바른 방법으로 학습된다.

3. 구성요소

조직진단 7S 모형(7S Model)

7S 모형이란 컨설팅 전문 기업인 매킨지(Mckinsey)에서 제시한 조직효과성 분석 모델이다. 분석에 사용되는 7S는 리더십 스타일(style), 관리기술(skill), 전략

(strategy), 구조(structure), 제도와 절차(system), 구성원(staff), 공유가치(shared value)를 뜻한다. 7S 모형은 조직효과성 분석에 사용되기 때문에 각각의 요소는 조직문화의 구성요소로 볼 수 있다.

리더십 스타일(style)은 핵심 경영자가 조직의 목표를 달성하기 위해 행동하는 방법과 조직의 문화 스타일을 말한다. 관리기술(skill)이란 인원 또는 전체 조직으로서의 독특한 능력을 말하고, 전략(strategy)이란 확인된 목표를 달성하기 위해 기업의 희소자원을 시간적으로 우선순위화한 계획이다. 구조(structure)는 조직단위가 상호 연관되어 있는 방식으로 중앙집권적·분권화·네트워크화·매트릭스화 등을 말하고, 제도와 절차(system)는 작업이 어떻게 완수되어야 하는지에 대한 절차, 프로세스 및 재무 시스템을 의미한다. 구성원(staff)이란 조직 내 인원의 유형과 수에 대한 정보이고, 공유가치(shared values)란 Mckinsey 모형을 상호연결하는 핵심가치이며 조직을 나타내고 조직이 믿고 있는 것이다.

7S 모형의 일곱 가지 요소는 아래 그림과 같이 네트워크 형식으로 표현된다.

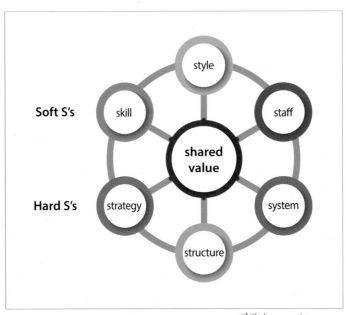

자료: koyang.tistory.com

🏵 그림 1-6 Mckinsey의 7S 모형

4. 기업차원의 유형

조직문화의 유형은 연구자마다 다양한 기준에 따라 다르게 분류된다.

Reimann & Weiner는 전략적 문화·기업가적 문화·배타적 문화·국수주의적 문화로 나누어 보았고, Denison은 집단문화·개발문화·합리문화·위계문화로 나누었다.

Handy는 클럽문화·역할문화·과업문화·보존문화로 분류했고, Ouich는 시장문화·관료문화·클랜문화로 나누었다.

Bititci et al.은 역할문화·성취지향문화·권력문화·지원문화로 구분했고, 이종수 외는 상징문화와 실천문화로만 나누었다. 하지만 이외에도 조직문화의 유형은 다양하게 제시되어 있다.

(1) 서인덕

서인덕 교수는 조직문화를 현실지각과 행동 두 가지 차원으로 나누었다. 현실지각 차원은 동태적인 문화와 정태적인 문화로 나뉘고, 행동차원은 유지지향적인 문화와 활동지향적인 문화로 나뉜다.

친화적 문화란 동태적이며 유지지향적인 조직문화를 말한다. 친화적 조직문화를 가진 집단은 집단의 응집력을 중시하며 우의적 행동, 관계 지향적이고 협조적 행동이 선호한다.

진취적 문화는 동태적이고 활동지향적인 조직문화를 일컫는다. 진취적 문화에서는 도전성과 모험성, 창의성, 신속성 등을 강조한다.

보존적 문화는 정태적이며 유지지향적인 문화이다. 안정, 조정, 통제를 강조하고 표준화, 적정성, 종업원 훈련 등에 조직활동의 초점을 두는 조직에서 나타난다.

합리적 문화는 정태적이며 활동지향적인 문화로 능률, 목표, 능력 등의 성과관련 변수들을 중시하며, 수단-목표 간의 인과관계에 초점을 둔다.

표 1-1 서인덕 교수의 조직문화 유형

		행동차원	
		유지지향적	활동지향적
현실지각차원	동태적	친화적 문화	진취적 문화
	정태적	보존적 문화	합리적 문화

자료: ko.wikipedia.org

(2) Ouchi

Ouchi는 조직문화를 인간관계에 있어서 신뢰와 친밀감을 중시하는 일본식 조직인 J타입과 개인의 권리와 성취를 중시하는 미국식 조직인 A타입, 앞의 두 가지 타입의 강점을 조화롭게 살린 Z타입으로 구분하였다. Z타입은 '미국판 일본식 조직'이라고도 표현되며, 미국에서 성공하고 있는 기업들의 공통점으로 제시되었다. Ouchi의 Z이론은 이러한 Z타입의 조직문화에서 나타나는 특성을 설명하는 이론을 말한다.

자료: alchetron.com

그림 1-7 William G. Ouchi

J타입의 조직은 종신고용을 바탕으로, 조직에서 이루어지는 의사결정은 합의를 기반으로 하며 책임은 조직 전체가 지는 형태의 문화를 말한다. J타입의 조직에서 성과평가나 승진은 느린 편이고, 통제는 암묵적이고 비공식적으로 이루어진다. 또한 조직은 직원에 대해 포괄적인 관심을 가진다.

A타입의 미국식 조직은 단기고용이 기본이고, 의사결정은 개인이 하며, 그에 따라 책임도 개인이 지는 형태이다. 대신 성과평가가 빠르고 승진 역시 빠르며, 통제는 공식적으로 이루어진다. 직원에 대해서는 분화된 관심을 가진다.

- 미국 사회의 규범과 문화적 장점을 그대로 유지하면서 일본의 경영방식을 혼합
- 그룹 책임을 강조하고 품질향상, 점진적인 정책의 개선 그리고 비공식적인 통제와 복지향상 등에 많은 비중을 둠

 미국 +  일본 = **Z이론**

미국	일본	Z이론
• 단기고용제도	• 종신고용제도	• 장기고용제도
• 개인적 의사결정	• 집단적 의사결정	• 집단적 의사결정
• 개인 책임주의	• 집단책임주의	• 개인책임주의
• 신속한 평가와 승진	• 느린 평가와 승진	• 느린 평가와 승진
• 공식적인 통제	• 비공식적인 통제	• 비공식적인 통제와 공식적 측정
• 전문화된 경력 경로	• 비전문화된 경력 경로	• 적절하게 전문화된 경력 경로
• 세분화된 관심	• 전체적인 관심	• 전체적인 관심

자료: hrd100.tistory.com

🏵 그림 1-8 윌리엄 오우치 Z이론

J타입과 A타입의 장점을 섞은 Z타입은 조직 구성원들의 상호의존성, 동료의식, 평등, 참여, 공동노력 등을 강조하는 참여관리를 핵심으로 하는 문화를 말한다. Z타입의 조직문화의 특징은 다음과 같다.

첫째, 장기고용관계를 유지한다. 임용구조는 폐쇄형에 가깝고 한번 채용한 사람은 조직에 오래 남을 수 있게 한다.

둘째, 직원에 대한 평가는 잦지 않으며 많은 부분 비공식적으로 평가한다고 한다.

셋째, 직원의 승진속도는 상대적으로 느리다.

넷째, 직원들의 전문화 수준은 상대적으로 낮으며 일반능력자주의적 인사관리를 한다고 한다. 순환근무제나 순환보직제가 널리 이용된다고 한다.

다섯째, 의사결정은 집단적 합의의 과정을 통한다. 그러나 책임은 한 개인에게 돌아간다. 이 점은 집단적 책임으로 돌리는 일본식 관리와 구별된다.

여섯째, 비공식적, 사회적 통제가 강조된다.

일곱째, 관리층에서 직원들에게 전인격적 관심을 갖는다. 이것은 직원들에게 매우 포괄적인 관심을 가진다는 것이다.

(3) R. Harrison

R. Harrison은 조직문화를 조직구조의 핵심변수인 공식화와 집권화 두 가지 차원으로 구분하였다.

관료조직문화(bureaucracy culture)는 집권화·공식화 정도가 모두 높으며, 구성원들의 역할이 구체화되어 있는 문화를 말한다. 과학적 방법에 의한 기계적 움직임으로 업무처리를 하며, 직무소외가 심하고 조직몰입도가 낮으며 이기적인 행동이 많다.

권력조직문화(power-oriented culture)는 집권화는 강하지만 공식화 정도는 약하다. 직무수행절차가 구체화되어 있지 않고 명확하지 않으며, 조직 내 실력자 및 측근들이 상황에 따라 역할 배정을 한다. 구성원 간이나 계층 간에 갈등이 심하다.

행렬조직문화(matrix culture)는 집권화의 정도는 약하지만 공식화는 강하다. 전문가를 중심으로 팀을 구성하여 과업을 수행하며, 구성원 간에 상담, 교섭, 포섭이 많이 이루어지고 창의력도 발휘된다.

핵조직문화(atomized culture)는 집권화·공식화 모두 낮은 대신 분권화 및 비공식성이 높다. 공동목표를 중심으로 자발적 협조가 이루어지며, 참여와 상담이 업무의 중요한 부분을 차지한다.

표 1-2 Harrison의 조직문화 유형

	집권화 높음	집권화 낮음
공식화 높음	관료조직문화	행렬조직문화
공식화 낮음	권력조직문화	핵조직문화

자료: ko.wikipedia.org

(4) Deal & Kennedy

T. Deal과 A. A. Kennedy는 조직활동과 관련된 위험성 정도와 의사결정전략의 성공 여부에 관한 피드백의 속도라는 두 가지 차원에서 조직의 문화를 분류하였다.

거친 남성문화(the tough guy, macho culture)는 모험형 문화로서 사업성격이 고도의 모험성을 띠고 있으며, 성공 여부를 바로 확인할 수 있다. 성패의 차이가 분명하고 강력한 지도자를 중심으로 조직활동을 전개한다. 이러한 문화 속에서는 지도자의 경영이념과 행동특성이 조직문화에 강하게 반영된다.

열심히 일하고 노는 문화(work hard/play hard culture)에서는 어느 한 사업에 큰 모험을 걸지 않고, 일상 업무를 충실히 그리고 열심히 수행한다. 결과에 따라 적절히 대응해 가는 유형이다. 팀워크가 좋은 결과를 가져올 수 있기에 친절하고 우호적인 사람이 영웅으로 등장한다.

사운을 거는 문화(bet your company culture)는 투자형으로 사업성격이 고도의 모험성을 띠는 문화이다. 성패를 알려면 오랜 시간이 걸리며 성공 여부가 기업의 성패를 좌우한다. 업적의 장기평가를 중시하고 상급자의 경험을 중시한다.

과정문화(the process culture)는 관료형으로 성과보다는 과정을 중시한다. 모험이 없고 비교적 안정되지만 사업의 결과를 알기 힘들다. 업무처리의 정확성과 객관성 그리고 완벽주의를 강조한다. 공식적 위계질서를 중시하고 직무가 세분화되어 있고 의사결정은 집권적이다.

표 1-3 Deal & Kennedy의 조직문화 유형

	피드백 빠름	피드백 느림
위험요소 많음	거친 남성 문화	사운을 거는 문화
위험요소 적음	열심히 일하고 노는 문화	과정 문화

자료: ko.wikipedia.org

(5) Quinn

R. E. Quinn은 조직문화가 가질 수 있는 네 가지 문화속성을 제시하였다. 유연성과 그에 반대되는 질서, 내부통합과 그에 반대되는 외부지향이 그것이며, 이 중 어떤 면이 강조될 수는 있으나 지나치게 한 쪽으로 치우쳐서는 안 되고 네 가지 문화속성이 균형을 적절하게 유지하는 것이 조직성공의 열쇠라고 말한다.

인적자원형(human resource development)은 내부지향이며 비공식적인 유연한 문화로서, 가족적 공동체와 비슷하고 참여, 충성, 안락을 중시하며 상호배려와 팀을 기반으로 움직인다.

개방체계 문화(open system)는 공식이 없어 모험을 감수하며 외부지향이기 때문에 창의적이고 도전적이며, 혁신과 자율이 보장되는 분위기이다.

위계질서 문화(hierarchical)는 질서를 중시하고 내부통합적이며, 예측 가능한 일만 하고 비용통제와 철저한 관리로 안정적인 조직을 지향한다.

생산중심 문화(production oriented)는 질서와 규정이 배어 있지만 외부지향이기 때문에 경쟁우위를 위해 시장에 침투하고 생산성 향상에 주력한다.

표 1-4 Quinn의 조직문화 유형

	내부통합	외부지향
유연성	인적자원형	개방체계형
질서	위계질서형	생산중심형

자료: ko.wikipedia.org

(6) 경쟁가치 모형

경쟁가치 모형(CVM, competing values model)은 원래 조직 효과성 연구에 활용되는 틀이었다. 그러나 Quinn 등에 의해 발전되고, Quinn & McGrath, Cameron & Quinn 등에 의해 제시되면서 조직문화를 연구하는 분석틀이자 조직문화를 진단하는 도구로 활용되기도 한다.

경쟁가치 모형은 '변화 대 안정'과 '조직 내부지향 대 외부지향' 두 가지 차원을 기준으로 하고 있다. 변화는 조직의 신축성과 유연성을, 안정은 통제와 질서 및 효율성을 강조하는 개념이다. 조직 내부지향은 기존의 조직을 유지하기 위해 조직 내부의 통합과 조정에 초점을 두는 성향이고, 외부지향은 조직 외부환경과의 상호작용 및 환경적응과 경쟁을 강조하는 성향이다. 이들의 조합에 따라 조직문화는 관계지향, 위계지향, 과업지향, 혁신지향 문화로 구분된다.

관계지향 문화(clan culture)는 조직구조의 유연성과 조직 내부에 대한 관심에 초점이 있다. 관계지향 문화의 조직은 구성원에 대한 배려와 관심도가 높고 팀워크를 중시하는 편이기 때문에 개인의 발전과 조직 구성원의 참여 등이 강조되고, 이러한 면에서 인적자원 개발과 조직몰입의 증진이 조직성과의 주된 기준으로 작용한다. 조직의 리더는 구성원에게 권한을 위임함과 동시에 그들의 참여와 헌신 및 충성심을 촉진하는 역할을 한다. 따라서 조직 구성원은 충성심과 조직의 전통에 대한 인식을 바탕으로 조직에 몰입된다.

위계지향 문화(hierarchy culture)는 통제위주의 조직구조를 지향하며 조직 내부 문제에 관심을 가진다. 또한 관료제의 규범이 반영되어 공식적 명령이나 규칙, 집권적 통제 등을 강조한다. 따라서 관료제의 핵심인 능률적 목적 달성을 중시하고, 안정적이고 예측 가능한 성과를 만드는 데 초점을 맞춘다.

과업지향 문화(market culture)에서는 안정적이고 통제 중심적인 조직구조를 지향하며 외부환경에 치중하는 모습이 나타난다. 과업지향 문화는 성과목표를 달성하는 것을 강조하기 때문에 과업수행에 있어 생산성을 중요하게 본다. 또한 시장 점유율을 높이고 다른 조직과의 경쟁에서 이기는 것에 가치를 두고, 조직의 생산성을 높이기 위해 구성원들에게 명확한 목표를 제시하고 구성원들의 경쟁을 독려한다. 외부환경에 대해서는 적대적인 자세를 취한다.

혁신지향 문화(adhocracy culture)는 조직구조의 유연성과 조직 외부에 대해 더 많은 관심을 가진다. 이 문화에서는 조직 구성원의 모험정신이나 창의성 및 기업가 정신에 가치를 두면서 조직의 적응과 성장을 지원할 수 있는 적절한 자원의 획득을 중시한다. 또한 외부적 환경을 주시하여 경쟁에서 이기는 것을 우선으로 여기되 위험을 감수하더라도 모험을 즐긴다. 혁신지향 문화는 변화에 있어 적응력이 높고, 혁신적이고 창의적이게 변화를 관리한다.

각 문화유형의 특성을 표로 정리하면 다음과 같다.

🕸 표 1-5 경쟁가치 모형에 따른 조직문화 종류와 그 특성

	관계지향 문화	혁신지향 문화	과업지향 문화	위계지향 문화
목적 가치	사기(morale), 인적개발(people development)	혁신, 첨단 서비스 개발 및 제공	수익추구, 조직의 성공	효율성, 지속성(timeless)
수단 가치	화합, 참여, 의사소통	적응력, 창조성, 민첩성	소비자 중심, 생산성 증대	일관성, 업무 혹은 생산과정 표준화
가정	소속감, 연대감	변화, 성장	과업달성	안정
믿음	조직 구성원은 조직 내에서 신뢰, 충성, 맴버십을 느낄 때 적절하게 행동	조직 구성원은 자신의 업무의 중요성을 인지할 때 적절하게 행동	조직 구성원은 명확한 목적과 정확한 성과보상에 따라 적절하게 행동	조직 구성원은 공식적이고 명확한 규율과 규칙에 따라 적절하게 행동

자료: ko.wikipedia.org

(7) 윤리적 조직문화

조직문화는 조직 구성원들의 의사결정과 행동에 커다란 영향을 미친다. 따라서 조직문화는 조직의 윤리수준결정에도 중요한 요소로 작용한다. 때문에 기존의 조직문화 유형과는 별개로 윤리성이 높은 조직문화의 개념이 등장했다.

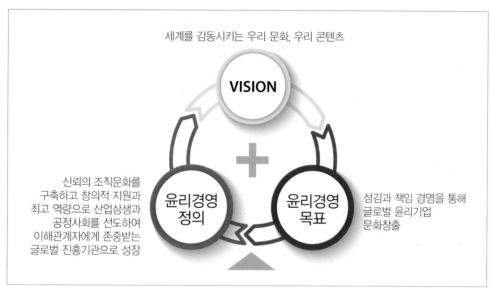

세계를 감동시키는 우리 문화, 우리 콘텐츠

VISION

윤리경영 정의

윤리경영 목표

신뢰의 조직문화를 구축하고 창의적 지원과 최고 역량으로 산업상생과 공정사회를 선도하여 이해관계자에게 존중받는 글로벌 진흥기관으로 성장

섬김과 책임 경영을 통해 글로벌 윤리기업 문화창출

자료: kocca.kr

🕸 그림 1-9 윤리경영 목표 및 전략

윤리적 조직문화의 개념은 두 가지 가정을 가지고 있다.

첫째, 윤리적이고 도덕적인 측면이 강한 조직문화가 형성되어 있을수록 윤리수준은 높아진다.

둘째, 조직윤리수준의 높고 낮음을 결정하는 것은 조직 구성원 개개인의 도덕성이라기보다는 조직의 분위기 또는 조직문화이다.

윤리성이 높은 조직문화를 형성하기 위해서는 실제 기업에서 활발히 전개되고 있는 문화운동에 윤리적 가치관을 강력히 반영시켜 조직윤리가 조직문화로 정착되도록 하는 방법이나 조직 구성원들의 교육훈련에서 윤리문제를 심도 있게 다루는 방법을 사용할 수 있다. 바람직한 조직문화를 형성하고 조직의 윤리수준을 제고시킬 수 있는 방안은 다음과 같다.

- 최고경영자의 윤리의식 제고
- 종업원의 윤리의식 제고
- 종업원 복지 후생의 향상
- 평가시스템의 개선
- 경영자 윤리의 가이드라인 설정
- 윤리헌장의 제정

5. 국가차원의 유형

G. Hofstede는 전 세계 IBM 지사 직원들을 대상으로 설문조사한 결과 다음과 같은 두 가지 유형을 발견했다.

자료: youtube.com

🌐 그림 1-10 Geert Hofstede

(1) 권력거리와 불확실성 회피

　권력거리(power distance)란 '권위주의 성향'이라고도 하는데, 높을수록 불평등
하고 상사의 권한이 강하다.

　불확실성 회피(uncertainty avoidance)란 불확실성을 기피하는 정도로, 강할수
록 제도·규칙을 옹호하고 피라미드(pyramid) 형태 조직구조를 보인다.

　각각의 유형에 속하는 나라의 예는 다음과 같다.

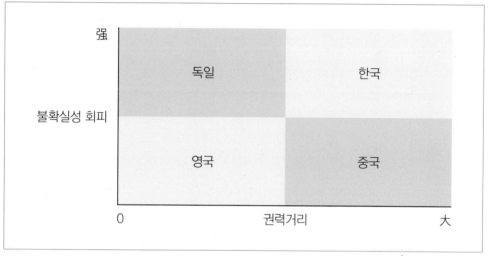

자료: blog.naver.com

🌐 그림 1-11 권력거리와 불확실성 회피

(2) 개인주의–집단주의, 남성성–여성성

　개인주의-집단주의(individualism-collectivism)란 구성원이 개인의 목표와 집단
이 목표 중 "어느 것을 중시하는가?"를 나타낸다.

　남성성-여성성(masculinity-feminity)이란 '성 역할의 엄격성 여부'로 엄격하면
남성성이, 다소 불확실할 경우 여성성이 높다.

　각각의 유형에 속하는 나라의 예는 다음과 같다.

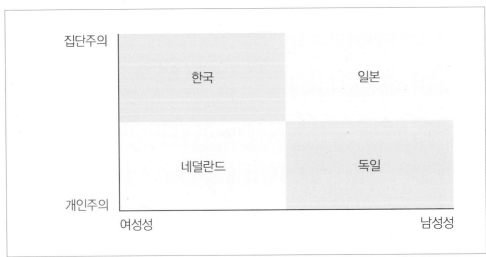

🕸 그림 1-12 개인주의-집단주의 vs 남성성-여성성

6. 형성과 전수

(1) 조직문화의 형성에 영향을 미치는 요인

① 창업자의 경영이념과 철학

조직문화는 창업자의 철학으로부터 형성된다. 즉, 조직의 창업자는 전통적으로 조직의 초기 문화에 중요한 영향을 주게 된다. 새로이 창업하는 조직은 조직문화 형성의 원천이 되는 기존의 전통·관습이나 일반적 관행을 가지고 있지 않기 때문에 창업자의 조직운영에 관한 가치관·이념·신념·비전 등이 새로운 조직을 특성화할 수 있는 조직문화를 유도하게 된다.

다음으로 이것은 새로운 구성원을 선발할 때 활용되는 기준에 영향을 준다. 최고 경영층의 행동은 허용되는 행동과 그렇지 않은 행동에 대한 일반적인 풍토를 설정해 준다. 구성원의 사회화는 선발과정에서 조직의 가치와 새로운 구성원의 가치가 일치되었을 때 성공하는 정도와 사회화를 활용하는 최고경영층의 선호도에 달려 있다.

자료: 한국경영사학회

🕸 그림 1-13 LG그룹 3대의 경영이념 발전과정

② 조직의 역사와 규모

조직이 하나의 문화가 되기 위해서는 그 조직이 역사성을 내포하고 있어야 한다. 예를 들어, 일본 기업의 경우, 오랜 기업의 역사와 종신고용제라는 특성이 독특한 사풍을 발전시키고 있음을 알 수 있다.

자료: m.blog.naver.com　　자료: blogs.chosun.com

🕸 그림 1-14 1300년 전통의 호시료칸

③ 대체문화의 존재 여부

조직 특유의 강한 문화가 형성되려면 조직 구성원들이 다른 조직문화에 접한 경험이 없이 입사하여 조직사회화(organization socialization) 과정을 통해 조직 특유의 가치를 몸에 익히는 것이 필요하다.

④ 산업문화

산업환경과 산업문화는 기업문화에 많은 영향을 준다. 사업 성격에 따라 기업 행동과 문화가 매우 다르다. 산업문화는 상품과 고객의 성격, 기술과 기술변화, 산업의 수명주기 등에 의해 문화적 특성이 결정된다. 예컨대 제조업, 서비스업, 금융업, 의료업 등 상품과 서비스 및 고객이 다름에 따라 이들 산업이 추구하는 목적과 행동 등 문화적 특성이 다르게 된다.

⑤ 제품의 수명주기

기업문화는 기업이 생산하는 품목의 수명주기와도 연관성이 있다. 기업이 생산하는 제품이 도입기나 성장단계에 있을 때에는 독창적인 문화개발이 용이하지만, 성숙기나 포화기, 쇠퇴기에 있을수록 오랫동안 습관화·체질화된 조직문화를 변경하는 것은 어렵다.

(2) 조직문화의 전수·유지 과정

조직은 구성원들로 하여금 유사한 경험을 할 수 있도록 환경을 제공함으로써 조직문화를 유지하는 활동을 하게 한다. 조직문화를 유지하기 위해서는 선발제도, 최고경영자의 행동, 사회화 과정이 중요한 역할을 한다.

① 선발 과정

선발과정에서의 명확한 목표는 조직이 요구하는 기준, 즉 조직의 업무를 성공적으로 수행할 수 있는 능력을 가진 개인을 선택하는 것이다. 이러한 선발과정은 조직이 추구하는 목표나 가치와 부합한 개인을 고용하는 것을 말한다. 선발과정에서 조직은 지원자에게 조직에 대한 정보를 제공하고, 만약 조직의 가치와 지원자의 가치가 부합하지 않는다면 이들은 이 같은 조직에 지원하지 않을 것이다. 그러므로 선발과정은 지원자와 조직이 양방향으로 작용하는데, 선발과정을 통하여 조직의 핵심가치에 대해 적대적이거나 평가 절하하는 개인들을 골라냄으로써 조직의 문화를 유지한다.

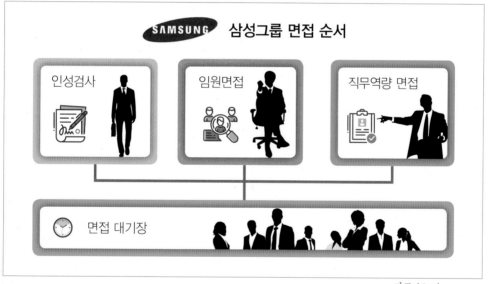

자료: biz.chosun.com

◉ 그림 1-15 삼성그룹 면접 순서

② 최고경영자

최고경영자의 행동 역시 조직문화에 지대한 영향을 미친다. 최고경영자의 말과 행동은 '위험감수가 바람직한지', '관리자가 얼마나 많은 자유를 구성원에게 줘야 하는지', '근무 복장은 어떤 것이 적합한지', '임금 인상, 승진, 다른 보상에 대해서 어떤 행동을 취해야 하는지' 등의 다양한 현안에 대한 판단의 기준을 제공하며 자연스럽게 조직의 규범으로 자리 잡게 된다.

자료: youtube.com

🕸 그림 1-16 고(故) 이병철 · 정주영 회장

③ 사회화

　조직에게 맞는 정교한 선발과정을 통하여 조직에 적합한 사람을 채용했다고 하더라도 신입사원이 조직의 문화에 완벽하게 동화할 수 있는 것은 아니다. 경우에 따라 새로운 구성원들이 기존의 조직의 신념과 관습에 혼란을 느끼게 되고 변화시키려는 행동을 할 수도 있다. 따라서 조직은 기존의 조직문화를 신입사원들이 잘 적용하도록 이끌어야 하는데, 이러한 적응 과정을 사회화라고 한다. 조직사회화 과정에서는 조직의 목표가 가치부터 조직 내 구성원들 간의 관계에 이르기까지 조직문화와 관련된 광범위한 내용이 다루어진다.

　사회화 과정은 크게 세 가지 과정으로 구성될 수 있다. 첫 번째, 사전 단계는 각 개인은 조직에 참여하기 전에 학습을 통하여 앞으로 수행해야 할 업무와 조직에 대해서 자신의 가치, 태도, 기대를 가지고 조직에 들어온다는 것을 분명하게 인식한다. 일반적으로 선발과정에 의해 조직에서 필요한 요건(능력, 가치 등)을 갖춘 구성원이 조직에 들어온다. 따라서 조직의 필요와 구성원의 기대가 부합하는 정도가 사회화의 성공에 중요한 영향을 미친다.

두 번째, 만남 단계에서 신입사원은 자신의 기대와 조직의 현실에 직면하게 된다. 조직의 현실에서는 직무, 동료, 상사, 조직의 일반 등이다. 자신의 기대가 맞아떨어지면 조직에 대하여 이전에 지각하고 있던 것을 재확인하게 된다. 만약 기대와 현실이 상이하면 자신이 이전에 가지고 있던 가정을 버리고 조직이 원하는 다른 가정을 바꾸는 사회화 과정을 거치게 된다. 그러나 양자가 극단적으로 상이할 경우 조직에 환멸을 느끼고 회사를 떠나게 될 것이다.

자료: heraldk.com

🔹 그림 1-17 직원들의 잦은 퇴사로 중소기업들이 겪는 가장 대표적인 어려움

세 번째, 변화 단계에서는 새로운 조직 구성원은 자신의 업무와 조직문화에 대해 편안함을 느낀다. 조직과 집단의 규범을 내부화하고 같은 동료들에 의해 믿을 만하고 가치 있는 사람으로 여겨진다. 구성원들은 자신이 어떻게 일을 해야

좋은 평가를 받게 되는지 인지하고 있기 때문에 생산성과 조직에 대한 몰입도가 높아지며, 이직률이 낮아지는 단계이다.

(3) 변화와 저항

조직의 환경(내부, 외부)이 변화하면 그에 맞춰 조직의 변화, 즉 조직문화의 변화가 필요하다. 조직문화의 변화는 장기적 관점에서 조직의 성과에 영향을 미치게 되는데, 기업의 전략 변화, 기술혁신, 구성원의 다양성, 기업의 인수합병 등여러 과정을 거치며 조직의 문화가 변화되거나 의도적으로 변화시키기도 한다. 조직문화가 강할수록 이는 어려우며, 문화의 구성요소 중에서 눈에 보이는 가시적인 부분의 변화는 비교적 쉽지만, 잠재되어 있는 기본 가정이나 공유된 가치의 변화는 어렵다. 대개 조직문화의 변화가 실패로 끝나고, 때로는 문화변화를 주도했던 경영자들이 강한 저항에 부딪히기도 한다. 그러므로 조직문화의 변화는 계획적이며, 신중하고 주도면밀하게 접근해야 하며 조직이 처한 환경까지도 고려, 선택해야 할 것이다.

① 개인적인 저항

사람은 누구나 변화를 싫어하고 현실에 안주하려는 성향이 있다. 이와 같은 성향은 아래와 같이 여러 가지 이유에서 찾을 수 있다.

첫째, 지각상의 문제로 사람들은 자신에게 유리하고 친숙한 사실만을 선택적으로 지각하려는 경향성이 있어 친숙하지 못한 새로운 것은 수용하기 어렵다.

둘째, 성격상의 문제로 일반적으로 독단적인 성격이나 의존적인 성격의 소유자는 오직 한 가지만을 고집하려는 경향성이 있고, 의존적인 사람은 변화에 대한 두려움을 갖기 때문에 변화에 저항하려는 경향성이 높다.

셋째, 불확실성에 대한 공포를 느끼기 때문인데, 변화의 결과는 누구도 알 수없기 때문에 변화 자체가 공포의 대상이 된다.

조직문화의 개발과정을 살펴보면 아래 그림과 같이 조직문화의 진단으로부터 시작하여 전략적 선택, 연결망 구성, 각종 구조의 변화, 관리정책 및 과정의 변화를 시도할 수 있다.

조직문화 개발단계

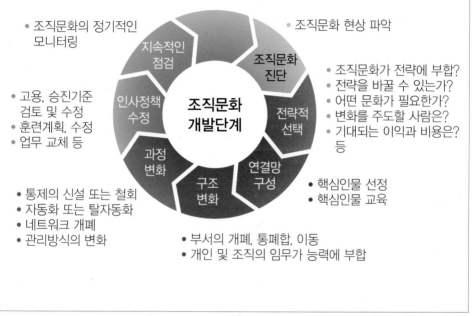

- 조직문화의 정기적인 모니터링

- 고용, 승진기준 검토 및 수정
- 훈련계획, 수정
- 업무 교체 등

- 통제의 신설 또는 철회
- 자동화 또는 탈자동화
- 네트워크 개폐
- 관리방식의 변화

지속적인 점검
인사정책 수정
과정 변화
구조 변화
연결망 구성
전략적 선택
조직문화 진단

조직문화 개발단계

- 조직문화 현상 파악

- 조직문화가 전략에 부합?
- 전략을 바꿀 수 있는가?
- 어떤 문화가 필요한가?
- 변화를 주도할 사람은?
- 기대되는 이익과 비용은? 등

- 핵심인물 선정
- 핵심인물 교육

- 부서의 개폐, 통폐합, 이동
- 개인 및 조직의 임무가 능력에 부합

자료: Hofstede, G. (1995)

🌐 그림 1-18 조직문화 개발단계

넷째, 기득권을 상실할 수 있다는 생각 때문이다. 조직에 변화가 오면 기득권을 가진 구성원들은 변화로 인해 자신의 기득권을 포기해야 하거나 상실하게 된다. 따라서 기득권을 많이 가진 구성원일수록 변화에 저항하는 경우가 크다.

다섯째, 변화는 새로운 지식과 정보, 기술을 요구한다. 따라서 조직 구성원들은 변화가 요구하는 능력과 자질을 갖추어야 하기 때문에 변화를 두려워하고 싫어하게 된다.

조직변화	변화에 대한 저항과 극복 - 왜 저항하는가?

여러 개인과 집단들은 기존의 상태를 유지하려는 타성·관성이 존재	조직 자체의 구조적인 상황으로 인하여 변화가 어려울 때도 많다.
개인적 저항 이유	**조직적 저항 이유**
• 습관 • 안전 • 경제적 요인 • 미지에 대한 두려움 • 선택적 정보 처리	• 구조적 관성 • 제한된 변화의 범위 • 그룹 관성 • 전문성에 대한 위협 • 권력관계에 대한 위협 • 자원배분에 대한 위협

자료: slideshare.net

🔅 그림 1-19 조직변화에 대한 저항

② 조직적인 저항

조직들은 다음과 같이 조직 자체의 구조적인 문제로 인하여 변화에 저항하는 경우가 많다.

첫째, 안정적이고 보수적인 조직문화가 변화의 저항원인이 된다. 기존의 조직문화가 이미 사회화되었기 때문에 현재의 조직문화에 안주하려는 성향이 있다.

둘째, 이미 정형화되어버린 조직의 구조가 저항의 원인이 될 수 있는데, 새로운 조직은 구성원들로 하여금 새로운 행동양식을 요구한다. 따라서 기존의 정형화되어버린 행동양식에 익숙한 조직 구성원들이 변화에 저항하게 되는 것이다.

셋째, 자원의 한계가 저항의 원인이 되기도 한다. 조직을 변화시키려면 많은 시간과 자원 그리고 그에 맞는 능력이 필요한데, 이러한 자원이 부족하다면 조직변화의 필요성을 느끼지만 변화하기는 어려울 것이다.

넷째, 변화로 인해 이해관계자가 대립하는 경우에는 그것이 저항의 원인이 되기도 한다. 예를 들어, 조직문화로 인해 이익이 되는 부서와 손해가 되는 부서, 변화를 수용할 수 있는 부서와 그렇지 않은 부서 간의 갈등이 변화를 어렵게 만든다.

③ 변화 방법

조직문화를 변화시키는 방법에는 크게 두 가지로 단기변화 방법과 장기변화 방법이 있다. 자세한 내용은 〈표 1-6〉과 같다.

표 1-6 조직문화의 변화방법

단기적 변화	장기적 변화
시장 및 환경변화가 심할 때, 즉각적인 실행을 요구할 시 사용한다.	구성원들의 행동 변화가 요구될 때 사용한다.
구성원의 참여를 최소화하여 저항을 빠르게 극복한다.	구성원들의 참여가 핵심이다.
CEO의 강력한 리더십이 필요하고, 명확한 계획과 정보가 충분할 경우에 적절한 변화방법이다.	저항을 최소화하고 구성원들의 행동을 변화시키는 것을 목적으로 하는 변화방법이다.
변화 저항이 생기는 것을 막을 수 있다.	변화에 대한 구성원들의 합의가 이루어진다.
구성원의 참여가 제한되기 때문에 계획이 철저하게 실행되지 않을 수 있으며, 조직 내에 소외 계층이 발생할 수 있다.	불확실성이 길어지면 새로운 방해요소가 생기거나 변화의 결과가 뚜렷하게 나타나지 않을 수 있다.

자료: ko.wikipedia.org

7. 조직문화의 기능

변상우 외(2012)[1]는 조직문화의 기능에 대해 다음 3명의 학자의 주장을 제시한다.

S. P. Robbins는 조직문화가 조직의 경계를 설정하는 역할을 한다고 설명한다.

---

1) 변상우 · 김학돈 · 홍승만 · 정현우, 조직행동론, 대진, 2012.

또한 조직 구성원에게 조직차원의 정체감을 제공하고, 구성원의 태도와 행동을 지도 및 조정하는 것을 가능하게 한다고 말한다. 하지만 그것이 잘못됐을 때 조직문화는 조직유효성에 악영향을 미칠 수 있다는 점을 강조한다.

E. H. Shein은 조직문화가 조직의 성숙단계에 따라 다른 역할을 한다고 주장한다. 창업 및 초기 성장단계에서는 조직문화가 조직의 정체성의 원천이 되어 조직을 하나로 통합시키는 역할을 한다고 본다. 이후 중기단계에서는 이전 단계와 같은 기능을 수행하기도 하지만 하위문화의 생성으로 조직 전체적인 통합이 약화되어 조직 정체성의 위기를 겪을 수도 있다고 말한다. 마지막 성숙단계에서는 조직문화가 과거의 영광을 보존하고 간직하는 기능을 담당하여 혁신의 제약조건이 될 수 있음을 강조한다.

V. Sathe는 조직문화의 기능을 조직에서 이루어지는 다섯 가지 과정에 따라 나누었다. 조직문화가 형성된 조직에서는 조직 구성원들이 같은 문화적 신념과 가치를 공유하고 있다. 따라서 의사소통 과정에서는 의사소통의 어려움 혹은 의사

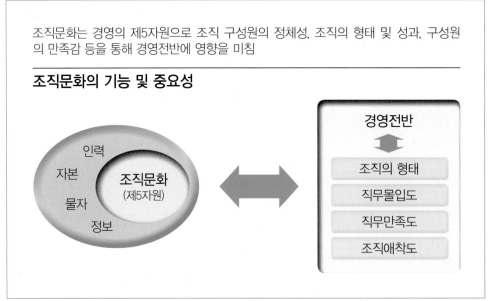

자료: slidesplayer.org

🏵 그림 1–20 조직문화의 기능

소통 과정에서 발생할 수 있는 해석의 오류를 줄이는 역할을 한다고 말한다. 협동과정에서는 진정한 협동을 가능하게 하고, 몰입과정에서도 역시 같은 이유로 구성원들이 조직에 대해 일체감과 애착을 느끼게 된다고 주장한다. 의사결정과정에서는 의견 불일치가 발생할 확률이 적어 능률적인 의사결정을 가능케 하고, 실행과정에서는 돌발상황이 발생하여 다른 구성원들과의 의논이 불가능할 때 행동지침이 된다고 말한다. 한편, 이러한 기능은 조직문화의 강도에 따라 발휘 정도가 달라진다는 점을 언급하고 있다.

한편, 김준식 외(2007)[2]는 조직문화가 공동체를 하나로 묶어주는 공유가치의 기능을 한다는 점을 강조한다. 그에 따르면 조직문화는 구성원들에게 자신의 일의 의미와 방향을 제시하여 행동을 유발하는 역할을 하는 것이다. 때문에 조직문화는 조직의 전략 수행이나 조직 내의 갈등, 조직결속력, 생산성 등에 영향을 미친다. 따라서 조직문화는 다양하고 급변하는 환경에 대응하기 위한 경영전략의 일부가 될 수 있고, 조직목표 달성을 위한 수단으로써 조직문화를 의도적으로 변화시킬 수도 있다.

윤대혁(2009)[3]은 조직문화의 기능과 역할에 대해 L. Smircich의 주장을 소개하고 있다. L. Smircich는 조직문화가 구성원들에게 정체의식을 전달하고, 구성원들의 조직몰입을 촉진시키며, 체제의 안정성을 증진시키고, 구성원의 행동을 이끌고 형성하는 역할을 한다고 설명한다. 하지만 조직문화는 늘 긍정적인 기능을 하지는 않는다. 부정부패, 나태함, 거짓말, 모함 등의 조직문화처럼 그 자체가 부정적으로 형성되는 경우도 있고, 조직문화가 지나치게 강한 영향력을 행사함으로써 나타나는 역기능도 있다. 이런 경우, 조직문화는 조직변화에 저항하는 역할을 담당할 수도 있고, 다양성을 감소시키는 역할을 하기도 한다. 이에 따라 이질적인 두 조직이 인수나 합병을 진행했을 때 걸림돌이 되기도 한다.

---

2) 김준식 · 박민생 · 차대운 · 김정수, 핵심 조직행동론, 대명, 2007.
3) 윤대혁, 조직행동론, 무역경영사, 2009.

백기복(2011)[4]의 경우 조직문화는 조직 구성원들에게 조직차원의 정체성을 제공하고, 가치관이나 믿음 등의 통일을 바탕으로 집단적 몰입을 가져오며, 조직 체계의 안정성을 높이는 역할도 한다고 말한다. 또한 조직문화를 공유하는 것은 조직 내에서의 사회화를 가능하게 하여 조직 구성원의 행동을 조정할 수 있다고 본다.

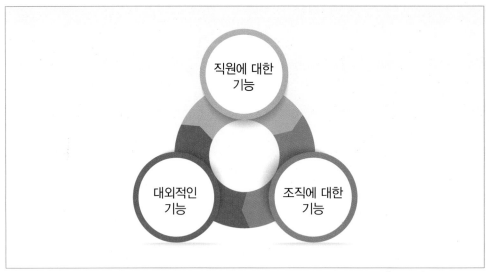

자료: pre.bookcube.com

⬡ 그림 1-21 조직문화의 세 가지 기능

─────────────

4) 백기복, 조직행동연구, 창민사, 2011.

제4차 산업혁명을 위한 조직 만들기
| 아메바 경영의 진화 |

Chapter 02

조직행동

Chapter 02

조직행동

1. 개요

(1) 조직의 개념 및 속성

브라운(A. Brown) : 전통적인 조직이론가의 한 사람인 브라운은 조직이란 더 효과적인 관리를 위해 조직 구성원의 직무와 그 직무의 상호관계를 규정하는 것이라고 조직의 개념을 정의한 바 있다.

바나드(C. I. Barnard) : 근대 조직론의 창시자라 할 수 있는 바나드(C. I. Barnard, 1886~1961)는 "조직이란 공헌할 의욕을 가진 두 사람 이상이 공통의 복표를 달성하기 위해 상호작용하는 협력체계"라고 하였다.

자료: m.blog.naver.net

그림 2-1 Chester Irving Barnard

카츠와 칸(D. Katz & R. Kahn) : 카츠와 칸은 조직은 공동목표를 달성하기 위해 구성원들이 상호작용하는 집단으로서 내부적으로도 서로의 관계를 규정하고 조정하는 장치가 필요하지만, 다른 한편으로는 살아 있는 개방시스템(open system)으로서 변화하는 환경에 적응하는 구조도 갖추고 있다고 하였다.

크로지에(M. Crozier) : 크로지에는 조직을 정태적 고정체로 보지 않고 구성원들의 권력게임 행동에 따라 수시로 변화하는 동태적 변동체로 파악하였다.

(2) 조직행동론의 정의

호제트와 앨트만(R. M. Hodgetts & Altman) : 조직행동론은 조직환경에서의 인간의 행동을 설명·예측·통제하는 학문이다.

던컨(W. J. Duncan) : 조직행동론은 조직 내 인간행동의 모든 측면에 관한 연구영역을 말하는 것으로서 조직의 인간에 대한, 또한 인간의 조직에 대한 영향을 포함한다.

로빈스(S. P. Robbins) : 조직행동론은 조직의 효율성 개선을 위해 지식을 응용할 목적으로 개인·집단·구조가 조직행동에 미치는 영향을 연구하는 분야이다.

자료: stephenprobbins.com
그림 2-2 S. P. Robbins

그린버그와 바론(J. Greenberg & A. Baron) : 조직행동이란 개인행동·집단행동·조직(체)행동 과정을 체계적으로 연구함으로써 조직을 둘러싼 인간행동의 지식을 탐구하는 분야이다.

켈리(J. Kelly) : 조직행동론은 조직 상황에 있어서의 인간의 행동과 태도, 인간의 지각·행동에 대한 조직의 영향, 조직에 대한 인간의 영향, 특히 조직목표의 달성을 위하여 인간의 행동이 어떻게 영향을 미치는가를 규명하는 학문이다.

2. 연구대상 및 모형

(1) C. R. Milton

조직행동은 ① 개인차원(individual level)과 ② 집단차원(group level) 및 ③ 조직차원(organizational level) 등에서 검토될 수 있는데, 이러한 내용은 행동모형(model of behavior)으로 나타날 수 있다.

① 개인차원의 행동

조직행동에 관한 이해를 개발시키기 위한 모형은 개인차원에서의 행동으로부터 시작된다.

[그림 2-3]에서 보는 바와 같이 개인행동을 유발시키는 주요한 요소는 ① 지각(perception), ② 태도(attitudes), ③ 가치관(values), ④ 모티베이션, ⑤ 퍼스낼리티 등의 다섯 가지로 집약되는데, 이들 요소는 개인의 유효성과 성과에 영향을 미치고 있다.

한편, 개인적 유효성과 직무만족 및 모티베이션 등의 변수는 개인별 과업과 의무를 구체화하는 직무설계에 따라 영향을 받고 있다.

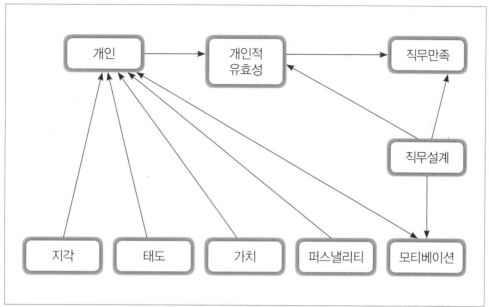

🔷 그림 2-3 개인차원의 행동모형

② 집단차원의 행동

두 번째 조직행동의 모형은 집단차원에서의 행동모형을 들 수 있는데, 이는 [그림 2-4]로 요약·도시된다.

그림에서 개인은 그가 속한 작업집단 내의 다른 사람과 상호작용하기 때문에, 개인 간의 행동은 사람과 사람을 연결시킨다. 그리고 두 사람 이상 간의 개인적 상호작용(personal interactions)은 인적 시스템과 자아 개념 및 욕구에 따른 대인 간의 방침에 의해서 영향을 받게 된다.

다음 작업집단행동(work group behavior)은 배경요소(기술과 경영실제 및 경제적 영향 등)와 요구된 행동 및 긴급한 행동 등의 관점에서 나타날 수 있다. 그러므로 집단행동의 결과는 생산성과 만족 및 개인적 개발의 측면에서 평가될 수 있다. 특히 대부분의 작업집단은 그 집단 자체만으로는 작업을 수행할 수 없기 때문에 다른 작업집단과의 상호작용을 통해서 목표를 달성하게 된다.

따라서 집단 간의 행동은 타 집단의 힘과 목표 및 가치관에 크게 영향을 받게 된다.

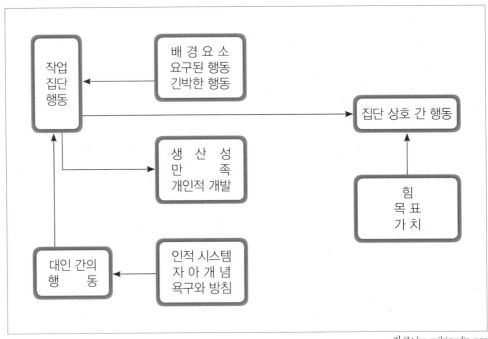

자료: ko.wikipedia.org

🕸 그림 2-4 집단차원의 행동모형

③ 조직차원의 행동

세 번째 조직행동의 모형은 [그림 2-5]에서 보여주는 바와 같이 조직차원의 행동모형이다.

그림과 같이 조직차원에서의 조직행동은 직접 관리하고 지휘하는 사람에 의하여 크게 영향을 받기 때문에 리더십이 개인, 집단 및 조직차원에서 행동을 형성하는 데 중심적 역할을 한다. 이때에 효율적인 리더십이 발휘되기 위해서는 조직과 관련을 갖고 있는 여러 당사자들과의 커뮤니케이션(communication)의 원활화를 위해 더욱 많은 노력을 하여야 한다.

그리고 변화관리(management of change)란 내·외적 원천에서 기인되는 변화에 대한 반응을 말한다. 한편, 조직개발은 행동의 개인, 집단 및 조직차원에서 특정요인(사람, 과업, 구조, 기술)들을 변화시키기 위한 하나의 접근방법이라 할 수 있다.

　조직차원에서의 마지막 요인은 갈등관리(management of conflict)를 다루고 있다. 그리고 조직풍토(organizational climate)와 조직유효성이란 세 번째의 행동모형, 즉 조직차원에서의 행동의 결과 또는 산출로 볼 수 있다.

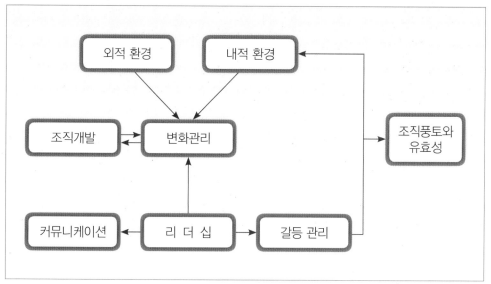

자료: ko.wikipedia.org

🏵 그림 2-5 조직차원의 행동모형

④ 통합모형

　통합모형이라고 하면 위에서 언급된 세 가지 모형(개인과 집단 및 조직차원에서의 모형)을 행동적 차원에서 결합시켜 [그림 2-6]으로 요약·도시된 내용을 의미한다. 이 모형에서는 세 가지 행동차원과 주요 변수와 변수 간의 연결 내지 결합의 문제를 강조하고 있다.

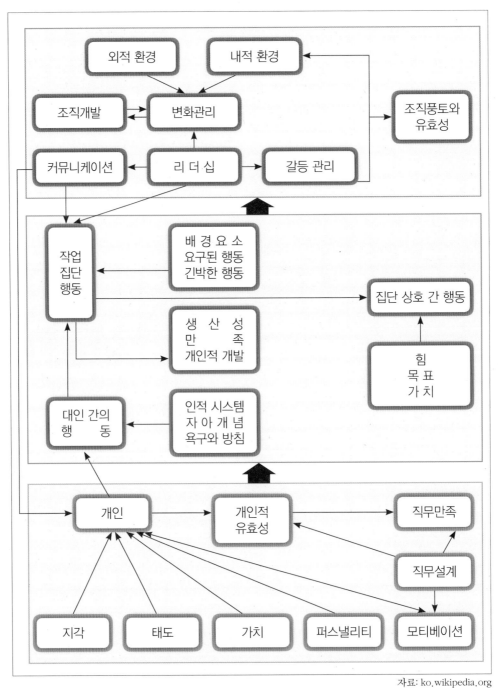

자료: ko.wikipedia.org

🌐 그림 2-6 개인과 집단 및 조직차원의 행동모형

(2) 로빈스(S. P. Robbins)

　로빈스(S. P. Robbins)는 조직행동의 영역을 정의하고 매개변수를 탐색하며 기본적인 독립변수와 종속변수를 규명하면서 조직행동의 기본모형을 제시하고 있다. 로빈스의 조직행동기본모형(contigency OB model)은 [그림 2-기과 같이 네

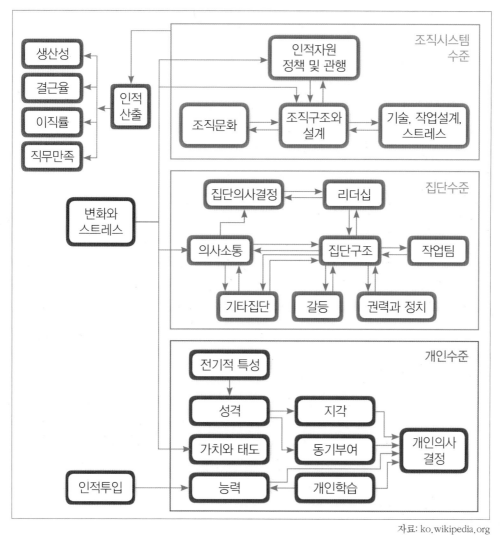

자료: ko.wikipedia.org

🔹 그림 2-7 조직행동기본모형

개의 주요 종속변수와 조직행동의 분석수준에 따라 분류된 많은 독립변수로 구성되어 있으며, 다양한 독립변수가 종속변수에 각각 차별적인 영향관계를 갖고 있음을 보여주고 있다.

이 모형은 다양한 상황변수 간의 영향관계가 다소 복잡성을 보이고 있으나, 세 가지 조직행동 분석수준의 변수들 간의 관련관계를 포함함으로써 조직(체)행동의 관련성을 이해하는 데 도움이 되고 있다. 예를 들면, 조직구조는 리더십에 관계된다. 즉, 경영층은 리더십을 통하여 집단행동에 영향력을 발휘하며, 커뮤니케이션은 개인들의 정보 전달 수단으로써 개인행동과 집단행동을 연결시키는 역할을 한다. 그러므로 조직행동론은 개인·집단·구조가 조직 내부 행동에 대하여 갖는 영향 관계를 연구하고, 조직을 효율적으로 일하도록 만들기 위한 지식을 응용하여 생산성을 개선하고 이직률·결근율을 감소시키며, 종업원의 직무만족을 증대시키기 위한 방법에 초점을 두고 있다.

① 종속변수

종속변수(dependent variables)는 특정한 독립변수에 의하여 영향을 받는 반응요인을 말한다. 조직 연구자들은 조직행동의 주요 종속변수로 생산성·결근율·이직률·직무만족 등을 강조하고 있으며, 이들 네 가지 요인은 흔히 조직의 인적 자원에 대한 효율성을 결정하는 주요 변수로 이용되고 있다.

생산성

생산성(productivity)은 일반적으로 투입(input)과 산출(output)의 비율로 나타내는데, 이는 생산 과정에서 소비된 투입요소를 산출물로 전환시키는 데 가장 낮은 비용으로 목표를 달성하는 것을 의미한다. 생산성은 능률성(efficiency)으로도 표현될 수 있는데, 능률성이란 어떤 일을 성취시키기 위하여 필요한 투입량에 대한 효율적인 산출량의 비율을 일컫는다. 다시 말하면, 투입과 사회적 비용을 최소화하여 어떤 목적을 성취시키는 것을 말한다. 한편, 성과 측면에서 효과성(effectiveness)은 경영의 의사결정을 주도하는 원리로서 어떤 행동이나 의사결정이 양·질·시간·비용의 관점에서 목표의 달성 정도를 의미하는 것으로 사용되고 있다.

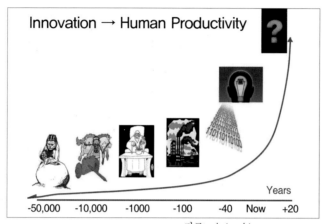

자료: relationship-economy.com

그림 2-8 혁신에 의한 생산성 증가

결근율

어떤 조직에서나 정상적인 수준을 초과하는 결근율(absenteeism)은 조직의 효율성과 능률에 직접적인 영향을 미치게 된다. 다시 말하면, 결근은 작업의 흐름을 분열시키고 중요한 의사결정을 지연시키며, 조립생산 기술조직에서는 제품의 급격한 품질저하 또는 생산시설의 완전한 조업중단을 초래하게 된다. 미국과 캐나다의 연간 결근비용은 각각 400억 달러와 120억 달러로 추산되며, 한 사람의 사무직 근로자의 1일 결근비용은 100달러의 능률이 감소하는 것으로 계산되고 있다.

이직률

조직의 이직률(turnover)은 일반적으로 모집·선발·훈련비용의 증가를 초래한다. 때로는 이직이 낮은 성과자(成果者)를 유능하고 높은 동기부여 근로자로 대체하거나, 새로운 승진기회 또는 새로운 아이디어를 제공할 수 있는 기회를 창출할 수 있으나, 조직이 원하지 않는 인재의 손실을 가져오기도 한다. 더욱이 지나친 이직률이나 주요 성과자의 이직은 조직유효성을 분열시키거나 방해하는 심각한 원인이 되고 있다.

직무만족

직무만족(job satisfaction)은 직무에 대한 일반적인 태도로서 로빈스는 근로자가 받고 있는 보상과 그가 받아야 한다고 믿는 보상액과의 차이라고 단순히 정의하고 있다.

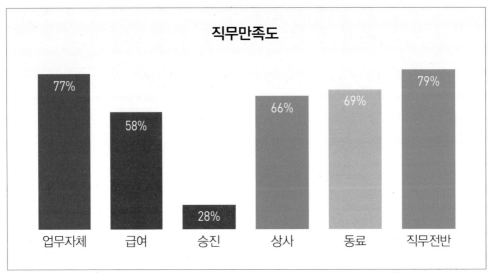

자료: dentalarirang.com

그림 2-9 치과병원의 직무만족도[1]

---

1) 하버드대학 리차드 해크먼(Richard Hackman) 교수팀에 의해 실시된 "성공적인 병원을 결정짓는 요인은 무엇일까?"에 대한 조사결과, 구성원 상호 간의 '도움을 주는 행동'이 매우 중요한 선행요인이라고 한다. 높은 성과를 내는 조직은 자신의 동료를 위해 많은 시간과 에너지를 쏟는 반면에 낮은 성과를 내는 조직은 서로 돕기보다는 자신의 일로 고군분투하는 성향이 강하다는 것이다.

② 독립변수

독립변수(independent variables)란 종속변수에 대하여 어떤 변화의 원인이 될 것으로 추정되는 요인을 말하는 것으로서, 여기에서는 위에서 살펴본 생산성·결근율·이직률·직무만족에 영향을 미칠 수 있는 주요 결정요인을 일컫는다. 조직 연구자들은 조직행동을 개인, 집단, 조직(체)행동의 세 가지 차원으로 구분하고, 이를 조직행동 연구모형의 독립변수로 하여 종속변수에 대한 주요 영향요인으로 다루고 있다.

개인수준변수

개인들은 다양한 학습과 경험을 통하여 형성된 특성을 지니고 조직체에 들어오게 되는데, 이러한 개인적 특성이 과업행동에 중요한 영향을 미치게 된다. 개인적 특성은 연령·성별·결혼관계와 같은 인구통계적 특성, 가치관, 태도 그리고 기본적 능력수준 등 네 가지로 들 수 있다. 이러한 요인들은 경영층에 의하여 다소 변화될 수 있으나 대부분 본래의 특성에 따라 조직 내의 개인행동, 즉 지각, 의사결정, 학습, 동기부여에 영향을 미치게 된다.

집단수준변수

집단의 행동은 개인행동의 합계보다 크며, 집단구성원은 그들이 홀로 있을 때와는 달리 행동하게 된다. 따라서 이 모델의 가치는 증대되며 집단행동의 연구는 더욱 중요시된다. 집단수준에서는 집단역학, 팀워크, 의사소통, 리더십, 권력과 정치, 집단 간 관계, 집단 갈등 등의 변수들이 집단행동에 미치는 영향관계를 다루게 된다.

조직수준변수

집단의 힘이 개별구성원의 합계보다 큰 것처럼 조직의 능력은 개별집단의 힘의 합계보다 강하다. 조직행동은 개인행동의 지식과 집단행동의 과학에 공식적

🔷 그림 2-10 집단역학 이미지

구조이론을 추가함으로써 최고수준의 조직논리에 도달하려는 것이다. 조직수준
의 독립변수는 공식적 조직구조·기술과 작업과정·직무설계, 인적자원정책과
관행(선발·훈련·평가), 조직문화, 조직 스트레스 등 종속변수에 영향을 주는
요인들이다.

🔷 그림 2-11 직무설계

3. 학문적 특징

(1) S. P. Robbins

조직행동론의 학문적 발전에 기여한 여러 학문들이 많이 있지만 개인수준의 조직행동론은 심리학에서 가장 큰 영향을 받았다. 집단수준의 조직행동론은 사회학과 사회심리학에서 큰 영향을 받았으며, 조직수준의 조직행동론은 문화인류학 등에서 큰 영향력을 받았는데 구체적인 내용은 다음과 같다.

심리학(psychology)은 인간의 마음, 의식과 행동을 연구하는 순수학문이다. 심리학자들은 개인의 행동을 이해하는 데 관심을 두고 있는데, 조직행동론 개인차원의 행동에서 다루어지고 있는 성격, 가치관, 지각, 인지, 학습, 태도 및 동기부여 등에 관한 주제의 학문적 기반을 제공하고 있다. 초기의 산업심리학자들은 업무수행의 효율을 떨어뜨리는 작업환경과 피로, 태만, 등에 초점을 맞추어 연구하기도 하였으며, 최근에 와서는 직무만족, 성과평가, 종업원선발, 직무설계, 스트레스 등의 영역으로 관심분야를 확대시키고 있다.

사회학(sociology)과 관련하여 사회학자들은 개인이 소속되어 있는 사회시스템을 연구대상으로 삼는다. 사회학자들이 조직행동론의 발전에 기여한 영역은 복잡한 사회시스템 안에서 벌어지는 집단행동에 관한 부분이다. 사회학은 구성원들 간의 상호작용, 집단역학, 작업팀, 공식집단 및 비공식집단, 의사소통, 역할, 지위, 권력 등 집단에서 나타나는 행동주제들의 연구를 통하여 조직행동론의 집단행동 연구에 큰 기반을 제공하여 주었다.

사회심리학(social psychology)은 심리학과 사회학의 개념이 혼합되어 있는 학문영역이다. 사회심리학의 연구관심영역은 사람들이 주고받는 영향력에 관한 것이다. 사회심리학은 조직행동론의 주제 중 변화의 실행과 극복방법에 대한 부분에 큰 기여를 하였다. 그 뿐만 아니라 태도의 측정 및 태도 변화에 대해서도 기여를 하였으며 의사소통, 집단활동을 통하여 개인욕구를 달성하는 법, 집단의 사결정과정 등에 대해서도 기여를 하였다.

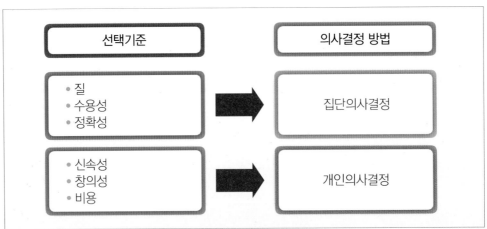

자료: m.blog.naver.com

🔷 그림 2-12 집단의사결정과 개인의사결정

　　정치학(political science)은 조직 내에 존재하는 정치적 환경 속에서 개인 및 집단의 행동을 연구한다. 구체적으로 기여한 연구영역은 갈등구조, 권력배분, 권력행사 등으로 집단수준의 행동차원에서 학문적 기반을 제공하였다.

　　인류학(anthropology)은 인간활동을 이해하기 위한 부분을 연구하는 학문이다. 인류학에서 관심을 두는 사회는 물리적 특성을 포함하여 사회의 발전과정, 지리적 분산, 집단관계, 관습 등이 포함되어 있다. 문화 및 환경에 대한 인류학자들의 공헌은 국가나 조직에 따른 근본가치의 차이가 인간의 행동을 이해하는 데 도움을 준다는 것에 있다. 국가별 문화적 특성의 차이에 대한 최근 이론들은 조직수준의 행동인 조직문화연구 등에 큰 도움을 주었다.

(2) D. J. Cherrington

　　조직행동연구는 학제적 접근방법(interdisciplinary approach)을 취하고 있다. 따라서 [그림 2-13]에서 보는 바와 같이 심리학, 사회학, 인류학, 정치학, 경제학, 공학 등을 기초로 하는 행동과학과 사회과학을 응용하는 종합과학의 성격을 띠고 있다.

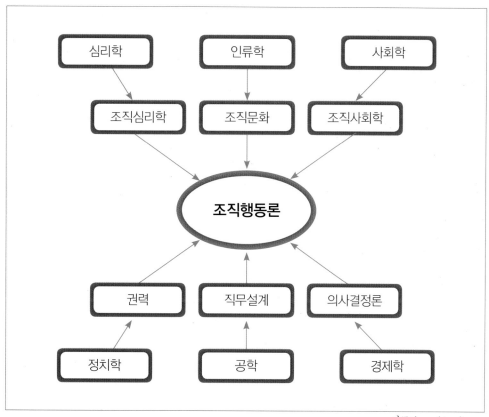

자료: ko.wikipedia.org

🏵 그림 2-13 조직행동론의 구성

　심리학 연구는 사람들의 지각, 학습, 태도형성, 의사결정, 동기부여 등의 연구를 통하여 조직의 개인행동에 관한 아이디어에 공헌하였다.

　사회학은 사회적 환경 내의 사회시스템과 사람들의 상호작용을 연구하는 학문으로서, 사회학 연구는 조직 내의 사람들이 다른 사람들과 어떻게 관계하고 있는가에 관한 인간행동, 즉 커뮤니케이션, 리더십, 갈등관리, 집단형성, 집단행동 등을 연구대상으로 하고 있다.

　인류학은 사회나 집단구성원들의 집단행동에 관한 지식을 제공하며, 구성원들의 공유된 가치나 태도를 포함한 조직문화의 통찰을 제공해준다. 조직문화는 구성원들이 공유하고 있는 가치관, 신념, 전통, 상징으로서 조직 구성원들의 사고와 행동양식에 영향을 미친다. 또한 조직문화는 경영자들이 다른 문화를 가진 구성원들의 행동을 이해하는 데 도움을 준다.

정치학은 조직행동을 이해하기 위해 자주 등장하는 분야로서 개인 및 집단행동을 연구대상으로 하고 있다. 정치학은 조직에서 사람들이 왜 또는 어떻게 권력을 얻으려 하고 정치적으로 의사결정, 갈등구조, 권력배분, 이익집단행동, 권력 연합형성 등의 행동을 하려 하는가에 관심을 둔다.

경제학은 기업이 제품이나 서비스의 생산, 분배, 소비과정에서 경제성 원칙을 적용하여 의사결정을 하는 데 도움을 준다. 경영자들은 이윤극대화를 위한 생산성, 수익성, 인적자원계획, 투자수익계산, 비용-수익분석 등에 있어서 경제성을 기준으로 의사결정을 하게 된다.

공학은 근로자들의 작업환경, 작업능률, 동기부여의 관점에서 조직행동에 영

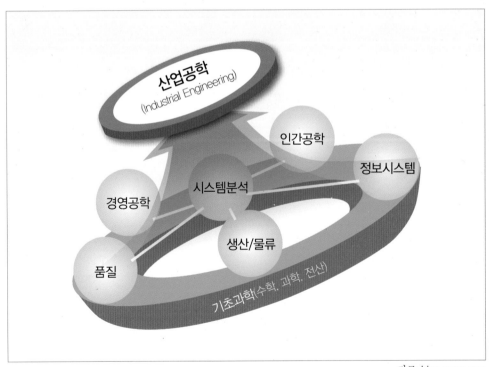

자료: blog.naver.com

🏵 그림 2-14 산업공학

향을 미친다. 특히 산업공학은 작업측정, 생산성측정, 작업흐름, 직무설계, 노사관계 등에 관심을 갖는다. 그 밖에 윤리학은 경영자 의사결정의 윤리적·도덕적 측면에 초점을 두며, 의학은 작업자의 스트레스 및 작업환경이 근로자의 피로나 작업능률에 미치는 영향에 관심을 둔다.

(3) J. Greenberg and R. A. Baron

과학적 연구방법은 다른 분야의 학문에도 공통적으로 적용되는 것이지만 조직행동이란 학문은 다른 일반학문과 구별되는 다음과 같은 특징을 가진다.

첫째, 조직행동론은 실천(응용)학문이다. 조직행동론은 조직 내 인간의 행동이 왜, 어떻게 일어난다고 설명하는 것 이외에도, 그 지식을 실제로 적용하여 조직의 목표를 효과적으로 달성시키는 데 공헌하는 학문이다.

둘째, 조직행동론은 종합학문이다. 조직행동은 바로 인간의 행동이기에 조직행동론은 인간에 대한 연구인 사회과학분야의 심리학, 사회학, 문화인류학, 사회심리학 등과 깊은 관련이 있다.

셋째, 조직행동론은 인간존중의 학문이다. 인간은 조직 속에서 조직에 의존하여 살고 있기 때문에 조직의 성과가 향상되면 인간행복이라는 궁극적 목표를 달성하게 된다. 조직행동의 연구결과는 구성원의 욕구를 효과적으로 충족시키면서 그들의 자아실현, 노동생활의 질(quality of working life, QWL)을 향상시키는 데 도움이 된다.

4. 역사

(1) 어원

조직은 인류가 공동생활을 시작하면서부터 수천 년 동안 존재하여 왔으나 조직행동론의 연구는 상대적으로 최근에 이루어졌다. 조직행동(organizational behavior)이란 용어가 미국에서 사용된 직접적인 계기는 1956년 고든과 하웰 (R. A. Gordon and J. E. Howell)이 발간한《비즈니스를 위한 고등교육》(Higher Education for Business)이라는 이른바, '고든·하웰 보고서'에서 비롯된다.

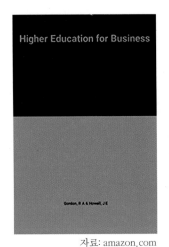

자료: amazon.com

그림 2-15 《Higher Education for Business》

그들은 포드재단(Ford Foundation)의 재정지원을 받아 연구한 이 보고서에 서 미국의 경영대학원이 변화하는 환경에 대처할 수 있는 유능한 관리자를 배 출하지 못하고 있다고 지적하고 경영관리교육에 있어서 행동과학의 중요성 을 주장하였다. 고든·하웰 보고서는 1960년대 미국 경영대학원의 교과과정 (curriculum) 및 교수진 구성에 매우 큰 영향을 주었으며, 이로 인하여 '조직'과 '인간'을 결합한 '조직행동론'이라는 새로운 연구영역이 확립되었다.

(2) 조직이론의 발전과정

조직행동론의 발전과정을 살펴보기에 앞서 조직행동론의 발전에 영향을 준 조 직이론의 발전과정을 살펴봐야 한다. 조직행동론은 조직의 유효성과 능률성을 제고하기 위하여 조직 내의 인간행동, 즉 개인행동을 비롯하여 집단행동, 조직행동을 이해하고 설명, 예측, 통제하려는 학문이다. 1960년대와 1970년대 이르러 조직행동이라고 알려진 더 종합적이고 여러 분석수준, 즉 개인, 집단, 그리고 조직체의 문제를 포괄적으로 다루는 새로운 학문이 태동하게 되었다. 그러므로 조직행동론의 발전과정을 이해하기 위해서는 조직이론의 발전과정을 살펴보는 것이 무엇보다 중요하다.

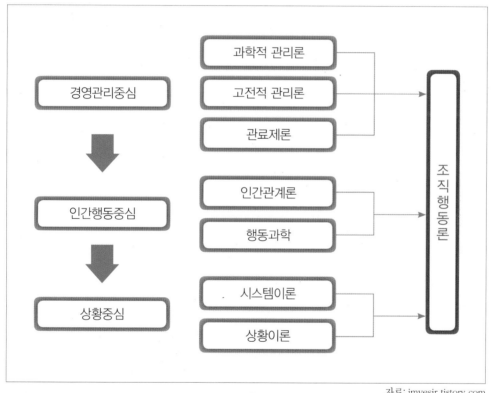

자료: imyesir.tistory.com

🏵 그림 2-16 발전과정과 현대적 이슈

조직이론이란 조직 내의 현상에 대한 연구결과로 얻은 논리적이고 정당한 체계이다. 즉, 조직의 구조를 비롯한 조직의 요소를 연구하여 조직을 더욱 바람직하게 유지·발전시키는 데 도움을 주고자 체계화한 이론을 조직이론이라 한다.

미국의 행정학자 왈도(C. D. Waldo)는 시대적으로 고전이론(1910년대), 신고전이론(1930년대), 현대이론(1950년대)으로 분류하여 고찰하고 있다.

① 전통적 조직이론(traditional organization theory) : 고전적 조직이론

조직에 대한 의식적인 관심은 고대로부터 있어 온 터이지만, 조직을 행정현상과 관련하여 경험적으로 연구하기 시작한 것은 1900년대 초부터라 말할 수 있다. 그 첫 번째 결실은 1911년 미국에서 등장한 과학적 관리론(科學的管理論)이고 뒤이어 독일에서 등장한 관료제 이론 등이 그것이다.

이 시대에 등장한 조직이론을 묶어 흔히 고전적 조직이론(classical organization theory)이라 부른다. 이러한 고전적 조직이론의 특징은 인간으로 구성된 조직을 한 가지 기계적 구조로 보고 오직 구조의 합리화를 통해 조직의 능률성을 추구하려는 데 있다.

과학적 관리론

19세기 말부터 20세기 초엽 미국에서 산업자본주의가 전개됨에 따라 미국의 테일러(F. W. Taylor, 1856~1915년)에 의하여 일어났으며, 당시 기업의 규모

자료: en.wikipedia.org
그림 2-17 F. W. Taylor

가 커지고 체계적인 기업활동이 필요하게 됨에 따라 경영자들의 일차적 관심사는 노동자들의 조직적 태업을 방지하고 능률(efficiency)을 올리는 것이었다. 따라서 과학적 관리법은 태업의 방지와 능률의 증진을 위하여 차별적 성과급제를 비롯하여 기획부제 등을 통하여 과업관리(task management)를 하였다. 이러한 제도를 테일러 시스템(Taylor system)이라고 하며, 경영이념을 테일러리즘(Taylorism)이라고 한다.

관료제론

베버(M. Weber, 1864~1920년)는 독일 사회학자로 인간의 사회적 행동을 지배하는 형태를 권한의 유형에 기초하여 근대사회를 특징짓는 대표적 형태로 합법적 지배를 보았으며, 이를 관료제(bureaucracy theory)라 하였다. 여기서 지배자는 피지배자가 인정된 절차에 따라 임명 또는 선택된 엘리트이므로 피지배자는 규칙에 명시된 비인간적인 질서나 지배자의 명령에 복종하게 된다는 것이다. 이것은 거대한 조직을 능률적으로 운영할 때 합리적이 되는 것이다.

자료: lingtechguistics.com
그림 2-18 M. Weber

관료제 조직은 카리스마적 지배와 봉건적 조직에 비해서 합리적 조직이라 지적되고 있다. 그 이유는 직무가 전문화된 전문가에 의해 관리됨으로써 직무수행의 합리성을 높인다는 것이다. 그러나 분파주의를 가져오며 무사안일주의, 권위주의가 강하다는 비판을 받기도 한다. 그러나 관료제 조직에서 전문가들을 고용함으로써 여러 가지 문제점들이 나타나게 되었던 바, 예를 들어 전문가들은 자신들의 전문적인 지식과 기술을 바탕으로 자신들 스스로 자율성을 가지고 조직에서 업무를 수행하기를 바라는 반면 관료제 조직에서는 이들의 전문적인 지식과 기술을 조직의 규칙과 규율을 통해 통제하려고 함으로써 관료제 조직과 전문가들 간의 갈등의 골이 깊어지는 결과를 초래하였다.

이러한 관료제 조직과 전문가들 간의 갈등을 해결하기 위하여 조직 이론가들은 세 가지 관점에서 접근해 왔다. 첫째, 구조적 배열의 관점에서 보았을 때, 조직은 전문가들을 조직의 위계구조에 의한 통제를 받지 않는 특정한 부서에 속하게 함으로써 전문가들로 하여금 자신들의 전문적인 지식과 기술을 가지고 자신들의 업무를 통제하고 자신들의 업무에 대해 자율성의 권한을 가지도록 하였다. 이 경우 전문가들은 자신들만이 가지는 전문적인 교육과 훈련 그리고 경험을 통하여 자신들의 업무를 수행하게 되고 조직의 문제를 분석하고 해결할 뿐 아니라, 자신들이 속한 외부의 기관이나 협회의 구성원으로서 자신들을 스스로 규제하고 협회나 기관으로부터의 정보를 사용하여 자신들에게 주어진 복잡한 업무를 자율적으로 수행할 수 있게 된다. 즉, 올리코위스키가 주장한 것처럼, 전문가들은 자신의 행동에 대해 자신들 스스로 통제를 할 뿐 아니라 전문가 집단의 구성원으로서 자신들이 속한 집단의 통제(일종의 사회적 통제)를 받게 된다. 그러므로 전문가들은 자신들의 업무를 수행함에 있어서 비전문가들과는 달리 조직의 규율이나 규칙에 의존하기보다는 자신들 스스로 또는 전문가집단의 규범에 따르게 된다. 둘째, 직무할당의 관점에서 보았을 때, 비전문가들에게는 관료조직 특성상 기계적인 업무가 주어지는 반면, 전문가들은 전문적인 기술과 지식 그리고 기법 등을 가지고 있으므로 전문가들에게는 기계적인 업무보다는 창의적인 업무(비기계적인 업무)가 주어지게 된다. 예를 들어, 박사학위를 소지하고 있는 전문가들에 대해 조직은 일상적이고 반복적인 직무를 할당하기보다는 비일상적이고 창의적인 업무를 담당케 함으로써 전문가들을 조직의 규율과 규칙으로 통제하는 것이 아니라 전문가들로 하여금 자신들의 직무에 대해 스스로 통제 권한을 가지게 한다. 셋째, 집단이나 팀의 배속 관점에서 보았을 때, 조직은 전문가들을 특정한 집단이나 팀에 배속시키고 집단이나 팀의 관리자로 하여금 전문가들에게 권한을 위임케 함으로써 전문가들이 자신들의 전문적인 지식과 기술을 가지고 자율적으로 자신들의 직무를 수행하게끔 한다. 예를 들어, 조직에서 발생한 문제에 대해 조직에서는 전문가들로 이루어진 태스크포스팀(task force team)을 구성하여 조직의 문제를 해결하게 하는 바, 팀장의 역할은 일종의 조정자의 역할로 업무에 대한 권한은 주로 전문가들이 가지게 된다. 이러한 세 가지 관점은 전문가들이 일상적인 직무보다는 비일상적인 직무를 수행하며, 기계적인 방법이 아니라 창의적인 방법을 통하여 업무를 수행하고, 조직의 규범에 의존하기 보다는 전문가들이 속한 외부의 전문가 협회나 기관들이 정한 규칙에 따라 전문가들 스스로 업무를 통제한다는 공통점을 가진다.

　그러나 분석수준을 고려했을 때, 구조적 배열 관점은 부서화에 기초하여 전문가들로 이루어진 부서와 비전문가들로 이루어진 부서로 구분할 수 있으므로 부서 수준에서 성립한다. 그러나 직무의 할당 관점은 전문가들이 어떤 부서에 있건 관계없이 전문가 개개인들에게 비일상적인 직무를 그리고 비전문가들에게는 일상적인 업무를 할당함으로 개인수준에서 성립한다. 또한 집단의 배속 관점은 전문가들을 특정한 집단이나 팀에 배속시킴으로 전문가들로 이루어진 집단과 비전문가들로 이루어진 집단으로 구분할 수 있으므로 집단수준에서 성립한다고 볼 수 있다.

② 신고전적 조직이론(neo-classical organization theory)

　신고전적 조직이론은 메이요(E. Mayo), 뢰슬리스버거(F. Roethlisberger)가 중심이 되어 호손공장에서 이루어진 호손실험을 한 결과에 의해 비롯되었다. 호손실험은 실제로 움직이는 것은 인간임을 인식하여 조직 속의 사람들은 서로 간에 어떠한 유대관계를 맺고 있으며, 그러한 관계가 조직에 어떠한 작용을 하는가를 파악하려 하였던 것이다. 그리하여 등장한 것이 메이요(E. Mayo)의 인간관계론(人間關係論)과 바나드(C. Barnard)에 의한 협동체계론(協同體系論)이다. 이러한 조직이론들을 가리켜 흔히 인간관계론 또는 신고전적 조직이론이라 부른다. 즉, 신고전적 조직이론은 조직 내의 인간적 요소를 중시하는 인간관계론적 조직이론을 말한다.

자료: m.blog.naver.com
그림 2-19 E. Mayo와 F. Roethlisberger(우측)

자료: youtube.com
그림 2-20 호손실험

인간관계론

조직원의 성과에 중요한 영향을 끼치는 것은 기업의 제도나 문화보다는 조직원의 사회관계나 개성 등이다. 조직의 발전에 있어서 기술보다 조직 내 조직원들의 인간관계가 더 큰 무게를 차지한다는 이론이다.

인간관계론은 테일러(F. W. Taylor)의 과학적 관리법에서의 비인간적, 기계적 대우에 반발로 발전되었다. 인간관계론이 성립되면서 조직을 개인·비공식 집단 및 집단 상호 간의 관계로 되는 사회체제로 인식하게 되었고, 조직 내의 인간적 요인이 조직의 주요 관심사로 등장하게 되어 조직 속의 인간을 보는 관점은 일대 변화를 겪게 되었다.

조직 내에서 규칙과 인간관계가 상충하는 경우 집단주의가 강한 조직의 구성원은 관계를 고려해 행동한다는 것을 확인할 수 있었다. 관계를 고려하게 되는 이유는 집단주의의 특징 때문에서 나타나기도 하지만 사회적 교환(social exchange)에 바탕을 두고 있는 관계적 교환(relational exchange)에서도 그 이유를 찾아볼 수 있다.

③ 근대적 조직이론(modern organization theory)

전통적 조직론 및 신고전적 조직론과 상호 배타적이거나 대립적인 것이 아니라 상호 보완적이며, 발전적 관계, 즉 과거 방법의 연속선상에 있는 새로운 단계라 이해할 수 있으며, 고전적 조직이론과 신고전적 조직이론을 상호 보완적으로 결합한 것으로 '인간 있는 조직이론'이라 할 수 있다.

시스템이론

시스템이론(system theory)은 독일의 생물학자인 베르탈란피(Ludwig von Bertallanffy)에 의해 발표된 이론으로, 하나의 조직을 단순한 부분의 합으로 보는 것이 아니라 통합적인 분석(system analysis)방식을 이용하여 하나의 전체로 인식하고 그 전체를 구성하는 요소들 간의 상호 관계성 속에서 연구하려는 견해이다.

시스템이론으로 바라본 조직은 하나의 구조를 가지고 전체의 목표를 달성하기 위해 활동하는 것이다. 시스템 개념을 경영관리에 적용시키면 경영시스템의 개념이 발생할 뿐 아니라 그것을 통해서 새로운 경영계획이나 경영조직, 그리고 경영통제 등의 수법도 개발되는 것이다. 다만 시스템이론의 대표적인 단점은 환경 변화에 시스템 전체가 흔들리기 때문에 환경변화에 대한 대처가 매우 느리다는 점이다.

시스템이론의 분류는 조직과 환경의 관련성 여부에 따라 개방시스템과 폐쇄시스템으로 구분된다. 이러한 구분은 상대적 개념이다. 개방시스템은 환경과의 상호작용으로 지속적인 input과 output이 이루어진다. 폐쇄시스템은 환경과 분리되고 고립된 시스템으로 구성분자만이 존재하고 그 자체로서 모든 것이 충족된다고 본다.

자료: mind42.com

그림 2-21 Ludwig von Bertallanffy

상황이론

상황이론은 모든 조직이 동일하다는 가정 하에 고전적 조직이론을 비판하면서 나온 것으로, 1950년대 말에 등장해 로렌스(Paul Lawrence)와 로쉬(Jay Lorsch) 등에 의해 발전하였다. 상황이론은 효과적인 조직구조나 관리방법은 환경 등의 상황요인에 따라 달라지기 때문에 구체적인 상황인 환경, 기술, 구조 등에 따라 적합한 조직구조나 관리방법을 찾아낸다. 이는 개방체제로서 조직은 환경을 바꿀 수 없기 때문에, 내부의 조직구조를 바꾸어 환경과의 관계를 적합하게 해야 조직의 능률성이 제고된다고 보기 때문이다. 상황이론은 경영에 있어 보편적인 또는 최고의 방법은 없고, 조직 및 하위시스템의 설계는 환경과 일치되어야 하며, 효과적인 조직은 하위시스템과도 일치해야 한다는 입장이다. 이는 조직을 개방체제로 이해하고, 조직은 환경의 특성에 맞추어 조직 구성요소 간 그리고 구성요소와 환경 간에 적절한 의존관계를 맺어야 한다는 입장으로 이 두 가지 점에서 고전적 조직이론과 큰 차이점을 가지고 있다. 상황이론은 공중의 특성과 커뮤니케이션 행위에 관한 이론으로 Grunig이 1968년에 발표한 이후 많은 관련 연구를 통해 이론의 타당성이 검증되어 왔다. 또한 Grunig 중심의 학자들과 다른 학자들에 의해 이론의 변형과 확장 노력이 지속적으로 이뤄지고 있으며, 국

내에서도 상황이론을 통한 많은 연구들이 이뤄지고 있다. 상황이론은 어떤 이슈, 어떤 공중이든 그 공중의 유형이 세 가지 독립변수인 문제인식, 제약인식, 관여도에 의해 유형화될 수 있다. 이는 PR 실무자들에게 공중은 무엇이며 어떻게 형성되는지 공중에 따른 효과적인 커뮤니케이션 방법과 PR 전략은 무엇인지 등과 같은 가장 실무적인 질문에 대한 답변을 용이하게 해주기 때문에 상황이론을 통한 공중분류 노력은 그 유용성이 높다고 할 수 있다.

자료: hbs.edu
그림 2-22 Paul Lawrence

자료: speakerpedia.com
그림 2-23 Jay Lorsch

(3) 최근 상황

오늘날 진취적인 직장에서는 과거에는 볼 수 없었던 매우 새로운 특징적인 행동들을 엿볼 수 있다. 1990년대부터 사람들의 직무접근방법의 특성이나 속도에 있어서 극적인 변화가 이루어지고 있으며, 어떤 학자들은 이러한 변화에 대해 '혁명'이라고까지 지적하고 있다. 다시 말하면, 이는 패러다임의 근본적 변화(paradigm shift)를 의미하는 것이라 할 수 있다. 조직 내에서 패러다임의 변화는 다음과 같은 추세들이 포함되고 있다.

윤리행동의무

비윤리적·불법적 경영관행을 포함하는 강도 높은 부정사건들이 직장 내의 윤리행동에 대한 관심을 불러일으키고 있다. 조직이나 경영자에 대해서도 공공의 책임과 엄격한 윤리강령이 요구되고 있다.

인적자원의 중요성

동태적이고 복잡한 환경은 계속적인 도전을 요구하고 있다. 조직은 귀중한 자원인 사람들의 지식, 경험, 몰입에 의하여 지속적인 성공의 프리미엄(premium)을 얻게 될 것이다.

명령과 통제의 종식

전통적 계층구조는 새로운 환경의 압력과 요구에 신속하게 대응할 수 없다는 사실이 입증되고 있다. 물적 자원에 가치를 두고 있는 계층적 구조는 인적자원을 귀중하게 다루는 유연한 구조와 참여적 경영에 의하여 대체되고 있다.

팀워크의 강조

오늘날 조직은 수직적 형태가 아니라 수평적 형태에 초점을 두고 변화하고 있다. 복잡한 환경과 고객 요구의 변화에 대응하기 위해서 작업이 점점 구성원들의 상호 보완적 협력에 초점을 두는 팀 중심으로 되어가고 있다.

그림 2-24 팀보다 팀워크

정보통신기술의 영향 확산

컴퓨터가 모든 작업에 응용됨에 따라 작업흐름관계, 작업준비, 조직시스템, 조직 프로세스 등 광범위하게 확산되고 있다.

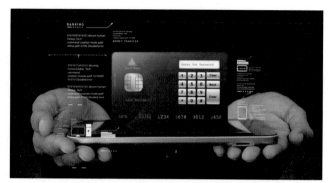

자료: blog.kt.com

그림 2-25 정보통신기술(ICT)의 영향

신세대 구성원의 기대존중

신세대 근로자들은 계층의식이 부족하고, 비공식적이며, 지위관념이 부족한 경향이 있다. 조직은 구성원들이 직무책임과 사생활의 균형을 유지하도록 지원하는 데 주의를 기울여야 한다.

그림 2-26 신세대 구성원의 기대존중

직업과 경력의 개념변화

글로벌 경제에서 새로운 현실로 나타나고 있는 현상은 경영자들이 더욱 많은 직무를 해외에서 아웃소싱하거나 정규직 근로자(full-time employee) 대신에 독립적인 계약직 근로자들을 사용하려는 경향을 띄고 있는 것이다. 글로벌 경제에서 근로자들은 직장이라는 개념보다는 직업이나 경력에 충실하려 하고 있다.

◈ 그림 2-27 프리랜서 전성시대

제4차 산업혁명을 위한 조직 만들기
| 아메바 경영의 진화 |

Chapter 03

조직구조

Chapter
03

조직구조

1. 개요

조직구조(organizational structure)란 조직 구성원들의 상호관계, 즉 조직 내에서의 권력관계, 지위·계층 관계, 조직 구성원들의 역할 배분·조정의 양태, 조직 구성원들의 활동에 관한 관리체계 등을 통틀어 일컫는 말이다.

자료: matew.com

그림 3-1 조직의 구조

2. 조직구조화의 특성

(1) 공식화

공식화란 조직이 어떠한 일을, 누가, 어떻게 수행해야 하는가에 대한 공식적 규정의 정도를 말하며, 공식화의 정도는 구체적으로 문서화된 규칙, 절차, 지시, 명령에 의해 나타난다. 즉, 공식화는 조직 내 직무에 대한 규칙 설정의 표준화 정도와 이에 대한 문서화를 의미한다. 문서화된 규칙의 수가 많을수록, 그 규칙이 엄격히 수행될수록 공식화의 수준은 높게 측정된다. 조직구조에서 공식화가 이루어지면 조직 내의 직무가 표준화되고 그 결과 직무담당자는 무엇을, 언제, 어떻게 할 것인가에 대한 자율권이 줄어든다. 공식화 정도가 큰 조직은 명확한 직무기술서, 조직 내에서의 여러 가지 규칙, 명확히 규정된 작업절차를 가지고 있고, 이에 비해 공식화 정도가 작은 조직은 비표준적 규칙을 가지게 된다. 따라서 공식화는 표준화의 정도로서 표현될 수 있고, 표준화의 정도가 클수록 자기 직무에 대한 자율권이 줄어든다.

공식화는 조직 구성원들의 직무만족과 조직몰입에 긍정적, 부정적 영향을 모두 미친다. 공식화는 명확한 규정과 절차를 중요시하기 때문에 해당 업무에 대한 역할 모호성과 불확실성을 감소시키고, 승진이나 보상 등에 대한 객관적인 지표를 제시하여 직무만족과 조직몰입에 긍정적인 영향을 미친다. 반면에 개인이 담당하고 있는 업무에 대한 자율성과 재량을 감소시키고 통제 중심의 관리방식이 이루어지게 하므로 직무만족과 조직만족에 부정적인 영향을 미친다.

(2) 집권화와 분권화

집권화란 조직 내에서의 권력배분에 관한 것으로 그 권력의 소재가 관료제 계층상의 상층부에 있는 것을 말한다. 즉, 의사결정의 권한이 어느 지점에 집중되어 있는 정도를 의미하며, 조직에 따라 고도로 집권화된 경우와 분권화된 경우

로 구분된다. 집권화란 상급계층에서 대부분의 결정권한을 가진 상태를 말하며
의사결정자의 지위가 높을수록, 의사결정에 대한 참여가 적을수록 집권화 수준
이 높은 것이다. 즉, 의사결정은 권한을 가진 상급계층에서 이루어지며 의사결
정이 하급계층으로 미루어져 하급관리자나 일반 직급에서 결정하게 되었을 경
우에 분권화된 것이다. 분권화는 권한의 위임 정도와 의사결정 과정에서의 참여
정도에 따라 수직적 분권화와 수평적 분권화로 구분된다. 수직적 분권화는 공
식적 의사결정 권한이 계층구조에 따라 위에서 아래로 분산되는 것을 의미하고,
수평적 분권화는 모든 사람이 동등하게 의사결정에 참여할 때 완성 단계에 이르
는 것을 의미한다.

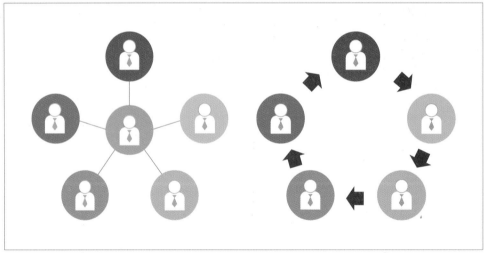

자료: keydifferences.com

그림 3-2 집권화와 분권화

집권화는 조직 구성원들의 직무만족이나 조직몰입에 부정적인 영향을 주고,
이와 반대로 분권화는 직무만족이나 조직몰입에 긍정적인 영향을 준다. 하지만
일부 학자들은 집권화가 직무만족이나 조직몰입에 항상 부정적인 영향을 주고,
분권화가 항상 긍정적인 영향을 주는 것은 아니라고 주장하고 있다.

(3) 전문화

복잡성은 조직 내 분화의 정도를 말하며, 복잡성의 정도는 수평적 분화, 수직적 분화, 공간적 분산에 의해 나타난다. 수평적 분화와 수직적 분화는 비례관계에 있기 때문에 수평적·수직적으로 분화가 증가할수록 두 분화 간의 조정과 조화가 중요해지게 된다.

① 수평적 분화

수평적 분화는 조직이 수행하는 업무를 조직의 구성원들이 분할, 세분하여 수행하는 것을 의미한다.

직무를 기준으로 그 직무를 세분화하여 전문화시키는 방법과 유사한 직무를 수행하는 전문가들을 집단화시켜 그 전문가 집단에 의하여 일을 수행하도록 하는 부서화의 방법이 있다.

전문화란 업무나 목적에 따라 역할이 세분화된 정도로서, 조직 업무가 하위 업무로 나누어지는 정도와 나누어진 하위 업무에 오직 하나의 역할만을 이행하도록 분배되는 정도를 의미한다. 이에 따라 전문화는 조직 내에서 추구되는 다양한 기능적 활동이나 역할의 수를 나타내는데, 제한된 하나의 업무만을 수행할 때 높은 수준의 전문화를 보이게 되고, 반면에 다양한 범위의 일을 수행하며 업무를 빈번하게 변화하게 되면 낮은 수준의 전문화를 보이게 된다.

부서화는 수평적으로 분화된 전문적 활동을 통제하는 전형적인 방법으로 전문가들을 집단화시켜 일을 수행하도록 하는 것을 말한다.

직무의 전문화와 부서화가 증대될수록 조직이 더 복잡해지는데, 이는 인간의 물리적, 지적 한계를 극복해주고 분업을 통하여 조직의 효율성을 높이게 된다. 뿐만 아니라 수평적 분화는 통제 범위는 넓어도 의사소통으로 충분히 통제가 가능하며 조직 자체가 유연하다는 장점이 있다.

② 수직적 분화

수직적 분화는 계층에 따라 구분되는 분화로서 조직의 계층 수를 의미한다. 상위 계층과 하위 계층 간의 활동을 체계화하여 조직 전체의 목적을 효율적으로 달성하는 것에 목적이 있기 때문에 권한의 배분이 이루어져야 한다. 수직적 분화가 증가될수록 조직의 계층이 증가하여 조직의 복잡성이 높아지게 된다.

수직적 분화는 경영자 중심의 통제가 이루어지기 때문에 신속하고 정확한 의사결정과 문제해결을 통해 더 좋은 성과를 낼 수 있다는 장점이 있다.

③ 공간적 분산

공간적 분산은 수평적 분화 또는 수직적 분화의 한 형태일 수 있다. 즉, 직무활동과 조직 구성원의 수평적·수직적 기능에 따라 권한과 책임의 분리가 일어나고 이에 따라 공간적으로 분산될 수 있다는 것이다. 따라서 수평적·수직적 분화가 동일하다고 하더라도 공간적으로 분산된 활동의 성장은 조직의 복잡성을 증가시키게 된다.

3. 조직구조의 분류

(1) 공식 조직과 비공식 조직

조직은 그 발생과정이 인위적이냐 자연발생적이냐에 따라 공식 조직과 비공식 조직으로 분류할 수 있으며, 조직이 공식적 측면과 비공식적 측면을 함께 공유하고 있기 때문에 조직은 공식 조직과 비공식 조직을 함께 가지고 있다. 즉, 조직이 실제로 움직일 수 있는 것은 공식적인 행동과 비공식적인 행동이 서로 상호작용하고 있으며, 현실의 조직에 있어서 명확하게 공식과 비공식을 구별하기도 어렵고 공식 조직과 비공식 조직이 서로 공존하며 협동하는 관계인 경우도 있는 반면, 적대적인 관계를 가지는 경우도 있기 때문에 공식 조직과 비공식 조직은 독립된 별개의 존재가 아닌 것이다.

표 3-1 공식 조직과 비공식 조직

구분	공식 조직	비공식 조직
발생	인위적	자연발생적
강조점	조직체계적 측면 중시	사회심리적 측면 중시
성격	공적 성격	사적 성격
형태	합리성에 의한 대규모	인간관계에 의한 소규모

자료: slideshare.net

① 공식 조직

공식 조직은 직무, 책임, 권한을 중심으로 조직 구성원 혹은 작업 집단들을 나누고 공적인 목표를 능률적으로 달성하기 위해 사람들이 상호관계를 이성적, 합리적, 인위적으로 규정하고 제도화한 인위적인 조직이다. 권한의 계통과 기능적 분업에 따라 조직의 목표를 효과적으로 달성하기 위해 제도화된 조직체계와 공식 규범을 가지고 있으며, 공식화된 분업의 계통과 의사소통의 경로, 권한의 배분에 따라 각자 명확한 역할이 주어져 있다. 공식 조직은 표준화된 업무수행, 명확한 책임 분담 등을 특징으로 하며, 능률이나 비용의 논리에 의해 구성되고 운영된다. 하지만 공식 조직의 구조적인 관계가 강압적이지 않고 통제받지 않는 관계에 의해 대체될 때 비공식 조직으로 변할 수 있다. 공식 조직은 대체로 다음과 같은 특징을 가진다.

- 공식 조직은 특정목적을 위하여 인위적, 계획적으로 형성된 조직이다.
- 공식 조직은 조직의 목표가 원칙적으로 공적인 목표 하나이다.

- 공식 조직은 규칙과 능률의 논리에 따라 구성된다.
- 공식 조직은 외면적·가시적 명문화된 조직이며, 전체적인 질서이다.
- 공식 조직은 대규모 집단으로 확대될 수 있다.
- 공식 조직의 상급자는 타인의 행동을 지도하는 상급자의 법적 권력인 권한을 행사한다.

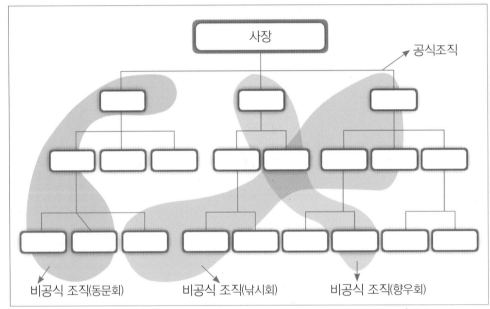

자료: blog.naver.com

🎖 그림 3-3 공식 조직과 비공식 조직

② 비공식 조직

비공식 조직은 공식 조직 내에 존재하면서 공식 조직에 의해 충족되지 못하는 여러 가지 심리적 기능을 수행하고, 공식 조직의 기능에 직간접적인 영향을 미치는 조직 내의 조직이다. 공식 조직의 내부에서 자연적으로 발생하는 조직이라는 의미에서 자생 조직이라고도 한다. 비공식 조직은 학연, 혈연, 지연 또는 조직 구성원 간의 소속감이나 정서적 유대감 등에 의해 형성되기 때문에 제도상의 조직에는 전혀 표현되지 않거나 불충분하게 표현되는 상호관계를 가진다. 또한 공식 조직의 일부를 점유하면서 그 속에서 친숙한 인간관계를 중요시하여 외면적인 공식 조직과는 달리 내면적이고 감정의 논리에 의해 구성되고 운영된다. 하지만 비공식 조직의 구성원들의 관계와 행위가 명확하게 규정되고 조직된 경우에는 공식 조직으로 변할 수 있다. 비공식 조직은 대체로 다음과 같은 특징을 가진다.

- 비공식 조직은 조직 구성원의 욕구를 충족시키기 위하여 자발적으로 형성된 집단이다.
- 비공식 조직은 조직의 목표가 다양하다.
- 비공식 조직은 감정의 논리에 따라 구성된다.
- 비공식 조직은 비가시적이며 부분적인 질서이다.
- 비공식 조직은 소규모 집단을 유지한다.
- 비공식 조직의 지도자는 타인으로 하여금 자신의 방식대로 보게 하고 자신에 준하여 행동하게 하는 영향력을 행사한다.

(2) 수직적 조직과 수평적 조직

조직은 권한과 역할의 배분 및 계층 간의 명령, 복종관계의 정도에 따라 수직적 조직과 수평적 조직으로 나눈다.

① 수직적 조직

수직적 조직은 상급자로부터 하급자에게 권한을 위임하는 등급화 정도가 심한 피라미드 형태 계층적 조직으로 군대의 지휘계통이나 기업의 관리 조직과 같이 직위에 의한 수직적 지위체계 속에서 규율적 사고를 중요시하는 조직을 말한다. 수직적 조직의 필요조건에는 위계질서 확립, 개성, 지위, 경쟁력 등이 있으며, 자동화나 단순 기능 제조업, 기술집약적 소기업에 효율적인 조직구조이다.

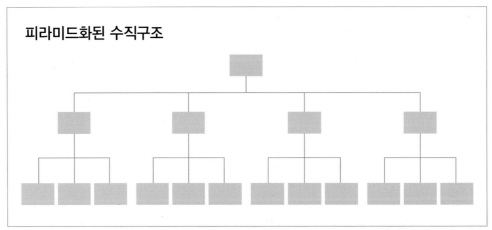
자료: mindprogram.co.kr

그림 3-4 수직적 분화

수직적 조직은 주로 관료화 및 기능적인 언어로서 표현된다. 이 조직에서는 조직 상하 간에 정보 채널이 효과적일수록 조직에 대한 신뢰도를 극대화시킬 수 있다. 제한된 부하의 수에서 얻을 수 있는 집단의 응집력이 크기 때문에 조직 구성원의 만족감과 신뢰성을 높일 수 있고, 신속하고 정확한 의사결정과 문제해결을 통해 더 좋은 성과를 만들어 낼 수 있다. 하지만 이론적으로도 비효율적인 요인이 많고 실제적으로 불평등과 차별성이 존재하며 관료화, 지휘 권한 취득을 위한 경쟁적 근무태도 등의 단점이 있다.

② 수평적 조직

수평적 조직은 조직의 발달단계에서 가장 최근의 형태에 해당하는 조직구조로서 팀 운영체제를 가지고 자율적 사고를 중요시하며, 수평적 소통과 토론적 업무 협조를 강조하는 조직을 말한다. 수평적 조직의 필요조건에는 자율성과 유연성이 확립된 환경, 기술 집약적인 전문성, 집단의 자원이 평등하고 집단의 소속에 따른 분배 등이 있으며, 프로젝트성 융합적 산업분야나 금융, 예술 마케팅, 서비스 산업 등에 효율적인 조직구조이다.

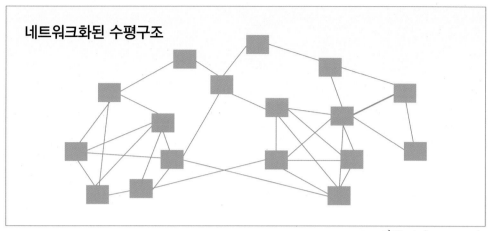

자료: mindprogram.co.kr

🕸 그림 3-5 수평적 분화

　미래의 경영환경이 불확실성에 많이 노출될수록 이러한 위험을 통제하기 위해 수평적 조직구조를 통한 조정 메커니즘의 필요성이 요구되고 있다. 수평적 조직은 팀 운영체제를 가지고 조직을 구성하는데, 팀장이 팀원들을 명령적인 지휘나 통제로서 팀을 이끌어가는 것이 아니라 팀장과 팀원 모두 전문적인 방법으로 평등한 업무를 수행한다. 또한 수평적 조직은 토론문화가 발달하여 토론 속에서 상호 지식 공유를 통해 시너지 효과를 이끌어 낼 수 있다.

　수평적 조직은 조직 구성원들의 기술 집약도가 높고 전문성을 지닐수록 더 좋은 성과를 만들 수 있다. 또한 조직이 평등하고 안전하며 자율근무로서의 유연성 확보, 선진적이고 창의적인 기업문화, 자율근무로서의 유연성 확보 등의 장점이 있다. 하지만 노동력 집중이 필요한 소기업에서 토론문화를 정착시키기 위한 시간적 투자는 생산력에 치명적일 수 있고, 생산에 참여해야 하는 조직 구성원이 토론문화에 빠지게 되면 육체적인 노동을 기피하는 현상이 발생할 수도 있다. 또한 수평적 조직의 정착이 이루어질 때까지의 오랜 시간 동안 비효율적인 인건비 투자와 빠른 결정과 판단이 요구되는 상황에서 조직 내에서의 토론과 상부 보고, 대표 이상의 최종 결정까지의 의사결정 시간이 많이 소요되기 때문에 사회경쟁에서 불리하다는 단점이 있다.

(3) 기계적 조직과 유기적 조직

조직은 기계적, 유기적이라는 두 개념의 연속선에서 구분할 수 있다. 이 개념은 톰 번스와 G.M 스토커에 의해서 처음으로 사용되었다. 기계적 조직과 유기적 조직은 조직구조, 과업, 공식화, 의사소통, 계층 등의 다섯 가지 요인에 의하여 차이가 난다.

자료: test.m.hunet.co.kr

🌑 그림 3-6 유기적 조직과 기계적 조직

① 기계적 조직

기계적 조직은 집권화된 조직구조를 가지고 있다. 지식과 통제활동이 상층부에 집중되어 있어 구성원들은 위에서 시키는 대로 움직이게 된다. 과업 측면에서 기계적 조직은 과업을 잘게 분화시키고 직무기술서에 따라 전문화된 업무를 수행한다. 공식화 측면에서 보면 기계적 조직은 많은 규칙과 규제, 표준화된 절차 등이 작동한다. 정보나 의사소통, 성과 상의 문제 등을 찾아낼 때에는 반드시 공식 시스템이 관여한다.

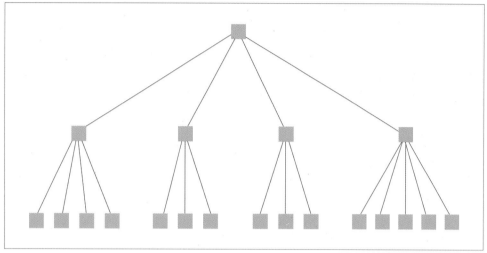

자료: casemarketing.com

그림 3-7 기계적 조직

　기계적 조직은 수직적인 의사소통을 하는데, 최고경영자는 구성원들에게 조직목표와 전략, 업무지시와 절차 등에 대한 정보를 내려 보내고 구성원들에게는 발생되는 문제와 성과보고, 재무정보, 제안과 각종 아이디어 등을 올려 보내라는 요구를 한다. 따라서 기계적 조직은 수직적 계층에 따른 통제와 공식적 명령체계가 중요하고, 주요 작업들은 기능적 계열을 따라 수직적으로 이루어지며 부서 간의 협력은 크게 강조되지 않는다.

② 유기적 조직

　유기적 조직은 분권화된 조직구조를 가지고 있다. 지식과 통제행위가 상층부가 아닌 구성원 수준에서 일어난다. 과업 측면에서 유기적 조직은 역할이 강조되는데, 이는 목표달성을 위한 사회 역동성이 강조되는 개념이다. 구성원들은 부서나 팀에 소속되어 일을 하면서 역할은 상황에 맞추어 변화하게 된다. 공식화 측면에서 보면 유기적 조직에서는 규칙이나 공식적인 통제 시스템이 많지 않아 의사소통과 정보공유가 비공식적으로 이루어지는 경우가 많다. 유기적 조직에서의 의사소통은 수평적으로 이루어지며 학습능력을 높이기 위해 고객, 공급자, 때로는 경쟁자들과도 의사소통을 하기도 한다. 또한 환경변화에 빠르게 대응하기 위해 정보는 계층적으로 그리고 전 부서에 걸쳐 모든 방향으로 흐를 수 있도록 한다. 유기적 조직은 다양한 부서의 사람들과 조직 변경에 있는 주체들이 주어진 문제를 협력적으로 해결하기 위해 협력적 팀워크가 강조되며, 내부 기업가정신을 장려하여 구성원들이 고객의 새로운 니즈에 대응할 수 있는 창의적인 생각을 할 수 있도록 유도하고 있다. 유기적 조직에서는 자기통제적 팀들이 조직의 기본단위를 이루고 있다.

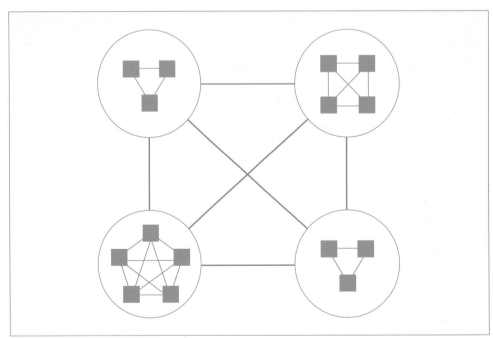

자료: casemarketing.com

그림 3-8 유기적 조직

4. 조직구조의 형태

(1) 관료제 조직

관료제는 엄격한 권한의 위임과 전문화된 직무의 체계를 가지고 합리적인 규칙에 따라 조직의 목표를 능률적으로 실현하는 조직의 관리운영체제를 말한다. 관료제 집단 또는 조직 내에서의 직무를 합리적, 계층적으로 나누어 대규모적 행정관리 활동을 수행하는 조직의 유형, 그 관리 운영의 체계이다. 관료제 조직은 특정 목표를 달성하기 위해 구성원의 역할을 명확하게 구분하고 공식적인 규칙과 규정에 따라 운영하는 규모의 위계조직이다. 대표적으로 피라미드 형태의 구조를 보인다.

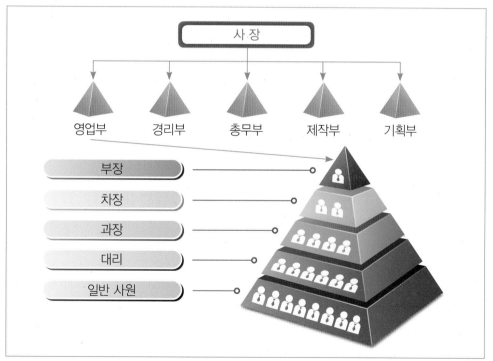

자료: study.zum.com

◈ 그림 3-9 관료제 조직

관료제의 특징은 다음과 같다.

● 업무가 분화되고 전문화되어 있어서 효율성을 높일 수 있다.
● 위계 서열화로 지위에 따라 권한과 책임이 명확하게 규정되어 있다.
● 규칙과 절차에 따라 업무가 수행된다.
● 전문성을 기준으로 구성원을 선발하여 임기를 보장하고, 능력과 연공서열에 따라 승진 기회가 제공된다.
● 조직 구성원은 개인의 감정을 개입시키지 않고 표준화된 규칙과 절차에 따라 공정하게 업무를 수행한다.

관료제 조직은 업무수행이 전문화되어 효율성을 높일 수 있고, 문서로 표준화되어 있기 때문에 구성원이 바뀌어도 조직의 안정성을 유지할 수 있다. 또한 자의적 의사결정을 방지하고 업무의 공정성을 확보할 수 있다는 장점이 있지만, 규칙과 절차에 따라 업무가 수행되기 때문에 업무가 비효율적으로 처리되거나, 목표보다 규칙이 앞서는 목적 전치 현상이 발생할 수 있고 개인적인 특성을 무시한 분업화는 인간을 대체 가능한 부품으로 전락시키는 인간소외 현상을 유발하기도 한다. 또 연공서열에 따라 승진이 이루어지므로 조직 구성원들이 나태한 업무 태도를 갖는 무사안일주의가 나타날 수 있으며, 위계 서열화로 조직의 합리성이 저해되어 권력이 독점되거나 남용될 수 있다는 단점이 있다.

전통 관료제는 복수적 목표보다는 단일한 목표를 달성하기 위해 합목적적으로 고안된 조직이다. 상하 일관된 명령의 체인을 갖는 위계조직이며, 철저하게 분업화되어 있고 한 사람 한 사람에게 특수 역할이 부여되어 있다. 그리고 상세한 일반적 법규와 규정이 공무수행의 모든 행동을 지배하며, 사적인 차원과 철저한 분리를 통한 비사인성이 강조된다.

관료는 주로 출생이나 특권에 따른 특정에 의해서가 아니라 능력과 전문교육을 기준으로 선발되며, 관직은 대체로 종신직업이 된다. 관료제가 발달할수록 조직이 비인간화될 수 있으며, 공식적 업무 영역으로부터 사랑과 증오, 그리고 계산에서 벗어나는 모든 개인적, 비합리적, 감정적인 요소들을 제거하게 된다. 일반적으로 관료주의 지배는 형식주의적 비사인성의 지배를 가져온다.

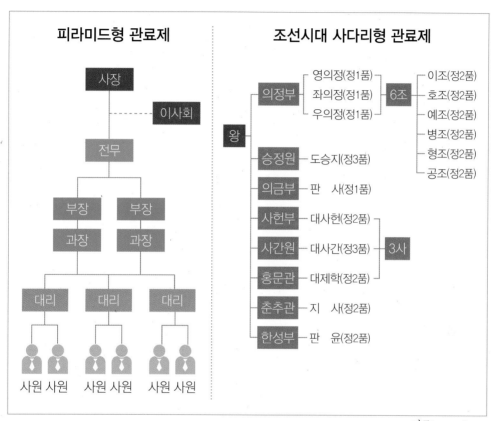

자료: gasengi.com

🔹 그림 3-10 피라미드형 관료제와 조선시대 사다리형 관료제

막스 베버의 관료제

관료제에 대한 전통적인 기본 이론은 독일의 학자 막스 베버에 의해 창시되었다. 베버의 이론은 오늘날 조직과 관료제에 관한 가장 영향력 있는 대표적인 이론이다. 베버는 경제, 종교, 가족 등 다양한 사회적 체계와 관계로부터 합리성의 개념을 연역적으로 발견하고자 했는데, 관료제는 조직으로부터 발견된 합리성의 형태이다. 베버의 관료제는 국가의 군대뿐만 아니라 모든 조직에서 발견되고

사회의 영역, 즉 대학, 경제 집단 등 다양한 분야까지 확산되었다. 베버는 합리화 과정으로서 관료제의 특징을 여섯 가지로 정의했다.

- 공적 관할 영역은 법과 규칙에 의해서 정해진다.
- 명령과 감독을 특징으로 하는 위계적 질서를 특징으로 한다.
- 명령을 포함하는 규칙과 규제 등은 문서화된 형태로 이루어져야 한다.
- 특성화된 사무관리는 어떤 특성화된 분야에서 철저한 훈련을 거쳐야 한다.
- 관청이 일단 완벽히 성장하였을 때, 시간외 근무를 해야 하는 상황에도 불구하고 사무는 완벽한 업무 수행능력을 요구한다.
- 사무관리는 다소 안정적이고 철저하며, 교육되어야 하는 일반적 법칙을 따라야 한다. 이 법칙에 대한 지식은 매우 전문화된 기술적 전문지식을 요구한다.

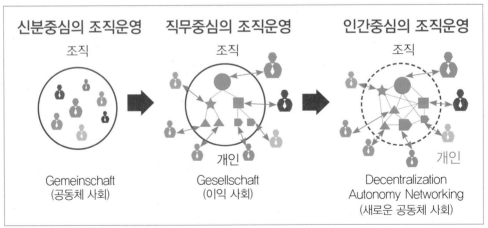

자료: brunch.co.kr

그림 3-11 조직개념의 변화1)

---

1) 신분중심의 조직에서 직무중심의 조직으로 변화되는 시기에 막스 베버의 관료제 개념이 정립되었다. 직무와 직무담당자가 분화되고, 직무담당자는 직무권한의 범위 내에서 일해야 한다.

베버에 의하면 관료제의 특징은 법에 의해서 명확하게 정의된 지위와 책무, 위계적 질서로 구조화된 지위, 규칙과 판례, 무인격성과 공평무사, 승진단계, 효율성의 원칙 등으로 정의된다. 이 관료제는 다른 조직구조에 비해 정확성, 속도, 명확성, 전문성, 신중성, 단일성, 엄격한 복종관계에서 우월하다. 이들은 외적이나 내적인 상황을 고려하지 않고 자신들의 전문적 지식과 훈련 그리고 그것에 기초한 계산 후 업무를 추진한다. 베버에 따르면, 관료조직이 효과적인 이유는 관료제의 지속성에 있다. 관료제는 일단 만들어지면 매우 효율적이고 효과적으로 움직이며, 때로는 단절되거나 거의 관계를 형성하지 않기 때문에 지도자가 바뀌거나 체제가 바뀌더라도 같은 기능을 하면서 그 조직을 유지할 수 있다.

(2) 기능적 조직

기능적 조직은 같은 활동으로 조직된 구조로서, 조직 내에서 자체적으로 수행방식과 운영방식을 결정한다. 예를 들어, 기업에서의 생산부서, 마케팅부서, 인사부서, 회계부서처럼 각각의 기능적 분야로 같은 활동을 하는 부서가 나누어져 있는 구조를 말한다. 기능적 조직은 조직 구성원이 그들의 분야에서 전문 지식을 이용해 수행 효율성을 이끌어낸다. 조직 내에서 정보가 퍼지기 위해서는 수

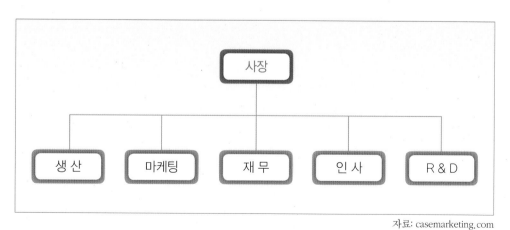

자료: casemarketing.com

🔹 그림 3-12 기능적 조직

직적인 기능만이 아니라 수평적인 기능 간의 의사소통이 매우 중요하다. 그렇기 때문에 기능적 구조를 가진 조직 내에서의 의사소통은 표준화된 운영방식과 고도의 공식화로 인해 엄격해질 수밖에 없다. 기능적 구조에서의 수행력은 높은 수준이지만, 종종 경쟁적 이해관계와 협상의 문제로 인해 내분을 발생시켜 계획을 지연시키기도 한다.

기능적 조직은 일반적으로 수평적 조정의 필요가 적은 경우, 목표달성에 있어 전문지식이 필요한 경우, 확실한 환경 속에서 일상적인 기술을 다루는 경우에 사용된다. 즉, 표준화된 제품 및 서비스의 대량생산과 저가 서비스에 적합한 구조이다. 그렇기 때문에 조직의 전체 업무를 동일한 기능별로 부서화한 조직에서 수평적 조정의 필요성이 낮을 때 효과적이다. 업무의 조정 및 전문화는 기능적 구조에 집중되어 있어 한정된 양의 제품과 서비스를 효율적이고 예측 가능하게 하여 물건을 낮은 가격으로 빠르게 배분하고 판매할 수 있게 한다. 또한 특정 기능에 관련된 구성원들의 지식과 기술이 통합적으로 활용되어 기능별 중복을 방지할 수 있고, 그들의 활동을 수직적으로 통합시켜 효율성을 높여준다. 기능적 구조는 전문성을 지닌 전문가 활용의 유용성이 높다. 또한 전사조직체계에 변경이 없고 부서 내에 명확하게 정의된 책임과 역할이 있기 때문에 효율적이다. 하지만 부서 간의 책임 분산으로 통합 기능이 부재되고, 갈등이 발생할 가능성이 높으며, 요구사항에 대한 대응이 느리다는 단점이 있다.

(3) 사업부 조직

사업부 조직은 단위적 분화의 원리에 따라 사업부 단위를 편성하고 각 단위에 대해 생산, 마케팅, 재무, 인사 등의 독자적인 관리권한을 부여함으로써 제품별, 시장별, 지역별로 이익중심점을 설정하여 각 부서가 마치 하나의 독립적 경영을 하는 분권적 조직이다.

사업부 구조는 고객, 시장욕구에 대한 관심을 제고하고 사업부 간의 경쟁에 따른 단기적 성과 및 목표달성에 초점을 둔 책임경영체제를 실현할 수 있다. 그렇기 때문에 변화가 심하지 않은 조직에 적합하며, 사업부 구조는 불확실한 환경 속에서 비일상적인 조직기술을 활용할 때, 기능 내 부서 간의 상호의존성이 높거나 외부 지향적 목표를 가진 조직 또는 성과중심의 업무를 분담해야 하는 경우에 주로 사용된다.

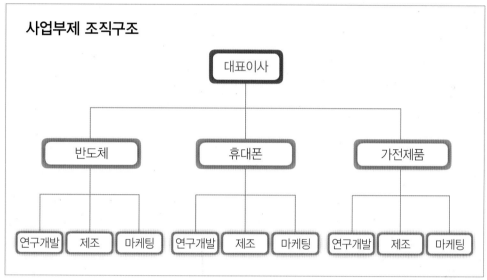

자료: news.zum.com

🏵 그림 3-13 사업부 조직

따라서 각 사업 부서는 자기 완결적 기능단위로서 부서 간의 협력 및 조정이 용이하고, 위임된 권한을 사용하여 각 부서별 성과를 직접 측정할 수 있다는 장점이 있다. 또한 비교적 간단한 절차를 이용하여 조직 내에 사업 부서를 추가하거나 제거하는 등의 사업 규모를 변화시킬 수 있고, 다른 구조들에 비해 전문적인 조직 부서를 가지게 된다. 하지만 이런 조직 유형은 각각의 부서에 더 자격을 갖춘 관리자를 요구함으로써 비용을 증가시킬 수 있고, 일반적으로 직원 서비스, 시설 및 직원과 같은 자원과 노력이 중복되는 조직의 목표보다는 부서별 목표가 더 강조된다. 또한 사업부 간의 갈등이 유발되어 조정이 어려울 수 있고, 이기주의를 초래하는 등의 단점이 있다.

(4) 한시적 관리 시스템 편집

　한시적 관리 시스템은 과업 지향적이고 한시적이며, 유연한 조직을 통칭한다. 한시적 관리 시스템은 업무의 할당과 업적평가를 누가 행하는가에 초점을 두고 라인-스태프 조직, 매트릭스 조직, 프로젝트 조직으로 분류된다.

① 라인-스태프 조직

　라인-스태프 조직은 기업 조직 내의 명령 계통이 경영자로부터 각급 관리자를 거쳐 조직 말단에 이르기까지 직선적으로 연결되고, 이에 의해 경영의사의 전달과 수행이 이루어지는 조직 형태인 직계 조직과 수평적 위치에서 조직의 목적 달성에 간접적으로 참여하고 개선을 돕는 조직 형태인 참모 조직의 장점을 살리고 단점을 보완하기 위한 경영관리 조직의 형태이다. 라인은 직계 조직으로서 수직적 위치에서 경영에 명확한 책임과 권한을 가지고 스태프는 참모 조직으로

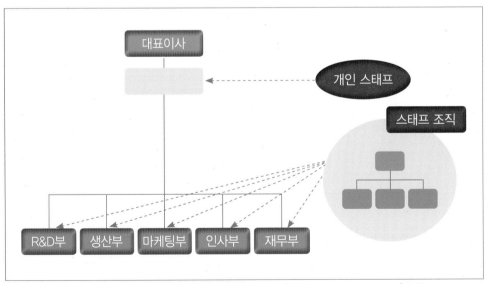

자료: blog.naver.com

🔅 그림 3-14　라인-스태프 조직

서 전문적인 지식을 활용해 라인에 조언하는 것을 주요 역할로 한다. 조직 규모가 작을 때에는 라인만으로 충분하지만 규모가 확대됨에 따라 직능이 분화하여 스태프를 두게 된다.

라인-스태프 조직은 업무의 할당과 업적평가가 모두 기능관리자에 의해 수행된다. 프로젝트 관리자는 단지 스태프 기능을 수행하며 기능관리자를 보조하는 역할을 하고, 기능 부서에 대한 정보를 제공하거나 조언, 계획 수립에 지원하는데에 역할이 국한되며 프로젝트 진행과 관련한 조정 문제에 관여할 수 있다. 즉, 의사결정은 기능관리자들이 내리고, 프로젝트 관리자는 책임은 있지만 권한이 없다는 점에서 '스태프에 의한 프로젝트 코디네이션'이라고 한다.

② 매트릭스 조직

매트릭스 조직은 업무의 할당은 프로젝트 관리자에 의해 수행되고, 업적평가는 기능관리자에 의해 수행됨으로써 프로젝트 관리자의 권한은 상대적으로 제한되어 있긴 하지만 인력활용에 있어 더 효율적일 수 있다. 매트릭스 조직은 다른 모든 구조들과의 결합으로 이루어져 기능적 구조와 프로젝트 구조의 장점을 극대화하고 단점을 줄이기 위해 고안된 절충형 구조이다.

프로젝트 위주로 사업을 하는 기업조직에서 가장 널리 사용되며 이상적인 조직형태로서, 두 명 이상의 책임자들로부터 명령을 받는다고 하여 이중지휘 시스템이라고 한다.

조직론 관점에서 조직을 설계하는 단계 중 직무를 묶는 기준에 따라 기능중심의 부서, 고객중심의 부서 두 가지로 구분한다. 기능중심의 부서는 기능의 유사성에 따라 나뉘게 되고, 고객중심의 부서는 고객, 지역, 상품 업무 프로세스 등에 의해 나뉘게 된다.

기능중심의 부서는 고객의 더욱 세부적인 욕구를 더 빠르게 충족시켜줄 수 있고, 고객중심의 부서는 고객의 요구에 더 부합한 조직으로서 더욱 빠르고 정확하게 생산 공정을 통제할 수 있게 된다. 즉, 매트릭스 구조는 동일한 구성원이 기능중심 부서 책임자의 명령과 고객중심 부서 책임자의 명령을 동시에 수행하게 함으로써 기능중심 조직의 장점과 부서중심 조직의 장점을 동시에 누릴 수 있게 하는 조직이다.

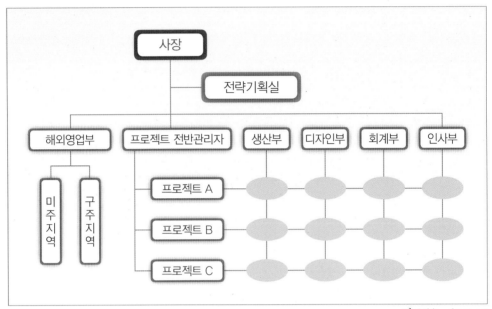

자료: blog.daum.net

그림 3-15 매트릭스 조직

　매트릭스 조직의 형태로는 영구적 형태와 잠정적 형태 두 가지로 나눠진다. 영구적인 매트릭스 조직은 매트릭스 조직에 참여하는 부서 간의 상호의존성이 비교적 안정적인 조직을 말한다. 반면에 잠정적 매트릭스 조직은 주로 프로젝트 추진을 위한 조직으로 프로젝트의 산출물이 수시로 변화하기 때문에 프로젝트 성공을 위해서는 수시로 기능 부서와 담당자를 교체하는 것이 일반적이다. 따라서 이 경우의 조직은 수시로 조합이 변하는 형태를 가지게 된다.

　매트릭스 조직은 다른 구조에 비해 관리자의 역할이 가장 중요한 구조이다. 일반적으로 매트릭스 조직의 관리자로는 크게 최고경영자, 프로젝트 관리자, 기능관리자가 있다. 최고경영자는 기능관리자와 프로젝트 관리자 간의 권한을 균형 있게 하는 역할을 수행한다. 프로젝트의 중요성을 너무 강조하다 보면 기능조직의 강점을 간과할 수가 있고, 기능조직에 너무 치중하다 보면 프로젝트를 완수하는 데 차질을 빚을 수 있기 때문에 조직 내에서의 권한 분배는 중요하다. 프로젝트 관리자는 업무수행에 있어 갈등이 잠재되어 있기 때문에 갈등관리 능력을 배양해야 한다. 특히 프로젝트의 추진에 있어 일정, 기간, 비용 및 예산 통제 등에 대해 단호한 입장을 가지고 이에 맞는 리더십을 발휘해야 한다. 마지막 기능관리자는 재능 있는 인재들을 주저 없이 프로젝트에 참여시켜야 한다. 만약 모든 부서의 기능관리자가 각 부서의 재능 있는 인재들을 프로젝트에 참여시키지 않고 자신들의 부서에 잡아두고 있다면 우수한 인재의 부재로 인해 프로젝트가 실패할 가능성이 높아지게 된다. 결국 매트릭스 조직의 핵심은 팀워크에 있다. 관리자들 간의 공식권한에 다툼이 있다면 매트릭스 조직의 본질과 상충되는 것이며 매트릭스 조직의 성공 여부는 이 조직에 관여하는 관리자들의 양보와 타협, 협동에 달려있다.

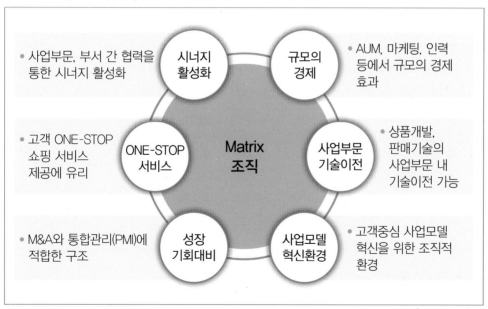

자료: edaily.co.kr

🏵 그림 3-16 매트릭스 조직 효과

이상적인 매트릭스 조직은 조직구조상 다섯 가지 특징을 지닌다.

- 매트릭스 조직에는 두 개 이상의 권한계통이 중첩되는 이중 권한구조를 가지고 있다.
- 매트릭스 조직은 목표달성을 위하여 내부에 과업지향적인 작업집단들을 운영한다.
- 매트릭스 조직 내의 과업집단은 다양한 기능을 가진 작업자들로 구성되어 있는데, 이들은 조직 내 기능별 부문에서 차출된 인력이다.
- 매트릭스 조직 내의 과업집단은 한시적인 조직이다.
- 매트릭스 조직 내에서 기능별 부문은 그대로 존속하는데, 기능별 부문에서는 해당 기능 내 인력개발 등 본연의 업무를 계속 수행한다.

매트릭스 조직은 수직적 구조를 감소시키고 작업 간의 경계를 넘어 정보의 확산을 빠르게 할 수 있는 수평적 구조를 만들어냄으로써 수직적, 수평적 정보공유가 용이하다. 뿐만 아니라 기능적 구조와 프로젝트 구조의 장점을 활용할 수 있으며, 조직을 전문화시켜 지식의 깊이를 증가시킬 수 있다. 하지만 기능관리자와 프로젝트 관리자 간의 차별성에 의해 조직체계와 명령체계가 복잡해져 조직 구성원들이 조직의 운영방식을 이해하는 것에 혼란을 줄 수 있다. 또한 조직 구성원에 비해 관리자의 구성비가 높아 관리자와 직원 간의 갈등이 발생할 수 있고, 의사결정에 있어 시간이 오래 걸린다.

③ 프로젝트 조직

프로젝트 조직은 본래 조직과는 별도로 특정 프로젝트를 수행하고 해결하기 위한 한시적이고 자율적인 관리구조로서, 목표지향적인 조직이기 때문에 전문적 기술을 가진 집단에 의해 수행되는 프로젝트를 중심으로 신속한 변화와 적응이 가능한 일시적인 시스템이다. 프로젝트 조직은 업무의 할당과 업적평가가 모두 프로젝트 관리자에 의해 수행된다. 프로젝트 관리자는 기존의 기능조직과 수평적인 관계에 있는 기능조직을 지휘하게 되며, 매트릭스 조직의 프로젝트 관리자에 비해 의사결정 권한이 더 많이 주어지게 된다. 뿐만 아니라 조직 구성원들과의 의사소통이 더 원활하며 공식적인 권한의 폭도 넓다.

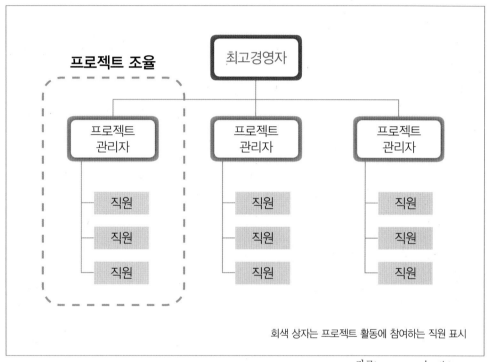

자료: groovysunday.tistory.com

🔶 그림 3-17 프로젝트 조직(A)

프로젝트 조직의 분위기나 성과에 영향을 끼치는 변수로는 내재적 보상, 커뮤니케이션, 피드백 등이 있다. 프로젝트 조직의 구성원은 비교적 학력이 높고 유능한 인원이기 때문에 그들이 가장 중요시하는 것은 직무를 통한 성취감, 안정감, 도전감, 자기성장의 기회 등이다. 따라서 이 조직에서는 내재적 보상이 충분히 제공되어야만 한다. 또한 프로젝트 조직의 구성원은 이질적이고, 프로젝트 역시 일상적이거나 반복적인 것이 아니기 때문에 커뮤니케이션, 보상의 제공, 피드백이 원활하게 이루어지지 않으면 프로젝트 조직은 효율성을 발휘할 수 없게 된다. 프로젝트 조직과 내재적 보상, 커뮤니케이션, 피드백 등 프로젝트 조직에 영향을 미치는 변수와의 관계는 단일 관계가 아니라 목적, 규모, 조직형태, 조직 구성원의 근무 기간 등에 따라 상이한 관계가 존재한다. 따라서 프로젝트 담당자는 이에 대한 정확한 분석과 지식을 가지고 프로젝트 조직을 관리해야 한다.

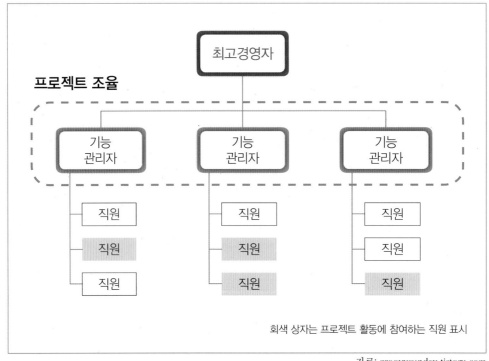

자료: groovysunday.tistory.com

🕸 그림 3-18 프로젝트 조직(B)

프로젝트 구조는 긴급한 문제를 해결할 때, 통상의 조직으로는 처리가 곤란할 때, 다른 문제와 분리하여 명확하게 목표화할 수 있을 때 주로 사용되기 때문에 규정과 규칙보다는 자율적인 계획중심으로 이루어진다. 하지만 신속한 의사결정과 융통성을 위해 분권화가 필요하며, 분권에 의해 프로젝트 담당자는 모든 의사결정에 필요한 전문적 지식, 자격, 기술을 가지고 민주적인 의사결정을 해야 한다. 또한 프로젝트 구성원들은 충분한 자율성이 주어져야 하고, 업무에 대한 목표나 직무, 책임을 충분히 지각하고 있어야 하기 때문에 프로젝트 담당자는 프로젝트의 목표가 달성될 수 있도록 조직 구성원들에게 동기부여와 도전정신을 부여해 줄 수 있어야 한다.

프로젝트 구조는 의사소통과 보고체계가 명확하여 간단하고 신속한 의사결정 및 진행이 가능하다. 또한 프로젝트 관리자의 권한이 높아 프로젝트에 지식을 갖춘 인력을 배치하고 프로젝트 수행에 집중시킴으로써 프로젝트 추진력을 높일 수 있다는 장점이 있다.

하지만 개개인의 노하우가 기술의 개인의존으로 기술 전문성에 제약을 받을 수 있고, 기존의 부서에서 우수한 인력을 프로젝트 팀으로 완전히 보내야 하기 때문에 기존 기능 부서의 업무수행에 차질을 줄 수 있다. 조직이 여러 개의 프로젝트를 동시에 수행하게 될 때에는 단순히 그 기능 부서뿐만 아니라 조직 전체에 부담을 줄 수 있으며, 프로젝트를 완료한 이후 팀원들의 소속팀으로의 복귀가 불안정하다는 단점이 있다.

(5) 팀 조직

팀 조직은 공유된 목표를 달성하기 위하여 공동의 책임을 지고 정기적으로 상호작용하는 사람들로 구성된 사회적 집합체로서 20세기 새로운 조직구조 중 하나이다. 작은 기업체에서 팀 조직은 전체 조직을 정의할 수 있다.

조직은 새로운 차원을 달성하기 위해 개인 역량이 시너지 효과를 발휘하는 사람들로 이루어지지만 조직구조의 품질은 전체적으로 팀 역량을 중심으로 이루어진다.

팀으로서의 특성을 생각해보면 우선 팀 구성원은 소수 정예로, 서로 간의 의사소통을 원활히 해서 공통의 목표를 이루어나가기 때문에 원활한 의사소통과 협동을 위해서 소수의 인원으로 구성되어야 한다. 그리고 구성원들 간 공유된 합의 역시 필요하다.

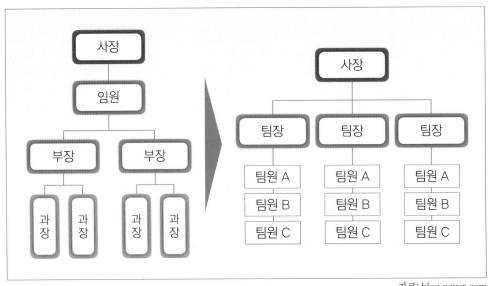

자료: blog.naver.com

🌐 그림 3-19 팀 조직의 기본구조

 팀 구성원들 간에 상호 협력이 중요시되는 팀 조직에서 한 사람의 무리한 목표 설정보다는 모든 구성원들이 공감하고, 동기화될 수 있는 목표가 필요하다. 또한 직무수행 결과에 대한 책임을 상호 공유해야 한다. 과거의 조직에서는 수행에 대한 모든 책임을 상위 층의 담당자가 부담했지만, 팀 조직에서는 팀 구성원 모두가 책임의식을 가지기 때문에 과업에 더 성실할 수 있게 한다. 마지막으로, 팀 조직을 이끌어가는 팀장은 과거의 권위주의식의 지시나 통제 위주보다는 과업수행에 대해 조직 구성원을 더욱 동기화시키고, 구성원의 어려운 점에 대해 조언을 해주며, 구성원 간 불화를 조정해주는 조정자로서의 역할이 요구된다.

 전통적 조직은 세분화된 업무 단위들을 통합, 조정하는 역할을 담당하는 메커니즘으로써 계층을 활용한다. 이러한 계층은 명령일원화의 원칙과 적정 감독범위의 원리에 따라 다단계화 되는 것이 일반적이다. 그렇기 때문에 전통적인 조직은 수직적 계층 조직이 되는 반면 팀 조직은 팀에 대한 권한 부여와 자율적 업무처리를 통해 계층이 축소되고 팀 간의 유기적 조정이 중시되므로 수평적 조직이 된다.

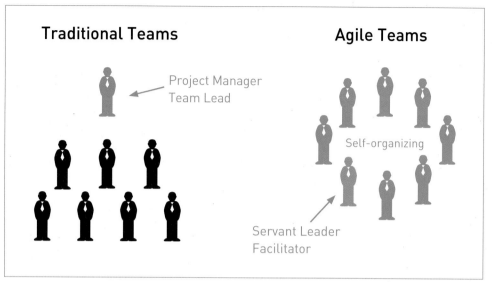

자료: yes.imhappyo.com

🕸 그림 3-20 좋은 팀이란 Agile Self-Organizing Team

팀 조직의 도입 이유는 대규모 조직에서 환경변화와 고객요구에 신속하게 대처하기 위해서는 전통적인 계층조직으로는 효과성이 떨어졌으므로 이를 해결하기 위해 소수의 전문가들이 권한을 부여받고 신속하게 대처할 필요성이 증대되었기 때문이다. 또한 대규모 조직의 매너리즘을 탈피하고 구성원들의 적극적인 창의성을 유도하기 위해서는 단위조직에 자율성과 이에 따른 책임의식을 고취시킬 필요가 있었다. 따라서 불확실성에 대처하고 조직의 역동성을 높이기 위해서는 팀 조직 도입이 필연적인 선택이었던 것이다.

(6) 네트워크 조직

네트워크 조직은 독립된 사업 부서들이 각자의 전문 분야를 추구하면서도 제품을 생산하거나 프로젝트의 수행을 위한 영구적인 관계를 형성하여 상호 협력하는 조직을 말한다. 네트워크 조직은 업무적인 상호의존성이 큼에도 불구하고 내부화하거나 자본적으로 강하게 연결됨이 없이, 서로 독립성을 유지하는 조직들이 상대방이 보유하고 있는 자원을 마치 자신의 자원인 것처럼 활용하기 위하여 수직적, 수평적, 공간적 신뢰 관계로 연결된 조직 간의 상태로 볼 수 있다.

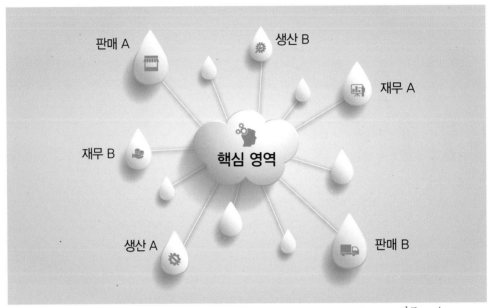

자료: study.zum.com

◈ 그림 3-21 네트워크형 조직

　　네트워크 조직은 협동이란 효과적인 수단으로써 장기적으로 유지될 수 있으며, 학습과 정보 확산의 인센티브를 제공하여 아이디어가 빠르게 실행에 옮겨지도록 한다. 네트워크 조직의 개방적 특성은 자원이 변동적이고 환경이 불확실할 때 가장 유용하다. 또한 네트워크는 암묵적 지식과 기술적 혁신과 같은 유형의 자산을 이용하고 제고시키는 실행 가능한 수단이라는 장점을 가지고 있다.

　　네트워크 조직의 사례로는 보잉사를 들 수 있다. 보잉사는 주력 비행기인 777 기종의 개발 단계에서 엔지니어와 디자이너들을 기존의 위계적인 구조가 아니라 유연하고 수평적인 네트워크로 연결시켰으며, 고객인 항공사들의 제안도 수용함으로써 큰 효과를 보았다. 보잉사는 모든 것을 통합하고 조화시키겠다는 장벽 제거 철학을 가지고 관리계층의 축소, 사업구조의 소규모화, 다기능 팀과 프로세스 팀의 적극적인 활용, 라인 관리자들에게의 권한 위임이라는 대대적인 조직 개편을 수행하였다. 그 결과 전체적으로 수직적, 수평적 의사소통이 활성화되면서 경제적 효율성과 신뢰에 기반을 둔 협력의 시스템을 구축할 수 있었다. 보잉사 이외에도 시스코 시스템즈, 다우 코닝 등은 기업구조를 네트워크화하여 비즈니스에서 확장성, 상호작용, 유연성, 브랜딩, 고객화를 가능하게 하였다. 정보화 시대의 기업들은 변화에 따라 권한분산과 책임 위양이라는 수평적 네트워크 구조를 도입하면서 변화하고 있다. 성과 측면에서도 수평적이고 공식적인 네트워크의 경우 제품의 질과 생산성이 동시에 상승하는 것으로 알려지고 있다.

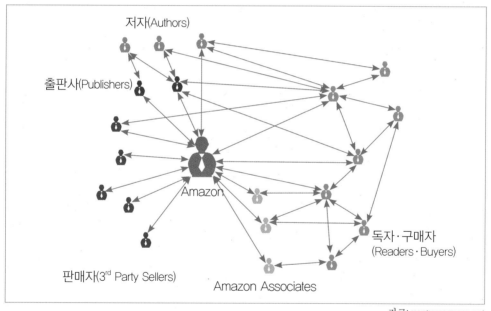

자료: venturesquare.net

🕸 그림 3-22 아마존의 네트워크 조직

(7) 가상조직

가상조직은 가상공간, 즉 컴퓨터 연결망 상에 존재하는 조직을 말한다. 전통적인 조직이론에서 말하는 조직의 구성요소인 인간적 요소, 공동의 목표, 합리성의 지배를 받는 공식적 구조와 과정, 경계확정 및 환경과의 교호작용 등의 요소는 모두 가지고 있지만 조직의 물리적 측면, 즉 공동의 물리적 공간의 공유, 대면적 접촉과 의사소통 등을 결여하고 있다는 점에서 가상조직은 기존의 조직과 개념적으로 구별된다. 달리 말하면, 기존의 조직 개념에서 조직의 물리적 차원들을 사상해 낸 것이 가상조직이라고 할 수 있다. 흔히 네트워크 조직 또는 모듈형 조직으로도 불리는 가상조직은 주요 기능을 외주화하고 핵심영역만 남아 있는 소규모 조직을 말한다. 구조 측면에서 볼 때 가상조직은 매우 집권화되어 있지만 부서는 거의 없거나 부서화되어 있지 않은 경우가 대부분이다.

가상의 개념을 어떻게 이해하느냐에 따라 해석되는 것이 다르다는 관점도 있다. 사이버 공간 속의 전자공동체적 의미로 이해하는 관점과, 조직을 물리적 영역과 지각적 영역으로 이분화하여 지각적 영역을 가상조직으로 이해하는 관점이 있는가 하면, 각 조직이 물리적으로 분산된 상태에서 전자네트워크에 의해 실체 조직과 같이 기능하는 조직, 즉 전자네트워크를 마치 조직으로 이해하는 관점이 있다.

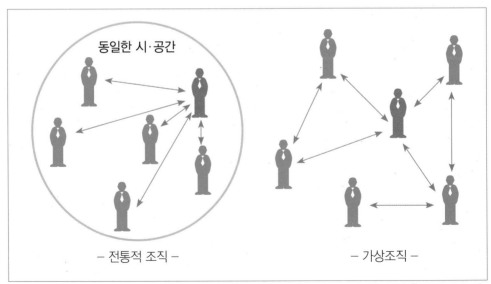

자료: abouthr.co.kr

그림 3-23 전통적 조직과 가상조직

첫 번째, 사이버공간 속의 전자공동체적 의미로 가상조직을 이해하는 관점이다. 사이버 공간은 물리적 공간 내에 존재하지 않기 때문에 볼 수도, 만질 수도 없으며 단지 존재 그 자체를 인식하고 이미지로 파악되어 사람들의 인식과 시간 및 거리의 지각에 영향을 미친다. 따라서 찰스 핸디(Charlse Handy)는 그것을 물리적 공간이 아니라 하나의 개념으로, 즉 건물이 아니라 활동으로 묘사하고 있다.

두 번째, 조직의 지각적 영역으로서 가상조직을 이해하는 관점이다. 조직을 물리적 영역과 지각적 영역으로 이분화하여 지각적 영역을 가상조직으로 이해하는데 조나단 해링턴(Jonathan Harrington)의 견해가 대표적이다. 그는 정보기술을 조직에 도입하여 실행하는 과정에서 나타나는 역기능적 현상을 관리자들에게 이해시키고자 조직을 물리적 영역과 가상 영역으로 이원화하고 있다. 조직의 구성요소 중에서 자원이나 생산과 같이 눈으로 볼 수 있는 물리적 영역이 있는

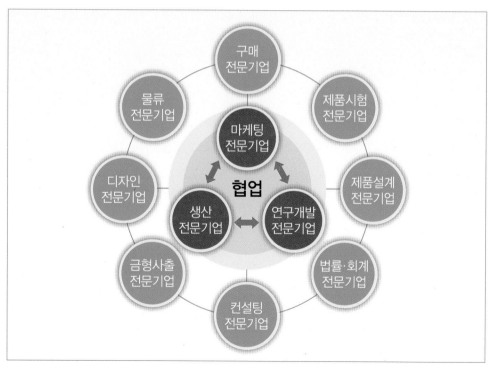

자료: blog.daum.net

그림 3-24 가상기업과 협업 네트워크

반면에, 권력과 문화와 같이 추상적이고 눈에 보이지 않으나 실제로는 사람들의 마음속에 존재하여 조직에 영향을 미치는 가상 영역이 있다는 것이다.

세 번째, 전자적 네트워크 조직으로서의 가상조직이다. 그것은 각 조직이 물리적으로 분산된 상태에서 전자네트워크에 의해 실제 조직과 같이 기능하는 조직, 즉 전자네트워크 자체를 하나의 조직으로 이해한다. 최근에 주목받는 가상기업이 대표적인데, 이 기업은 전자네트워크를 통해 정보를 상호 교환함으로써 그 네트워크에 참가하는 기업이 다양한 자원을 서로 제공해 전체적으로 하나의 완결된 사업을 하는 형태를 의미한다.

가상조직의 핵심부분은 소수의 경영진들로 구성되어 있으며, 이들은 조직 내부에서 해야 할 일을 직접적으로 감독하는 일과 외부에서 수행되는 생산, 유통 및 기타 필요한 기능을 담당하는 다른 조직과의 관계를 조정하는 역할을 수행하고 있다. 근본적으로 가상조직의 경영자는 컴퓨터 네트워크와 같은 연결 방법을 사용하여 외부와의 관계를 조정하고 통제하는 데 그들 시간의 대부분을 사용한다. 그러나 가상조직의 인기가 높아짐에 따라 점점 더 가상조직의 약점이 분명하게 드러나곤 한다. 즉, 가상조직은 지속적인 유출입과 재조직화가 일어나며, 이것은 곧 역할, 목표, 책임이 명확하지 않다는 것을 의미하고, 이러한 특징은 정치적 행동이 나타날 수 있는 무대를 제공한다. 가상조직에서 일하는 사람들은 흔히 구성원들 간의 낮은 상호작용으로 인해 조직문화나 목표에 대한 공감대가 낮다. 지리적으로 멀리 떨어져 있고, 간헐적으로 의사소통하는 팀 구성원들은 정보와 지식을 공유하기가 어렵고, 이로 인해 혁신과 반응의 속도가 느려진다.

제4차 산업혁명을 위한 조직 만들기
| 아메바 경영의 진화 |

Chapter 04

조직관리

조직관리

1. 개요

　조직관리(組職管理, organization management)란 글자 그대로 조직을 관리하는 것이다. 주로 경영학의 세부전공으로 가르치고 있으나, 조직이 존재하는 모든 학문에서 조직관리를 연구하고 있다. 가령 공무원 조직을 다루는 행정학에서는 인사행정론·행정조직론을 연구하며, 간호사 조직을 다루는 간호대학에서는 간호관리학 과목에서 이를 다룬다. 심리학과에서도 인사조직심리학을 연구하고 있다.

　학문적 외에 기업에서 실용적 목적으로도 쓰인다. 조직관리 전략의 수립은 기획 직무, 그 실무는 인사 직무에서 담당한다.

🕸 그림 4-1 조직관리 이미지

2. 학자별 조직관리의 주요 요소

조직관리의 주요 요소를 어떻게 보느냐는 학자마다 다르다.

(1) 내들러 · 투시먼

데이비드 내들러(David A. Naddler)와 마이클 투시먼(Michael L. Tushman)은 다음 네 가지를 주요 요소로 봤다. 이들의 이론을 적합성이론(congruence theory)이라고 한다.

- 사람(people)
- 조직구조(organization structure)
- 조직문화(organization culture) : 이를 비공식적인 조직구조로 판단했다.
- 업무(task/work)

(2) 존 로버트

존 로버트(John Roberts)는 PARC 이론을 주장했다. 이는 사람(people)과 조직구조(architecture), 루틴(routine), 조직문화(culture)의 앞글자를 따온 것이다.

(3) 피터스 · 워터먼

톰 피터스(Tom Peters)와 로버트 워터먼(Robert H. Waterman, Jr)이 1982년에 쓴 책 《초우량 기업의 조건(In Search of Excellence)》에서 주장한 요소는 이른바 7S다. 각 요소는 전략(strategy), 사람(staff), 직무(skills), 조직구조(structure), 시스템(system), 스타일(style), 공유되는 신념(shared beliefs) 등이다.

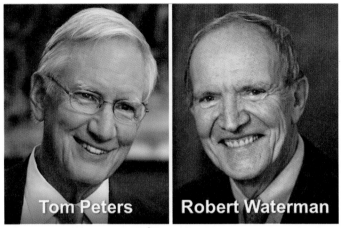

자료: managementpocketbooks.wordpress.com
🔷 그림 4-2 톰 피터스와 로버트 워터먼

(4) 갤브레이스의 별 모델

제이 갤브레이스(Jay Galbraith)의 모델로 전략(strategy), 사람(people practices), 조직구조(structure), 성과관리시스템(reward system), 프로세스

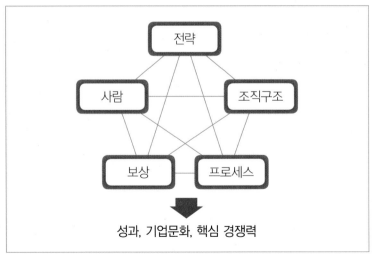

자료: JAY R. GALBRAITH 지음, 김현주 · 정재상 옮김, 조직설계 방법론, 시그마인사이트컴
🔷 그림 4-3 갤브레이스의 별 모델

(process & lateral connections)가 해당된다. 요소가 다섯 개라 이으면 별 모양이 돼서 별 모델이다.

3. 망하는 조직

약한 조직은 다음과 같은 특성을 지닌다.

자료: docsplayer.org

🌐 그림 4-4 망하는 조직은 이유가 있다

- 부서 이기주의 때문에 남 욕만 할 뿐 자기 자신의 문제점을 파악하지 못한다. 경쟁이 없을 때는 구성원 전부가 '자신의 능력이 좋아 성과가 좋은 것이다'라고 착각하고 능력 배양을 등한시한다. 그러다 경쟁이 심해져 성과가 부진하면 서로를 탓하며 공격하는 데만 골몰하고, 자신의 부서에서는 문제를 찾지 않는다. 마케팅, 영업, 품질관리, 생산, 디자인, 연구개발 등 전반적인 문제가 생긴다. 다른 부서와 의사소통을 거부하기 시작한다.
- 업무 표준안이 없거나, 실생활과 너무 동떨어져 있어 지킬 가치가 없거나,

지키든 지키지 않든 감시를 하지 않는다. 따라서 아무도 지키지 않거나, '재량으로 정한다'는 식으로 두루뭉술하게 되어 있어 도움을 받을 수 없다.

● 성과 지표가 없어 사내 정치에 의해 평가가 정해진다. 또는 이런 성과 지표가 두루뭉술해서 '성실성, 책임감, 끈기, 정직성' 등을 말할 뿐 어떻게 측정하는지는 물어볼 곳도 없고 물어보면 괘씸죄로 어려움을 당한다. 또는 성과 지표가 엉망으로 설정되어 평가를 잘 받으려면 실무를 망쳐놓아야 한다. 가령 리더십 없는 무능력한 상사가 스트레스를 주며 군림한다. 유능한 직원들이 이들을 피해 탈출하지만, 상사의 관리능력을 평가하는 지표가 없다.

자료: docsplayer.org

🕸 그림 4-5 망하는 조직의 리더상

● 경영진이 '강력한 대안'의 환상에만 젖어 있을 뿐, 실행능력이나 평가능력이 없다. 그러다 보니 부하들의 무능과 무책임만 탓한다.

● 부하들의 진솔한 의견을 상사가 들으려 하지 않는다. 전달해봤자 중간에서 삭제해버리거나, 전달하면 괘씸죄를 적용 당하므로 아무도 말하지 않으려 한다. 혹은 전달해봤자 상사가 권한을 가지고 도와주려 하지 않고 '네가 알아서 하라'는 식으로 말하므로 문제가 해결되지 않는다.

4. 경영학과의 관련 과목

크게 조직행동론, 인적자원관리, 노사관계론, 조직론, 경영전략으로 구성되어 있다.

조직행동론(orgazational behavior)

성격과 동기부여, 소집단에서의 움직임, 의사소통, 리더십, 의사결정, 조직구조 설계를 다룬다. 이를 통해 조직 내에서 개인이 어떻게 행동하는지를 찾는다.

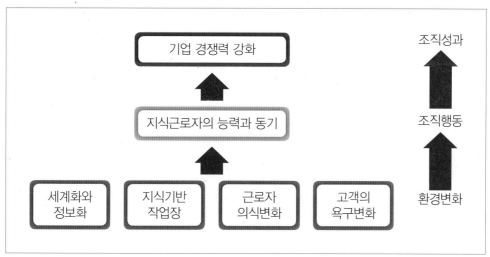

자료: imyesir.tistory.com

🕸 그림 4-6 조직행동론의 현대적 의의

이문화관리(cross-cultural management), 다문화관리(management with diversity)

다국적 기업 등 외국인과 함께 일할 때 생길 수 있는 문화적 차이를 다루는 과목이다. 보통 고등교육을 받은 사람들은 어느 나라나 '이문화에 따른 차이는 중요하지 않으며 노력을 통해 극복할 수 있다'라고 생각하지만, 정작 한국 직장생활 문화에 서양인을 집어넣었다가 서열에 의한 군기 문제로 퇴사하거나 반대로 미국이나 서유럽에 한국 기업 법인을 차렸다가 모욕죄, 증오발언죄(성차별, 외모차별 등), 강요죄(술강요, 야근강요 등) 등으로 고소당하고 막대한 손해배상을 해주는 등의 문제가 생기는 것을 보면 이런 차이를 아는 것은 매우 중요하다.

인적자원관리(human resource management)

인사 직무 전반, 인적자원관리의 역사를 배운다. 이를 통해 어떻게 인적자원을 효과적으로 활용하는지 익힌다.

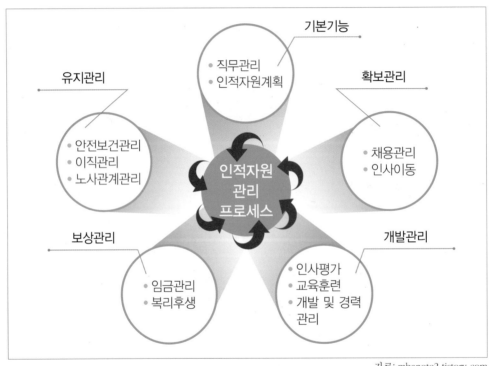

자료: mbanote2.tistory.com

🏵 그림 4-7 인적자원관리의 기본적인 틀

전략적 인적자본(strategic human capital)

일반적으로 인적자본(human capital)은 종업원들의 지식, 기술, 능력을 의미하는데, 이러한 인적자본이 어떻게 조직성과에 영향을 미치는지에 대해 배운다.

특히 요즘에는 연구원, 임원, 변호사, 회계사, 광고, 금융 등 다양한 전문가적 조직을 어떻게 활용하느냐가 중요하다.

노사관계론(고용관계론, industrial relations)

노사관계에 대한 여러 가지 접근법, 노동자들이 노동조합을 결성하는 이유, 노사관계의 노동법적 환경, 단체교섭과 협약의 관리상의 문제를 다룬다. 이를 통해 사용자와 피고용자 간의 관계를 찾는다.

조직구조론(organizational theory)

거시적인 입장에서 조직설계를 하는 법을 배운다.

- 조직변화(organizational transformation)
- 조직문화(organizational culture)
- 조직설계(organizational design)

		업무적 연결	
		낮음	높음
자본적 연결	높음	지주회사 (1)	M-Form (2)
	낮음	시장 거래관계 (3)	네트워크 조직 (4)

자료: blog.daum.net

🌸 그림 4-8 조직구조론 개념[1]

---

1) M-Form : multidivisional form

리더십(leadership)

🔅 그림 4-9 리더십 이미지

팀 경영(managing team)

직제 중 팀제에서 효과적으로 활동할 수 있도록 여러 경험을 해본다. 가령 집단게임, 사례분석, 토의, 팀원 간의 피드백 등의 수단을 동원한다. 특성상 학사과정보다는 MBA 등 실무과정에서 많이 개설된다.

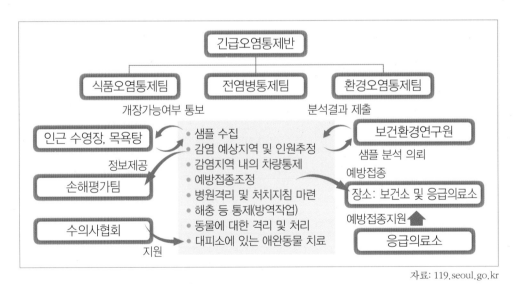

자료: 119.seoul.go.kr

🔅 그림 4-10 팀 경영 사례

5. 행정학과의 관련 과목

- 인사행정 : 인적자원관리 + 노사관계론 + 경력개발
- 행정조직 : 조직행동론 + 조직구조론

6. 직제

(1) 개요

직제(職制, organization setup)란 직무와 직위에 대한 제도를 가리킨다. 어떤 조직이 운영되는 구조를 설정해 놓은 것인데, 이를 쉽게 살펴볼 수 있는 것이 조직도이다.

경영학이나 행정학에서 자주 연구되며, 그 중에서 조직관리론 또는 조직행정론이라 불리는 분야에서 연구한다. 각 조직에 미시적 관점을 취해 개인과 소집단에 관심을 갖는 학문 분야는 조직행동론이며, 거시적으로 조직 자체와 조직에 영향을 미치는 요소들을 분석하는 학문은 조직구조론이다.

조직구조 설계(직제 설계)에는 정답이 없고, 모두의 동의를 받을 만한 전문가가 있는지도 불분명하다. 그럼에도 불구하고 직장생활에서 조직원의 삶에 엄청난 영향을 미치고, 회사의 성공과 실패에도 큰 영향을 미친다. 그냥 단순히 잘 한다고 되는 것은 아니다. 유명 다국적 기업에서도 직제는 계속 바뀐다. 처음에 설계를 잘못했기 때문이 아니라, 환경 자체가 변해서 최적의 직제가 변하기 때문이다.

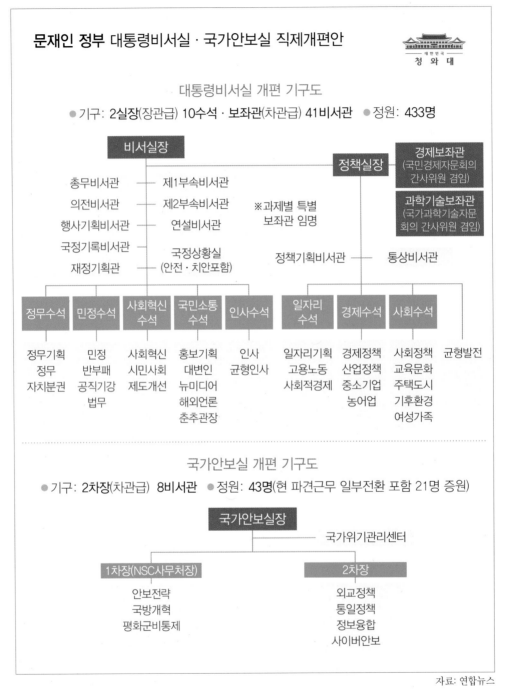

문재인 정부 대통령비서실 · 국가안보실 직제개편안

대한민국
청 와 대

대통령비서실 개편 기구도

● 기구: **2실장**(장관급) **10수석 · 보좌관**(차관급) **41비서관** ● 정원: **433명**

비서실장

정책실장

경제보좌관
(국민경제자문회의
간사위원 겸임)

총무비서관 ─── 제1부속비서관
의전비서관 ─── 제2부속비서관
행사기획비서관 ─── 연설비서관
국정기록비서관
재정기획관

※과제별 특별
보좌관 임명

과학기술보좌관
(국가과학기술자문
회의 간사위원 겸임)

국정상황실
(안전 · 치안포함)

정책기획비서관 ─── 통상비서관

| 정무수석 | 민정수석 | 사회혁신수석 | 국민소통수석 | 인사수석 | 일자리수석 | 경제수석 | 사회수석 |

정무기획
정무
자치분권

민정
반부패
공직기강
법무

사회혁신
시민사회
제도개선

홍보기획
대변인
뉴미디어
해외언론
춘추관장

인사
균형인사

일자리기획
고용노동
사회적경제

경제정책
산업정책
중소기업
농어업

사회정책
교육문화
주택도시
기후환경
여성가족

균형발전

국가안보실 개편 기구도

● 기구: **2차장**(차관급) **8비서관** ● 정원: **43명**(현 파견근무 일부전환 포함 21명 증원)

국가안보실장

국가위기관리센터

| 1차장(NSC사무처장) | 2차장 |

안보전략
국방개혁
평화군비통제

외교정책
통일정책
정보융합
사이버안보

자료: 연합뉴스

그림 4-11 문재인 정부 대통령비서실 · 국가안보실 직제

(2) 직제 결정(조직설계)의 여러 차원들

수직적 분화(vertical differentiation)

계층 수(number of levels)와 위계질서에 대한 이야기이다. 적을수록 결재라인이 짧아지므로 의사소통의 속도가 빨라지고 조직이 수평화된다. 하지만 결재라인을 짧게 할수록 고위 관리자의 부담이 늘어난다는 단점이 있다. 그리고 계층수가 적다고 해도 한국 군대처럼 비공식적인 계층을 유지하려는 경향이 있다면여러 가지 문제가 일어나게 된다.

수평적 분화(horizontal differentiation)

조직도에서 각 부서를 무슨 기준으로 나눌 것인지에 대한 내용이다. 같은 일을하는 사람들은 같은 집단에 모아 놓아야 전문화(specialization)가 된다.

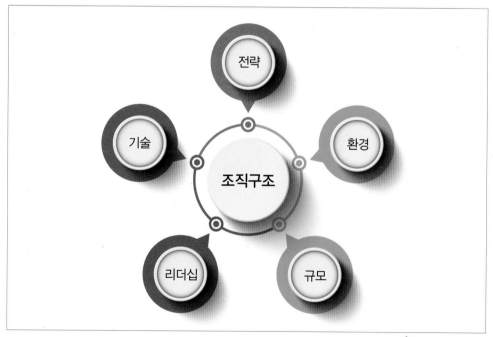

자료: dbr.donga.com

🕸 그림 4-12 조직구조를 결정짓는 요인

조정(integration, coordination)

각 부서 간의 소통을 어떻게 연결하느냐의 문제이다. 조직도로 말하자면 선(일정한 한계나 그 한계를 나타내는 기준)이 된다.

- 의사결정을 집중 또는 분산(centralize or decentralize)할 것이냐의 문제가 있다. 가령 사업부 같이 부문조직을 만든다면 의사결정이 각 사업부로 위임되겠지만 기능조직을 꾸린다면 CEO의 의사결정 권한이 커질 것이다. 이 문제는 결국 넓게는 거버넌스[2]의 문제가 된다.
- 각 조직단위(unit)의 성과측정과 보상을 어떻게 할 것인지가 있다.

통솔범위의 원칙(span of control)

이는 한 명의 부서장이나 CEO 같은 사람이 몇 명의 라인 직무자를 거느릴 수 있느냐의 문제이다. 적게는 6명 이하라 보는 학자부터 30명까지 보는 사람도 있다. 스태프 직무자가 늘어나면 더 많은 라인 직무자를 둘 수 있다는 게 일반적인 견해이다. 넓은 통제범위는 권한의 이양을 증진시키고 수평적인 문화를 만든다. 하지만 넓은 통제범위는 의사결정을 분산시키므로 최고관리자의 뜻대로 모든 것이 진행되지 않을 것이다.

- 공식화(formalization)
- 비공식적인 네트워크와 기업문화 : 회사 내에서 이루어지는 사적 집단이나 인맥(人脈, connection) 관계 등을 말한다.
- 조직경계(organizational boundaries)

---

2) 거버넌스(governance)는 1980년대부터 대두된 통치 시스템의 개념으로 아직 정의에 대한 학문적 합의는 이루어지지 않았다. Pierre & Peters(2000)에 의하면 정책 결정에 있어 정부 주도의 통제와 관리에서 벗어나 다양한 이해당사자가 주체적인 행위자로 협의와 합의 과정을 통하여 정책을 결정하고 집행해 나가는 사회적 통치 시스템으로 정의했다.

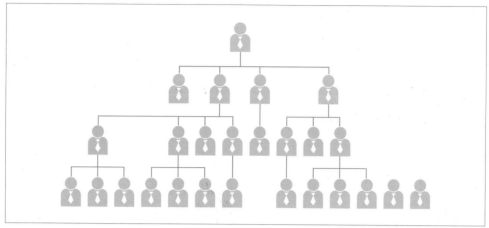

자료: referenceforbusiness.com

🌐 그림 4-13 통솔범위의 원칙

(3) 직제에 영향을 미치는 것들

① 프로세스와 루틴

각 업무를 처리하는 고유한 방식인 프로세스(process)나 루틴(routine)이 어떻게 이뤄지는지를 파악하고 각 프로세스나 루틴을 구조로 묶어야 한다.

1910~1920년대, GM(제너럴 모터스)과 포드의 경쟁

1908년 포드의 차량 생산대수는 6,181대(모델T)였고, GM의 이전 모델 중 하나였던 뷰익은 8,487대에 달했다. 1914년에 포드는 이동조립라인을 도입해 가격을 1/3로 낮췄고 조립시간을 12시간 30분에서 1시간 30분으로 단축했다. 특히 1910년대와 20년대에 걸쳐 대규모 수직적 통합을 단행했는데 원자재 등을 다루는 후방통합과 전방통합을 행했다. 그 덕분에 1921년에 포드는 미국 자동차 시장의 55%를 차지할 정도로 성장했다. 당시 그들의 직제는 기능조직에 해당했다. 단일한 모델만을 운용하는 포드의 전략에 기능조직은 적절했다. 전략(strategy)에 구조(structure)를 잘 따른 케이스에 해당한다.

자료: kmug.kr

🔰 그림 4-14 포드 모델T

② 전략

학자들이 공통적으로 강조하는 것은 경영전략(management strategy)이다. 경영학의 유명한 격언 가운데 "Structure follows Strategy."가 있다. 구조는 전략을 따른다는 것이다.

1920~1940년대 포드와 GM(제너럴 모터스)의 경쟁을 살펴보자.

1921년에 시장점유율 12%로 몰락한 GM은 새로운 경영자인 알프레드 슬로언(Alfred P. Sloan, 1875~1966)에 의해 기존의 기능조직을 사업부(multidivisional organization)로 개편했다. 사업부의 특성은 기존의 제왕적인 CEO 밑에 참모격인 기능조직을 배치하는 것과 달리 각 사업부의 임원들에게 권한을 위임하는 데 있었다. 사업부 휘하에 다시 기능을 배치함으로써 각 사업부들은 자신들의 사업 목표에 맞게 독립적으로 굴러가는 게 가능해졌고 대신 CEO의 권한은 각 사업부의 감사와 사업평가, 투자결정으로 축소되었다. 이런 사업부의 구성은 당시 자동차 시장의 시장세분화(market segmentation)에 따른 것이었는데 대량보급시대를 지나 각 소비층에 따라 소비 패턴이 세분화되었기 때문이었다. 고소득자에게는 캐딜락, 상대적으로 저소득자들에게는 쉐보레를 맞추는 방식으로 GM은 기업의 전략을 수정했고, 이를 뒷받침하기 위해 직제 자체를 기존의 기능조직에서 부문조직(사업부)으로 바꾼 것이었다.

부문조직의 장점은 상대적으로 시장의 변화에 대응하기가 유리하다는 점이었다. 포드도 시장의 변화를 알아차리고 회사의 전략을 시장세분화에 맡겼지만 기능 위주로 편성된 포드의 직제는 매우 느렸다. 예를 들어, 1927년에 포드가 모델T에서 모델A로 전환했을 때 모든 사업조직이 모델T를 생산하는 데 최적화되었던 탓에 모델A를 생산하기 위한 프로세스를 갖추는 데 1년 반이 걸렸다. 그 탓에 시장점유율은 1940년에 GM이 47.5%, 포드가 18.9%로 바뀌었다.

1946년이 되어서야 포드는 자신들의 전략에 맞는 사업부 조직을 도입했는데, 이는 독불장군 기질이 있던 헨리 포드 1세(Henry Ford, 1863~1947)가 경영 일선에서 물러나면서 비로소 가능했다.

자료: club.koreadaily.com

그림 4-15 포드사의 헨리 포드(왼쪽)와 GM사의 알프레드 슬로언(오른쪽)

자료: autoworld.wordpress.com

자료: hankookilbo.com

⬡ 그림 4-16 캐딜락과 쉐보레

③ 세금 문제

다국적 기업이 개발도상국이나 중하위권 선진국에 진출해서 현지 법인을 만들 때는 다른 요소보다는 세금 문제를 많이 고려해서 조직을 구성한다. 2~3% 마진을 높이려면 피땀 흘려 일해야 하지만, 현지 세무사와 잘 협력하면 법인을 어떻게 분사하는지만 가지고도 10% 절약하는 것도 충분히 가능하다. 전략적인 고려는 세금 다음에 하는 것이 좋다.

④ 지도자 개개인의 욕망이나 취미

우리나라에서는 높은 사람이 바뀔 때 조직구조에 깊이 관여를 하는 것이 일반적이다. 정부조직만 해도 대통령이 바뀔 때마다 정부조직법의 변화로 부서들이 통폐합되거나 신설된다. 기업도 마찬가지이다. 왜냐하면, 많은 사람들은 '내가/나와 코드가 잘 맞는 부하로 직제를 바꿔야 잘 될 것이다'라고 생각하기 때문이다. 심한 곳은 연단위로 이뤄지기 때문에 시무식이나 종무식을 겸해서 직제 개편이 이뤄지기도 한다.

조직구조는 전략, 기업문화, 리더십, 강점과 약점 등을 모두 고려해야 하는데, 그렇지 않고 주먹구구로 이루어지는 경향이 있다. 신임 부서장이 취임할 경우 본인의 의향에 따라 직제를 개편하는 일이 비일비재한 탓에 해당 조직에서 오랫

동안 근무한 사람들은 직제 개편이 의미가 없다고 여기는 경우가 많다. 온갖 모델과 효율성을 연구하는 학자나 컨설팅펌에서 들으면 아쉬운 일이다.

그렇다면 왜 이런 일을 하는가?

● 업적 만들기: 공무원, 기업 임원에게서 나타난다. 조직을 전환하는 것이 회사 약력 등에 표시되기 때문이다.

● '직제를 바꾸면 조직이 쇄신된다.'라는 믿음을 갖고 있다.

※ 성과가 부진하다: 성과가 부진해서 조직을 쇄신시키려 들 경우, 조직구조가 성과에 어떻게 영향을 주었는지를 판단하는 절차가 필수적이다. 문제는 이런 절차를 거치지 않고 주먹구구식으로 바꾼다는 것이다.

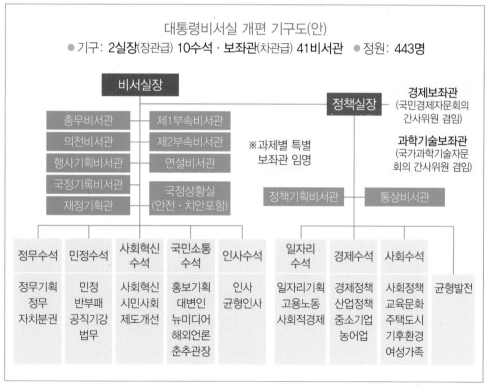

자료: fnnews.com

🔷 그림 4-17 청와대 직제개편

※ 창의성을 증진시키고 싶다: 가령, 부서의 업무를 설명하지 못하지만 뜻이 좋거나 정치적으로 올바른 표현들을 이름에 억지로 꾸역꾸역 끼워 넣는 경우를 예로 들 수 있다. '미래연구개발부'라든지 '상생협력부' 등이 그것이다. 심하면 부서의 이름만 보고는 도대체 이 부서가 무엇을 하는 부서인지 알 수 없다. 거기다 이름을 바꾸었는데 하는 일도 똑같고 구성원도 똑같은 경우도 흔하다. 이럴 경우 그냥 간판 값만 날리는 전시행정이 되는 것이다. 하지만 고위층 스스로는 '이름을 바꾸니까 분위기가 쇄신되었다.'라고 자평한다.

(4) 종류

아래의 조직들은 전통적인 조직이며 갈브레이스나 버튼, 번스 등 학자마다 다른 대안을 내놓기도 하였다.

① 단순구조(simple structure)

한 사람이 재무, 마케팅, 인사를 총괄한다. 의사결정이 한 명에게 집중되어 위험성이 높다는 단점이 있다. 그리고 지도자에게도 인간이라는 한계가 있기 때문에, 30명이 넘어가면 아무리 자기가 결정권을 발휘하고 싶더라도 중간관리직을 두는 수밖에 없다.

대신에 장점이 있다. 의사결정이 빠르고, 대응이 재빠르다. 그리고 소규모 기업에서는 자기가 기능조직을 만들고 싶다고 해도 그럴 만큼 사람이 많지 않으므로 대표가 알아서 다 해야 한다. 소규모 자영업, 벤처기업, 개인기업에서 많이 볼 수 있다. 단순구조에 가까운 기업으로는 워렌 버핏의 버크셔 해서웨이를 예로 들 수 있다.

② 기능조직(functional structure)

사장

● 총무부, 생산부, 영업부, 기술개발부

  기능조직은 가장 흔하게 볼 수 있는 직제이다. 기능별로 조직활동을 편성하고 각 기능관리자가 업무에 관한 활동을 최고경영층에 보고하는 형태이다. 기능별로 인원이 모이기 때문에 규모의 경제 효과를 누리기 좋다. 다만, 환경변화에 취약하다는 단점이 있는데, 기능별로 서로에 대한 이해도가 떨어지기 때문이다. 그리고 각 제품군이 뭉쳐져 있기 때문에 시장의 변화에 즉각적으로 응답하기가 어렵다. 일반 기업과 각 군 본부의 경우 기능별 편성을 취하고 있다.

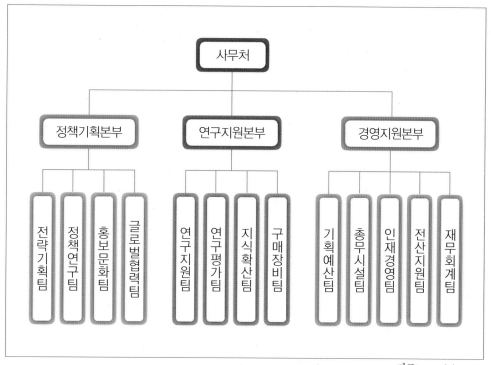

자료: news.joins.com

🏵 그림 4-18 기능조직

③ 부문조직(divisionalized structure)

사장

- IT사업부 : R&D, 생산, 마케팅, 재무
- 가전사업부 : R&D, 생산, 마케팅, 재무
- 자동화사업부 : R&D, 생산, 마케팅, 재무

부문조직의 특성은 제품이나 서비스, 지역, 제품그룹, 프로그램, 사업 등으로 부문을 나눈 뒤에 그 아래에 기능이 배치되는 형태이다. 기업의 경우 사업부나 그룹장, 파트장 등이 이런 직제에서 쉽게 찾아볼 수 있다. 군대의 각 대대나 연대급의 경우 최소 단위의 참모를 갖추고 있고 독립적으로 활동하는데, 본부가 기능조직에 가깝다면 이들은 휘하에서 부문조직과 비슷하게 기능한다.

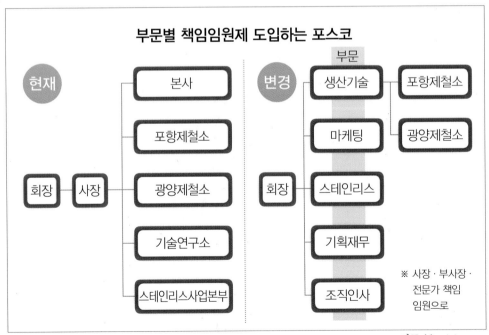

자료: blog.joins.com

⬡ 그림 4-19 부문조직으로 개편

장점은 기능조직에 비해 환경변화에 빠르다. 하지만 무조건 부문조직을 채택하면 안 된다. 규모의 경제효과를 누리기가 어렵다. 각 기능이 부문별로 분산되어 있기 때문에 부문 간 조정이 어려워지며, 심한 경우 자기들끼리 경쟁하면서 출혈경쟁을 하는 경우까지 생긴다. 각 부문 간의 위계가 없기 때문에 태스크포스 등 수평적인 연결 장치가 필요하다. 그리고 기능조직이 한 기능에 특화된 전문가를 키워내는 데 비해 기능이 작은 단위로 굴러가는 탓에 작은 단위의 전문가 이상을 배출하기가 어렵다. 또한 사업부장 한 사람 한 사람은 기업의 사장 역할을 수행할 수 있는 사람이어야 하므로, 적당한 사업부장 재목이 없다면 차라리 독립시키지 않는 쪽이 낫다.

④ 혼합조직

혼합조직(hybrid structure)은 위의 두 가지를 섞은 것으로 주요 기능 가운데 규모의 경제나 전문성이 필요한 기능은 중앙집권화된 기능으로 남겨놓고 나머지는 각 부문별 조직 휘하에 배치하는 것이다.

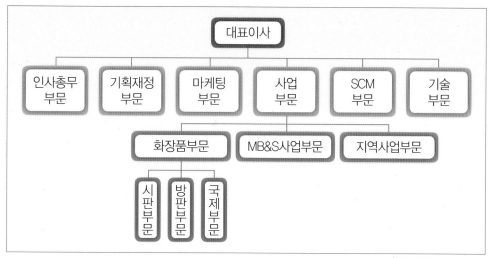

자료: m.blog.naver.com

🔷 그림 4-20 혼합조직

사장

- 재무
- 전략/홍보
- 인적자원관리
- 부품/물류그룹
- 영업그룹
- 서비스그룹

　장점은 혼종답게 기능조직처럼 효율성도 있고 부문조직처럼 적응성도 높아진다는 것이다. 다만, 관리직의 숫자가 늘어나고 사업부와 본사(본부) 간에 부서이기주의가 나타나기 쉽다는 것이다.

⑤ 매트릭스 조직

　관료제의 한계점을 극복하기 위해 고안된 새로운 조직형태 중 하나이다. 일반적인 관료제의 피라미드식 조직과는 다르게, 이 경우에는 전체 직원들을 종(縱)으로 짜고 횡(橫)으로 짜서 행렬, 즉 매트릭스의 형태로 구성한다.

　따라서 전체 직원들은 종적인 라인(계선)의 어딘가에 소속되어 있는 동시에, 횡적인 축으로도 어딘가에 소속되어 있는 신분이라고 할 수 있다. 대개 종적으로는 업무로 묶이고, 횡적으로는 각 부서 간 조정과 협력이 필요한 프로젝트 중심으로 묶인다.

　기존의 관료제는 지나치게 종적인 측면이 강조된 탓에 구성원들의 일반행정적 역량이 뒤처지게 되었고, 이는 결국 타 부서와의 협조공백과 충돌을 낳는가하면, 다른 분야에 대해서는 전혀 무지한 모습을 보이는 '훈련된 무능(trained incapacity)' 현상을 초래하는 경향이 있다. 따라서 기존의 전문행정적 역량 외에도 조직 전체를 조망하는 일반행정적 역량을 함께 배양하는 두 마리 토끼를 잡는 것이 매트릭스 조직인 것이다.

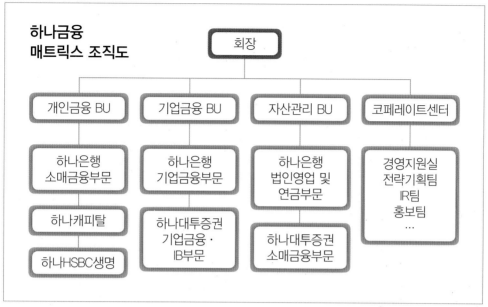

자료: stock.hankyung.com

🔷 그림 4-21 하나금융 매트릭스 조직

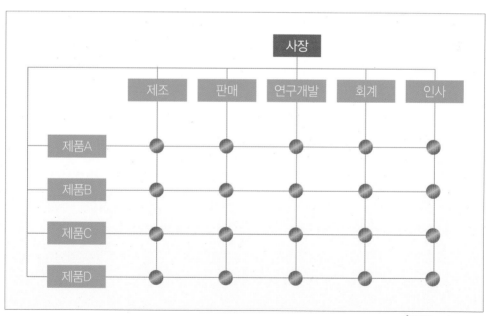

자료: blog.daum.net

🔷 그림 4-22 매트릭스 조직

부문과 기능을 동시에 강조하기 위한 구조이다. 단순히 나열로 그리기 어려운 구조인데 주로 환경변화에 취약한 중소기업에서 찾아볼 수 있다.

제품라인이 적어 각 제품 간의 공동활용이 필요한 경우 각 제품관리자를 두고 해당 제품관리자에게 디자인, 제조책임자, 마케팅책임자, 재무책임자 등이 공동으로 배정되어서 일을 하게 된다. 이에 따라 기존의 직제보다는 팀제로 운영하게 된다.

각 기능별 부서의 사람들이 함께 모여서 근무하지 않고 각 인원마다 제품별로 파견되어 팀을 결성한다고 생각해보자. 중소기업 이외에도 고도로 전문화된 제품개발 등을 수행하는 기업의 경우 매트릭스 조직을 편성하기도 한다.

이상적으로는 매트릭스 조직 하에서 각 구성원들은 종횡으로 협력하며 최대의 능력을 이끌어내게 된다. 각 구성원들이 조직 전체에 대한 조망을 갖추고 움직이며, 안정성과 유연성 모두 확보하면서 조직 전체의 단합을 돕는 형태다.

종적인 업무와 횡적인 업무 중 그 어느 부분에서도 능숙하게 대처할 수 있다는 점이 큰 장점이다. 고객의 요구에 즉응하고 인적자원을 유용하게 활용하는 것이 가능하지며, 특히 규모의 경제효과를 누리기 어려운 작은 기업에게 유리하다.

그러나 그만큼 조직 구성원 전체에 미치는 부담도 엄청나다. 보고체계가 기존의 직제 외에 팀별로 존재해 인원들이 피로를 느끼기 쉽고 인간관계가 복잡해진다. 대학강의에서 조별과제를 5번 하는데, 할 때마다 인원을 재배치해서 한다고 생각해보자. 그 바람에 갈등조정과 회의가 빈번해지고 애초에 이 구조 자체를 이해하지 못하는 직원들이 수두룩하다.

또한, 이상적인 매트릭스를 위해선 구성원 개개인이 비상한 두뇌로 무장하고 능수능란하게 움직일 수 있어야 한다. 그렇지 못할 경우 조직 전체가 한꺼번에 혼란에 빠져 이리 뛰고 저리 뛰고 우왕좌왕하다 다 함께 주저앉는 참사가 초래될 수도 있다. 잘하면 효과는 높아지겠지만 못하면 그야말로 대혼란이다.

따라서 매트릭스 조직을 채택하고자 하는 기업은 우선적으로 직무교육 프로그램을 다방면으로, 전폭적으로 편성함으로써 직원들의 역량과 수준을 높여야 한다.

⑥ 팀제

팀제 조직, 또는 아메바형 조직, 애드호크라시(adhocracy)라고도 한다. 본래 관료제의 한계점을 극복하기 위해 고안되었으며, 현재는 대부분의 조직 및 기관들에서 기존의 관료제와 융합, 절충하여 운영하고 있는 방식이다.

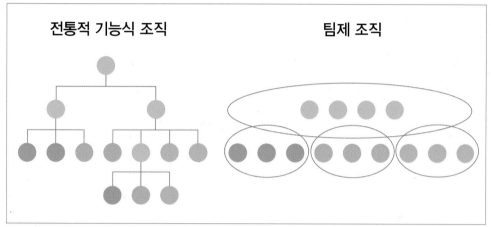

자료: old.dongabiz.com

🔷 그림 4-23 전통적인 기능식 조직과 팀제 조직의 비교

팀제에는 '실질적인 팀제 조직'(유기적 조직)과 '이름만 팀이고 하는 일은 일반 관료제 조직'(기계적 조직)의 두 가지가 있다. '팀제'라 부를 때 유념해야 할 것은, 팀제 조직의 핵심은 결국 목표 지향성이다. 어떤 목표가 주어졌을 때 그 문제의 해결을 위해 인원들이 차출되어 결집하고, 팀 내부에서 수평적으로 의견교환을 하며, 문제를 해결하고, 해결된 후에는 다시 재빠르게 해산하며, 다른 문제를 위한 팀을 새로이 결성하거나 기존 관료제의 틀로 신속히 되돌아가야 한다는 것이다. 조금 심하게 비유를 들자면, 팀제 조직의 성격은 조별 과제를 위해 만든 카카오톡 단체 채팅방처럼 이해하는 것이 좋다. 어떤 공동의 문제를 해결하기 위해 모였다가, 문제가 해결되면 미련 없이 다시 해산할 수 있어야 한다는 것이 팀제 조직의 가장 강력한 장점이자 관건(關鍵)이다.

팀제에는 크게 세 가지 경우가 있다.

- 문제해결(problem solving team): 품질관리 문제를 해결하기 위해 현장 생산직 5~10명이 모여서 매주 5시간씩 의견을 나누고 의사결정을 한다면, 이 품질분임조는 팀제이다.
- 자가관리(self-managed work team): 관리자의 역할을 팀이 대체해서 일상적 의사결정, 예산집행 등을 대체한다.
- cross-functional team: 기업에서 'OO TFT(Task Force Team)'이나 'OO 추진단', 'OO (비상)대책본부', 'OO 특별위원회' 등 특정 한시적 목적을 위한 조직을 결성하고 그 결과가 달성되면 해체하는 경우이다.

기존의 부과제	소그룹형 팀	독립담당형	혼합형태형
팀장 A과 B과 C과 1계 2계	파트 파트 파트 파트 파트	개인	파트 파트 파트 개인 개인
• Post 중심 → 대부대과형 팀제 • 인사문제는 조직 확대로 해결	• 업무특성에 따라 Group(축소확대 용이) • 소그룹 Leader → Playing Manager • 문진형, Project형 조직	• 개개인이 독립기 능 수행 • 직급과 자격에 관계 없이 업무 부여 • 소수정예 문진형 팀제	• Part와 담당을 공존 운영 • 가장 일반적 형태 (Staff조직에 적합)

자료: slidesplayer.org

🌐 그림 4-24 운영형태에 의한 팀제의 종류

기존의 관료제에 대비하여 확실히 강력한 장점이라 할 수 있는 것은, 급변하는 현대사회의 환경적 위협에 재빠르고 유연하게 대처하기가 더 쉽다는 점이다. 조직 구성원들이 하나의 거대한 피라미드 프레임에 짜여서 옴짝달싹하기도 힘든 관료제에 비해, 팀제 조직은 그때그때의 상황과 여건에 의해 주어지는 문제들을 해결하기 위해 신속하고 유연하게 헤쳐모여가 가능하기 때문에 더욱 융통성이 있다. 이것이 불가능하거나 어려운 팀은 무늬만 팀이지 실상 팀제 조직으로서 가질 수 있는 장점을 갖지 못하는 '형식적인 팀제이며 실질적으로는 관료제'인 조직으로 볼 수 있다.

그리고 팀제가 모든 면에서 유리한 것은 아니다. 업무가 미리 정해져 있고, 상급자가 일일이 판단해야 하며 하급자가 함부로 결정하면 혼나는 업무라면, '규정을 지키고 머리와 손만 달려 있으면 할 수 있는 업무이지만 실무자가 제멋대로 규정을 바꿔서 개선하면 안 되는 업무'라면 또는 혁신보다 원가 절감과 규정 준수가 중요한 업무라면 기계적 조직이 훨씬 유리하다. 이런 조직들은 기존의 관료제적인 라인(계선) 중 하나를 이름 바꾸어서 관료제의 일부로 편입된다. 가령, 과거에는 실/처(상무) - 부(부장) - 계(차장) - 계원(과장~사원)이었다면, 오늘날에는 실/처 - 팀(팀장) - 파트(차장) - 팀원으로 부르는 식이다. 이름만 바꾸었지하는 일은 똑같다. 이렇게 되면 팀제의 장점은 하나도 얻지 못하고 관료제의 단

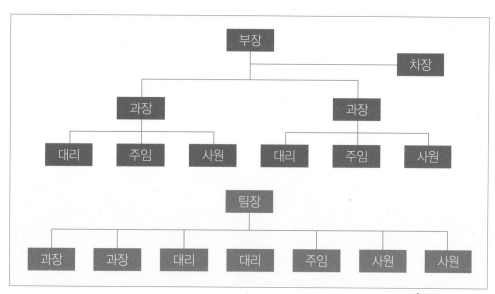

자료: brunch.co.kr

🔯 그림 4-25 부서별 조직과 팀제 조직

점을 그대로 갖게 되는 결과를 초래한다. 이런 헛수고를 하는 이유는 높은 분들이 책상머리에 앉아서 "요즘 얘기 들어보니까 팀이라는 게 혁신적이라던데? 그거 우리도 한번 해보지?"라고 해놓고 신경을 끄기 때문이다.

그리고 팀제는 구성원 간의 긴밀한 의사소통이 가능해야 한다. 이를 위해서는 2~10명 정도로 팀의 규모가 작아야 한다. 그리고 상명하복 질서가 있는 직장에서는 함부로 팀제를 하면 안 된다. 왜냐하면 이런 곳에서 팀이랍시고 만들어 놓으면 제일 위치가 높은 사람 혼자 모든 의사결정을 하려 들고 나머지 사람들은 표정관리를 하는 기계로 전락하기 때문이다. 그리고 단순히 모여서 정보공유를 하는 것은 팀제에 속하지 않는다. 예를 들어, 젊은 사원 10여명을 모아서 영화를 보여준다든지 하는 것은 의사결정과 관련 없기 때문이다. 그리고 팀제에서는 무임승차하는 사람을 제거할 수단이 있어야 한다. 그렇게 하지 않으면 대학생 시절 조별과제와 똑같은 현상이 일어날 뿐이다. 또한 감정적인 싸움이 생기면서 혼자 일하는 것보다 더 성과가 떨어질 수도 있다.

구 분	한 국	미 국	일 본
팀제 도입 목적	• 의사결정 단축 • 직위·직책의 분리 • 조직의 창의성 제고	• 부문 간 벽 제거 • 조직문제 해결 • 조직의 창의성 제고	• 부문 간 벽 제거 • 의사결정 단축 • 조직의 창의성 제고
팀제 발전 형태	사업부제 → 임시조직 → 팀제도입	기능별 조직 → Matrix 조직 → 팀제도입	사업부제 → Group 조직화 → 팀제도입
도입 분야	조직의 간접부문 연구개발부문	연구개발부문 특수 Project 부문	생산·품질부문 연구·사업기획부문
도입 형태	• 대부대과팀 • T/F, P/J • SD Team 　(삼성: 타임머신팀)	• 관리팀 • 문제해결팀 • 업무팀(Work Team) • 복합기능팀(c-function)	• 과제폐지를 통한 　Group팀 • Project팀 • Net-working 조직

자료: slidesplayer.org

🔅 그림 4-26 팀제의 등장 배경

(5) 군대의 편제

 군대의 경우 각 군종(軍種)끼리의 만남을 합동, 서로 다른 나라의 군대가 만나는 경우는 연합이라 하는데, 부대의 경우 각 군종별로 이뤄진 경우와 군종 간의 접합인 합동(통합)부대, 복수의 국가가 참여하는 연합부대로 나뉜다.
 군대의 부대 특징은 부문조직을 연상시키는데 상위 제대의 참모부를 아래 하위 제대의 참모부도 갖춘다는 것이다. 물론 계급이나 참모의 소속부서의 급은 달라진다. 가령 육군본부는 아래와 같은 편제를 띤다.

일반참모부

- 기획관리참모부
- 인사참모부
- 정보작전지원참모부
- 군수참모부
- 정보화기획실
- 동원참모부

특별참모부

- 비서실
- 정훈공보실
- 감찰실
- 법무실
- 헌병실
- 시설실
- 의무실
- 군종실
- 육군개혁실

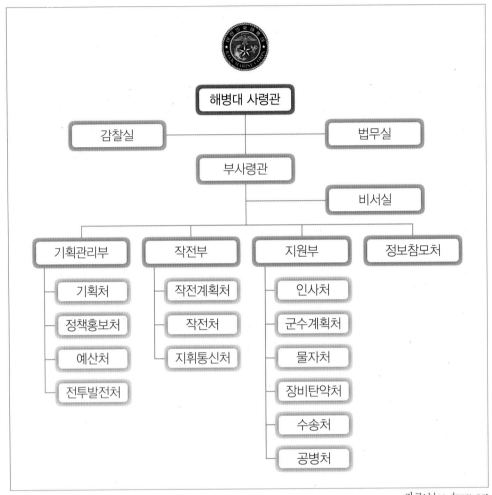

자료: blog.daum.net

🌐 그림 4-27 사령부 기구도[3]

일반참모부는 전투병과와 관련된 군무 참모들이고 특별참모부는 비전투병과
이다. 이런 식의 참모 구성은 참모란 이름은 굳이 붙지 않지만 대대급부터 작전
과장, 인사과장 등을 갖추고 있다. 이는 육본의 기획관리참모부장이나 인사참모

---

3) 2006. 12.7일 해병대 사령부 직제 개정에 따라 새로 개편된 해병대 사령부 기구

부장에 상당한다. 여단이나 사단급부터도 제대로 된 참모부를 갖추고 있다. 독립중대의 경우에는 이름은 다르지만 참모부 역할을 하는 편제를 짜게 된다. 즉, 군대는 독립적으로 움직이는 부대단위에서는 참모부를 갖출 수 있도록 하고 있다. 이런 점은 위의 직제에서 부문조직과 유사하다.

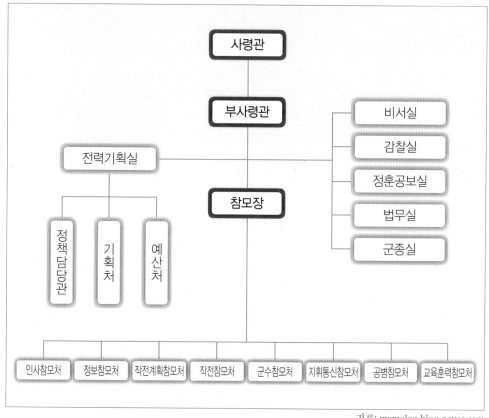

자료: memolog.blog.naver.com

🔅 그림 4-28 해병대 사령부 참모형태[4]

● 각 군의 편제

---

4) 해병대 사령부 기구도(2010년 5월 현재)

● 대한민국 국군/편제

자료: youtube.com

🏵 그림 4-29 대한민국 국군

● 러시아군/편제

● 미군/편제

자료: smartincome.tistory.com

🏵 그림 4-30 미군

● 자위대/편성

자료: seoul.co.kr

🎖 그림 4-31 일본 자위대의 깃발

● 중국 인민해방군/편제

자료: 2korea.hani.co.kr

🎖 그림 4-32 중국 인민해방군

(6) 기타 관련 항목

팀

부서장

부서의 사업을 맡아 책임지는 직위 또는 그 직위에 있는 사람을 가리킨다. 조직장이라 하기도 한다.

직급

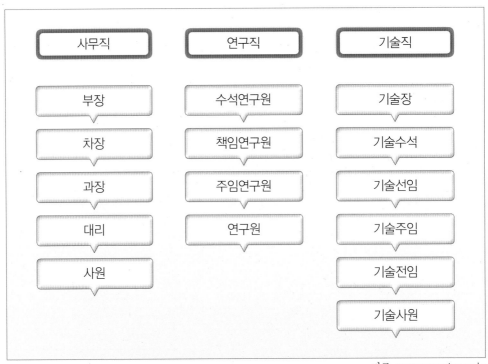

자료: smotor.recruiter.co.kr

🏵 그림 4-33 쌍용자동차 직급체계 · 인사제도

제4차 산업혁명을 위한 조직 만들기
| 아메바 경영의 진화 |

Chapter 05
동기부여

동기부여

1. 개요

동기부여(動機附與) 또는 모티베이션(motivation)은 어떤 목표를 지향하여 생각하고 행동하도록 하는 일이다. 동기부여는 인간을 포함하여 동물이 행동하는 원인이 된다. 행동의 방향성을 정하는 요인과 그 행동의 정도를 정하는 요인으로 분류할 수 있다. 동물이 행동을 하는 경우, 그 동물에는 어떠한 동기부여가 작용하고 있는 것으로 생각할 수 있다. 또 그 행동의 정도가 어떤지에 따라 그 동기부여 크기의 차이를 생각할 수 있다.

🕸 그림 5-1 자기 자신에 대한 동기부여

2. 사회적 동기부여

(1) 달성 동기부여

달성 동기부여는 평가를 수반하는 달성 상황에 있어 높은 수준으로 목표를 달성하려고 하는 형태의 동기부여를 말한다. 말레이는 이 달성 동기부여를 달성 요구의 관점으로부터 생각하여, 인간은 혼자 힘으로 높은 수준의 목표를 달성하려고 하는 욕구가 있으며, 이에 따라 행동이 규정된다고 가정했다. 달성 동기에는 성공 욕구와 실패 공포의 두 개의 욕구로부터 구성된다고 논했다. 또 애킨슨은 성공 욕구와 실패 공포의 두 가지 달성 요구 요소의 안정적 측면뿐만 아니라, 유동적인 주위 상황의 기대감이나 가치관도 중요하다고 생각하고 성공과 실패의 가치 및 성공과 실패의 기대도 강하게 영향을 준다고 논했다. 또 달성 행동에는 행동으로 발생한 결과의 원인을 어떻게 생각하는가라는 점에도 강하게 영향을 준다. 결과의 원인으로서는 능력, 노력, 문제의 곤란성, 우연성의 네 가지 요소를 생각하는 것이 일반적이다. 달성 동기가 높은 사람은 내적 요인인 능력이나 노력에 원인이 귀속한다고 생각하는 경향이 강하다. 한편, 달성 동기가 약한 사람은 외적 요인인 문제의 곤란성이나 우연성에 원인이 귀속한다고 생각하는 경향이 강하다.

(2) 자연발생적 동기부여

자연발생적 동기부여는 호기심이나 관심에 의해 초래되는 동기부여이며, 상벌에 의존하지 않는 행동이다. 이것은 특히 지적 호기심이 지극히 높은 유아기에 잘 나타나는 동기부여이다. 그러나 지적 호기심뿐만 아니라, 스스로 과제를 설정하고 그것을 달성하려고 하는 상황에 있어서는 자신이 중심이 되어 자발적으로 사고하여 문제를 해결하려는 자율성, 또 그 문제를 해결함에 따라 유능감을 얻을 수 있고 동기부여가 될 수 있다. 일반적으로 자연발생적 동기부여에 근거한 행동(**예** : 자율학습)은 지극히 효율적인 학습이 되며 계속적으로 실시할 수 있다. 이것을 기르기 위해서는 도전적, 선택적인 상황을 상정해 문제해결을 시키는 것이 자연발생적 동기부여를 발전시키는 것이라고 생각할 수 있다.

🜁 그림 5-2 자연발생적 동기부여

(3) 외부발생적 동기부여

외부발생적 동기부여는 의무, 상벌, 강제 등에 의해 초래되는 동기부여이다. 자연발생적인 동기부여에 근거한 행동은 행동 그 자체가 목적이지만, 외부발생적 동기부여에 근거한 행동은 어떠한 목적을 달성하기 위한 것이다. 강압적인 외부발생적 동기부여가 가장 자발성이 낮은 전형적인 외부발생적 동기부여이다. 하지만 자기의 가치관이나 인생 목표와 일치하고 있는 경우는 자율성이 높아진 외부발생적 동기부여라고 생각할 수 있다. 외부발생적 동기부여는 자연발생적 동기부여와 양립할 수 있는 것이며, 또 자율성이 높은 외부발생적 동기부여는 자연발생적 동기부여와 거의 같은 행동이라고 볼 수 있다.

자료: blog.naver.com

🔷 그림 5-3 외부발생적 동기부여

3. 켈러의 학습 동기 이론

켈러(John M. Keller)의 동기유발 교수설계이론은 동기유발의 네 가지 요건을 주의 집중(attention), 관련성(relevance), 자신감(confidence), 만족감(satisfaction)으로 보고 이러한 요건을 충족시키도록 수업을 설계하면 효과적인 수업이 된다는 이론이다. 4요건의 영문 앞글자를 따서 ARCS 모형이라고도 한다.

자료: elearningindustry.com

🔷 그림 5-4 John M. Keller

(1) 이론의 배경

켈러(John M. Keller)의 학습 동기 이론에 있어 가장 핵심적인 용어는 '동기'이다. 따라서 교육자가 전략적으로 다루어야 할 동기가 무엇인지, 그리고 그 동기가 학습에 어떠한 영향을 미치는지에 대해 먼저 알아볼 필요가 있다.

① 동기란 무엇인가?

사람들은 항상 뭔가를 선택한다. 대부분의 선택은 무의식적으로 이루어지지만 가끔은 뭔가를 욕구하는 마음이 선택의 기반이 되기도 한다. 바로 이러한 욕구하는 마음이 동기(motive)이다. 다시 말해, 동기란 사람들이 무언가를 선택하게 만드는 마음 상태, 혹은 의지를 의미한다. 사람들은 이러한 동기를 바탕으로 자신이 원하는 것을 이루기 위해 노력하고 뭔가를 이루기 위해 스스로 마음속에 동기를 불러일으키기도 한다.

자료: twitter.com

그림 5-5 동기(motive)

심리학에서는 동기를 행동의 '방향'과 '강도'를 설명해주는 현상이라고 정의하기도 한다. 따라서 동기는 사람들이 선택할 때 왜 하필이면 그것을 선택하는지에 대한 설명과 더불어 그것을 얼마만큼 적극적으로 추구하는지 그 정도를 나타내는 잣대이다.

② 동기가 학습에 미치는 영향

동기는 학습의 가장 기본적인 요소이다. 또한 동기 없이는 제대로 된 학습의 결과를 기대하기 힘들다.

일반적으로 사람들은 무언가를 배울 때 학습에 대한 동기를 바탕으로 자신의 의지를 행동에 옮기게 된다. 가령 A라는 사람이 유명한 피아니스트의 훌륭한 연주를 듣고 난 다음 자신 또한 그렇게 피아노를 쳐보고 싶다고 생각한다면, 그는 피아노 학습에 대한 동기를 갖게 된 것이라 할 수 있다. 그러나 동기 없이 학습을 시작할 경우 학습자는 금세 학습에 대한 흥미를 잃어버리게 되거나 그 학습을 회피하려고 할 수도 있다. 자신이 그것을 왜 배워야 하는지 이해하지 못하기 때문이다. 따라서 교육자는 성공적인 학습을 위해서 교수-학습 과정 자체가 학습자의 동기를 유발할 수 있도록 주의를 기울여야 한다. 즉, 학습을 성공시키는 데 필요한 요인인 효율성, 효과성, 매력성 중 동기는 매력성과 밀접한 관련을 갖고 있다고 볼 수 있다.

(2) 학습 동기 이론 소개

켈러(John M. Keller)는 자신의 저서[1])에서 거시적으로 학습 동기 이론의 주요한 네 가지 요소(주의 집중, 관련성, 자신감, 만족감)가 어떻게 학습자의 노력과 수행, 결과에 영향을 끼치는지에 대해 설명했다.

---

1) John M. Keller, Motivational Design for Learning and Performance - The ARCS Model Approach - , Springer, 2010.

① 학습 동기 이론 모형

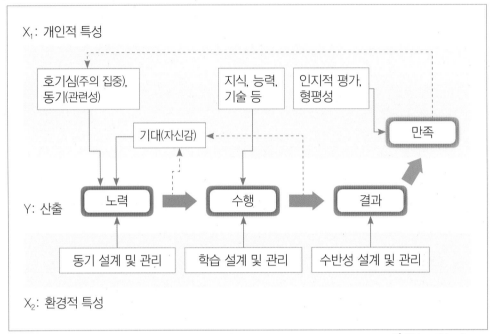

자료: ko.wikipedia.org

🌐 그림 5-6 켈러의 동기 및 수행 거시 모형

② 이론적 개요

학습자의 동기가 학습에 얼마만큼 큰 영향을 미치는가는 기존의 수많은 이론과 연구들을 통해 입증되었으나 이것을 체계적으로 정리하고 설명할만한 모델은 없었다. 바로 이러한 동기 연구의 체계적 기반을 정립한 것이 바로 켈러(John M. Keller)의 학습 동기 이론이다. 학습 동기 이론은 학습자의 동기를 유발하고 동기를 계속 유지시키기 위한 방법을 네 가지 주요한 범주로 분류했으며, 이 네 가지 범주는 각각 주의 집중(attention), 관련성(relevance), 자신감(confidence), 만족감(satisfaction)이다. 학습 동기 이론을 지칭하는 또 다른 이름인 ARCS 모델은 바로 이 네 가지 범주의 머리글자를 따서 지어졌다.

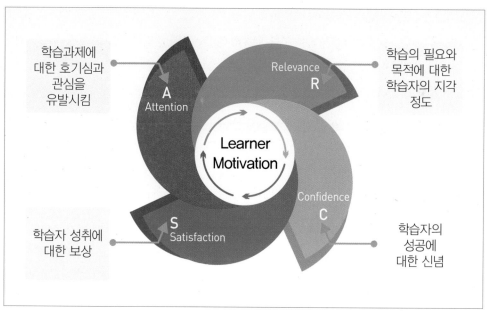

학습과제에 대한 호기심과 관심을 유발시킴

A Attention

Relevance R

학습의 필요와 목적에 대한 학습자의 지각 정도

Learner Motivation

Confidence C

학습자 성취에 대한 보상

S Satisfaction

학습자의 성공에 대한 신념

자료: blog.naver.com

🕸 그림 5-7 켈러의 ARCS 모델

③ 이론의 가정

켈러(John M. Keller)의 이론은 몇 가지 가정을 바탕으로 성립된다.

- 학습자의 동기는 고정불변한 것이 아니라 유동적이고 변화 가능한 것이다. 만약 학습자의 동기가 고정되어 있고 외부의 힘으로는 바꿀 수 없다 한다면 교육자는 학습자의 동기유발과 지속을 위해 할 수 있는 것이 아무것도 없다. 이 경우 학습 동기 이론에 대해 논하는 것은 무의미하다고 볼 수 있다. 따라서 켈러(John M. Keller)는 학습자의 동기가 다양한 외부적 변인을 통해 변화 가능하다고 전제한다.

- 동기 전략을 논할 때 교수 설계에 있어 효율성과 효과성은 보장되어 있다. 동기 전략은 크게 보았을 때 교수 설계의 하위 요소이다. 다시 말해, 교수 설계에서 동기 전략을 고려한다는 것은 이미 학습의 효과성과 효율성이 보

장되어 있다는 의미이다. 따라서 교수-학습의 주요 변수인 효율성, 효과성, 매력성 중 동기 전략이 주목하는 매력성을 제외한 나머지 효율성과 효과성은 고정된 변수로 취급한다.

- 학습자의 동기는 체제적인 문제해결법에 의해 강화하거나 약화시킬 수 있다. 교육자는 학습 동기 이론을 바탕으로 여러 가지 다양한 전략들을 통해 학습자의 동기를 조절하는 것이 가능하다. 다시 말해서, 학습을 위한 학습자의 동기가 지나치게 약하다면 학습자는 동기 이론을 바탕으로 학습자에게 필요한 전략이 어떤 것인지를 파악하고 그것과 관련된 전략을 통해 학습자의 동기를 강화할 수 있다.

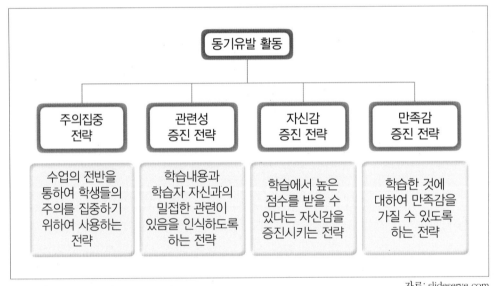

자료: slideserve.com

🏵 그림 5-8 켈러의 ARCS 이론, 동기유발 활동

(3) 학습 동기 이론의 구성요소

위에서도 언급했듯이 학습 동기 이론은 다른 말로 ARCS 모델이라고도 불리며 A(주의 집중; attention), R(관련성; relevance), C(자신감; confidence), S(만족감;

satisfaction) 네 가지 요소로 구성되어 있다. 각 요소는 학습자의 동기유발과 지속을 위한 이론적 기반과 필요한 전략을 포함하고 있다.

① 주의 집중(attention)

학습이 효과적이기 위해서는 학습자의 주의력이 필요하다. 학교에서 선생님이 학생들을 가르칠 때 가장 먼저 하는 것이 바로 학생들의 주의를 집중시키는 일이듯이 '주의 집중'은 학습을 위해 가장 먼저 이루어져야 하는 조건이다. 아무리 완벽하게 설계된 수업이라 할지라도 학습자가 교육자의 말에 귀를 기울이지 않는다면 수업 자체가 무의미하기 때문이다. 따라서 교육자는 학습자가 수업에 집중할 수 있도록 계속해서 학습자의 호기심을 자극해야 한다. 학습자가 호기심을 가지고 학습에 주의 집중할 때 비로소 제대로 된 학습이 이루어진다.

🔷 그림 5-9 주의 집중

바로 이러한 학습자의 주의 집중을 위해 켈러(John M. Keller)는 세 가지 하위 전략을 내세웠다.

감각적 주의 집중

교육자는 우선 학습자의 흥미를 유발하기 위해 무엇을 할 것인가에 대해 생각해야 한다. 즉, 학습자가 새롭고 흥미롭게 느낄만한 매체나 전달 방식을 통해 학습자가 학습 내용에 관심을 기울이도록 하는 것이 바로 감각적 주의 집중의 핵심이다.

인지적 주의 집중

학습자의 감각적 주의 집중이 이루어졌다면 그것을 한 단계 더 높은 차원의 호기심으로 연결할 필요가 있다. 그래서 필요한 것이 바로 인지적 주의 집중이며, 교육자는 학습자가 학습 내용에 스스로 의문을 갖고 그것을 탐구하고자 하는 욕구를 가질 수 있도록 질문거리를 주거나 역설적인 상황을 제시할 수 있다.

다양성

아무리 새롭고 놀라운 자극이라 할지라도 그것이 계속해서 반복되어 익숙해지면 사람은 심리적으로 지루함을 느끼게 된다. 지루함을 느끼면 학습에 대해 주의 집중이 떨어지고 동기 지속도 어렵기 때문에 교육자는 다양한 매체 혹은 구체적인 예시를 제시하는 등 학습 방식이나 형태의 다양성을 추구할 필요가 있다.

② 관련성(relevance)

뭔가를 학습할 때 학습자들은 가장 먼저 '내가 이것을 왜 배우는가?'에 대한 해답을 구해야 한다. 사람들은 보통 무엇인가를 할 때 그 일을 하는 목적을 가진다. 인간이 하는 활동 중 하나인 학습도 내재적으로 어떠한 의도와 목적을 가지게 된다. 시지프의 신화에서 시지프에게 내려진 형벌이 가혹하다고 생각되는 이유는 그것이 뚜렷한 목적성을 가지고 있지 않기 때문이다. 마찬가지로 만약 학습에 뚜렷한 목적이 없고 학습자들이 그것을 배워야 할 이유를 찾지 못한다면 학습은 자연스레 지루하고 쓸모없는 것으로 여겨진다.

자료: chocoff.tistory.com

🔷 그림 5-10 관련성

학습 동기 이론에서의 관련성이란 결국 사람들이 왜 어떠한 것에 끌리는지에 대한 설명이다. 그리고 그 관련성은 위에서 언급한 것처럼 행위의 목적이 가지는 매력과 가치에 비례한다. 수업의 목적이 더 매력적이고 가치 있어 보일 때 사람들은 그것에 끌리게 된다. 즉, 목적이 자신과 더 잘 부합할수록 큰 동기를 얻는 것이다.

이 관련성을 위한 하위 전략은 다음의 세 가지가 있다.

목표 지향성

학습자들은 기본적으로 뭔가 필요하기 때문에 학습에 임한다. 따라서 교육자는 학습자들의 필요를 잘 파악하고 그것에 맞춰 목표를 선정할 필요가 있다. 또한 설정된 목표를 학습자들에게 주지시켜 주고 그것의 유용성에 대해 말해주어 야 한다. 학습자들은 제시된 목표를 통해 자신의 필요가 충족되는지 아닌지에 대해 판단할 수 있기 때문에 목표 설정은 신중하게 이루어져야 한다.

⬣ 그림 5-11 목표 지향성

필요나 동기의 부합성

설정된 목표가 학습자 개인의 필요와 일치한다 하더라도 실제 수업의 방식이 학습자의 욕구를 충족시켜줄 수 없다면 학습자의 동기가 낮아지게 된다. 교육 자는 이를 방지하기 위해 학습 방법이나 내용이 학습자가 학습 유형과 관심사에 부합하도록 만들어야 한다. 이를 위해 교육자는 개인적 성취의 기회, 협력 활동, 지도력의 책임, 긍정적인 역할 모델을 제공함으로써 학습 내용을 학습자의 동기 나 가치와 부합하게 하는 것이 좋다.

친밀성

지나치게 개인적이거나 특수하지 않다면, 가급적 학습에 사용되는 예시나 상 황들은 학습자에게 친숙한 것일수록 좋다. 사람은 일반적으로 새로운 것에 호기 심을 보이지만 그것이 자신과 너무 동떨어졌다고 느끼면 오히려 호기심이 감소 하는 경향이 있다. 교육자는 학습자가 새롭게 배우는 학습 개념들을 자신에게 친숙한 경험이나 지식과 연결할 수 있도록 도와야 한다.

③ 자신감(confidence)

학습에 있어서 자신감은 매우 중요하다. 만약 어떤 과제를 수행하는 데 있어 자신감이 높은 학습자와 그렇지 않은 학습자 간에는 얼마만큼의 차이가 나게 될까? 켈러의 학습 동기 이론에서의 자신감은 바로 학습 결과에 대해 학습자가 기대하고 있는 것을 나타내는 척도이다. 즉, 학습자가 자신의 성공에 대해 얼마만큼 확신을 가지고 있느냐가 학습자의 자신감을 좌우한다는 것이다.

⊛ 그림 5-12 자신감

당연히 학습 성공에 대해 높은 기대감을 가지고 있는 학습자일수록 자신감은 높아지게 된다. 그리고 교육자는 이를 위해 몇 가지 전략을 세울 수 있다.

학습 요건

교육자는 학습자가 학습에 대한 성공을 기대할 수 있도록 학습 요건을 마련해 줘야 한다. 가장 좋은 방법은 학습자에게 그들이 어떻게 성공할 수 있는지와 어떤 기준에 의해 평가 받는지에 대해 자세히 가르쳐주는 것이다. 만약 성공의 기준이 없다면 학습자는 자신이 어떻게 해야 성공할 수 있는지 모르고, 또 성공에 대한 기대도 갖지 않게 된다.

성공 기회 제공

아무리 학습 요건이 잘 마련되어 있다 하더라도 학습자가 실제 학습을 진행하면서 성공의 기회를 갖지 못한다면 학습자는 반복된 실패로 인한 무력감을 경험하게 된다. 따라서 교육자는 학습자가 그들이 배우고 있는 학습 내용을 바탕으로 여러 가지 과제를 수행할 수 있다는 확신을 계속해서 심어줄 필요가 있다. 이를 위해서 교육자가 할 수 있는 일은 학습자에게 다양한 학습의 경험을 제공하는 것이다.

자기 규제감

사람은 자신에게 통제와 규제할 수 있는 힘이 주어졌을 때 더 큰 자신감을 얻는다. 이것은 성공에 대해서도 마찬가지인데, 만약 성공이 자신의 노력이나 수행 여부에 좌지우지되지 않는다면 사람들은 노력 자체에 대한 신뢰감을 잃게 된다. 학습자가 성공을 하게 하되, 그것이 운이나 외부적 요인이 아니라 학습자 스스로의 노력과 능력에 달린 것이라는 믿음을 계속해서 주지시켜 주어야 한다. 그래야 학습자는 더 나은 성공을 위해 자발적으로 노력할 것이다.

④ 만족감(satisfaction)

학습자들은 자신이 수행한 것을 토대로 학습의 결과에 대해 만족할 수도 있고 불만족할 수도 있다. 만족감은 학습의 초기에 직접적으로 동기를 유발하지는 않으나 학습자가 학습에 대한 동기를 유지시킬 수 있게 만들어주는 요소이다. 또한 이전에 수행했던 학습에 대한 만족감은 다음 학습에 대한 기대와 동기의 밑바탕이 된다.

만족감은 특히 내재적 동기에 강력한 영향을 미치게 되는데 교육자는 이를 위해 외재적 보상을 적절히 이용할 수 있어야 한다. 만족감을 위한 전략은 다음과 같다.

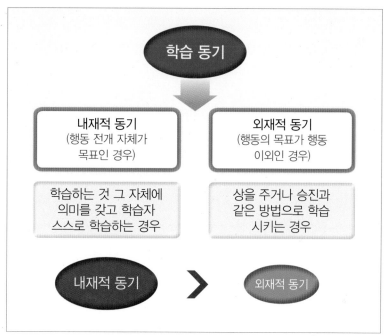

자료: edutown.kr

🔅 그림 5-13 학습 동기를 유발시키기 위한 방법

내재적 강화

학습의 결과에 대해 학습자가 내적으로 만족감을 느끼는 것이 중요한 까닭은 그것이 근본적으로 학습자의 학습 능력을 신장시켜주는 요인이기 때문이다. 학습이 내재적으로 만족스럽지 않은 경험이 반복되면 학습자는 학습 자체를 싫어하고 기피할 가능성이 크다. 그렇기 때문에 교육자는 단순히 외적인 부분이 아니라 내적으로 학습자가 학습에 대해 긍정적인 인식을 갖게 하도록 노력해야 한다. 이를 위해 가장 좋은 방법은 학습 성과가 개인의 노력에 달렸다는 사실에 대한 강조와 더불어 그러한 개인의 노력과 성과를 긍정하는 피드백을 제시하는 것이다.

외재적 강화

물론 피드백만으로 학습자의 내적인 동기를 강화할 수 있다면 좋겠지만 어느 정도는 외적인 보상과 유인이 학습자의 동기를 더욱 강하게 고취시키는 데 큰 역할을 하기도 한다. 따라서 교육자는 학습자에게 현실적이거나 상징적인 보상을 제공하고 학습자가 스스로 자신의 성과를 확인할 수 있도록 기회를 제공해야 한다. 그러나 학습자의 노력이나 수행에 직접적인 관련이 없는 외재적 보상을 반복해서 제공하는 것은 오히려 학습자의 동기를 떨어뜨리는 요인이 될 수 있다.

형평성 유지

학습자가 한 명이 아닌 다수일 경우 형평성 유지는 매우 중요한 전략이다. 왜냐하면 사람들은 대부분 타인과의 비교를 통해 자신의 성과를 상대적으로 인식하고 받아들이기 때문이다. 자신이 받은 보상이 아무리 좋다 하더라도 타인이 받은 보상에 비해 상대적으로 턱없이 부족하다면 학습자는 불만족을 느낄 수밖에 없다. 만약 그 기준이 자신이 납득할 수 없는 것이라면 불만족은 더더욱 커지게 된다. 교육자는 이를 막기 위해 평가의 기준을 명확히 하고 항상 엄격하게 그것을 적용하려고 노력해야 한다. 또한 학습자의 기대와 수행 요건이 일치하도록 신경 쓰는 것도 잊어서는 안 될 것이다.

자료: afriem.org

🕸 그림 5-14 평등과 형평

(4) 학습 동기 이론의 비평

몇 가지 제한점이 있지만 학습 동기 이론은 성공적인 교수-학습 과정에 있어 학습자의 동기라는 매우 중요한 요인을 체계적이고 분석적으로 다루어 교수-학습 설계자들이 교수-학습 과정 설계 시 동기를 다방면으로 고려할 수 있는 이론적 기반을 마련했다.

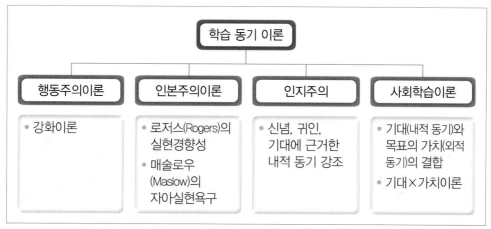

자료: slideshare.net

🌀 그림 5-15 학습 동기 이론

① 이론의 의의

켈러(John M. Keller)의 학습 동기 이론은 이전에 산발적으로 흩어져 진행되던 학습자의 동기에 대해 포괄적이고 체계적인 접근 방법을 제공했다는 데 있어 큰 의의를 가진다. 또한 학습 동기 이론은 동기에 영향을 미치는 수많은 요인들에 대해 단편적이고 지엽적인 접근이 아니라 그것들을 크게 구별해서 네 개의 범주를 마련했다. 실제로 켈러(John M. Keller)가 제시한 주의 집중, 관련성, 자신감, 만족감은 학습자의 동기유발과 지속에 있어 그 효과성을 입증했으며 효과적인 수업 설계를 위한 하나의 큰 전략을 마련했다.

② 이론의 제한점

학습 동기 이론이 동기의 유발과 지속을 위해 네 가지 전략적 범주를 제시한 것은 맞지만 실제 학습자의 동기에 영향을 미치는 요인은 훨씬 다양하며 복잡하다. 어떤 학습자를 대상으로 동기 전략을 구사하느냐에 따라 같은 방식이 효과를 거둘 때도 있고 그렇지 못할 때도 있다. 즉, 아무리 잘 짜여진 학습 동기 이론이라 할지라도 교수-학습 설계의 매력성을 완전하게 보장할 수 없다는 뜻이다.

따라서 교육자는 학습자의 동기를 유발하고 지속할, 좀 더 구체적이고 더욱 확실한 접근을 위해 스스로의 안목과 분석에 의지할 수밖에 없다. 또한 학습 동기 이론은 학습의 전반적이고 전체적인 부분에 있어서의 동기유발과 지속을 위한 전략이기 때문에 학습자 개개인의 특성을 고려하지 않고 있다는 점을 명시해야 한다. 즉, 학습자와 학습 대상에 대한 선행적인 이해가 바탕이 되지 않으면 학습 동기 이론은 그저 기술적인 부분에 지나지 않게 된다.

4. 매슬로우의 자아실현 욕구

(1) 개요

매슬로우의 욕구단계설(Maslow's hierarchy of needs)은 인간의 욕구가 그 중요도별로 단계를 형성한다는 동기 이론의 일종이다. 하나의 욕구가 충족되면 위계상 다음 단계에 있는 다른 욕구가 나타나서 그 충족을 요구하는 식으로 체계를 이룬다. 가장 먼저 요구되는 욕구는 다음 단계에서 달성하려는 욕구보다 강하고 그 욕구가 만족되었을 때만 다음 단계의 욕구로 전이된다. 매슬로우의 욕구단계설은 [그림 5 - 15]에서 보이는 바와 같이 인본주의이론에 속하는 학습 동기 이론에 해당된다.

에이브러햄 해럴드 매슬로우(Abraham Harold Maslow, 1908~1970년)는 미국의

심리학자였다. 그는 오늘날 보통 매슬로우의 욕구단계설 제안으로 유명하다. 매슬로우는 인도주의 운동의 형성에 도움을 준 참가자였으며, 또한 심리학에서는 제3세력으로 알려졌다. 매슬로우는 개인의 성장을 위해 힘쓰는 인간의 핵심 부분인 '진실한 자아'의 애정 어린 보살핌을 주장했다. 매슬로우는 환자를 대할 때 병리학 관점을 남용하는 주류 심리학을 비판했다.

자료: babelio.com
그림 5-16 에이브러햄 해럴드 매슬로우

뉴욕의 브루클린에서 태어난 매슬로우는 미국으로 이민 온 유대계 러시아인의 7남매 중 맏이였다. 그의 부모는 교육받지 못했지만 그가 법을 공부하도록 강요했다. 처음에, 에이브러햄은 부모의 소망을 따라 뉴욕 시립대학교에 입학(1925)했다. 뉴욕 시립대 이후 코넬 대학교로 옮긴 후(1926), 3학기 뒤 위스콘신 대학교로 옮겼고(1928) 그곳에서 그는 심리학 학사(1930년)와 석사(1931년), 박사(1934년) 학위를 받았다. 그는 붉은 털 원숭이와 애착 행동에 대한 연구로 유명했던 해리 할로우와 함께 연구했다. 졸업 후 1년 뒤에, 그는 컬럼비아 대학교에서 손다이크와 함께 작업하기 위해 뉴욕으로 돌아왔다.

매슬로우는 처음에 브루클린 대학교에서 가르쳤다. 이 시기 동안 그는 앨프레드 아들러와 에리히 프롬을 포함한 많은 손꼽히는 유럽 심리학자들을 만났다. 1951년에 매슬로우는 브랜다이스 대학교에서 심리학과장이 되었고, 거기서 그의 이론적 작품을 시작했다. 그는 그에게 자아실현의 개념을 소개한 쿠르트 골드슈타인을 만났다.

자료: namu.wiki
🔅 그림 5-17 앨프레드 아들러

자료: 23neomarxismo.blogspot.com
🔅 그림 5-18 에리히 프롬

그는 퇴직 후 캘리포니아로 가서 그곳에서 수년간의 건강 악화로 고생하다 뒤에 심장마비로 사망했다.

(2) 욕구의 단계

매슬로우의 욕구단계 다이어그램은 아래로 갈수록 원초적인 욕구를 나타내는 피라미드의 형태를 보인다.

생리 욕구

허기를 면하고 생명을 유지하려는 욕구로서 가장 기본인 의복, 음식, 가택을 향한 욕구에서 성욕까지를 포함한다.

안전 욕구

생리 욕구가 충족되고서 나타나는 욕구로서 위험, 위협, 박탈(剝奪)에서 자신을 보호하고 불안을 회피하려는 욕구이다.

애정 · 소속 욕구

가족, 친구, 친척 등과 친교를 맺고 원하는 집단에 귀속되고 싶어 하는 욕구이다.

존경 욕구

사람들과 친하게 지내고 싶은 인간의 기초가 되는 욕구이다.

자아실현 욕구

자기를 계속 발전하게 하고자 자신의 잠재력을 최대한 발휘하려는 욕구이다. 다른 욕구와 달리 욕구가 충족될수록 더욱 증대되는 경향을 보여 '성장 욕구'라고 하기도 한다. 알고 이해하려는 인지 욕구나 심미 욕구 등이 여기에 포함된다.

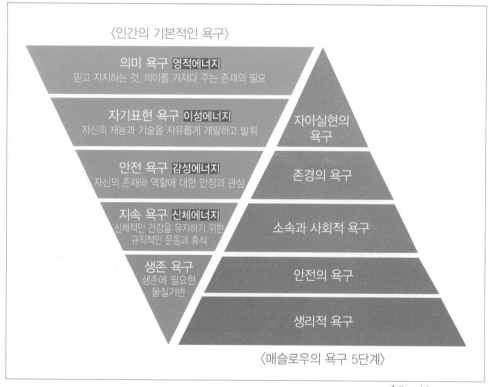

자료: m.blog.naver.com

🔷 그림 5-19 매슬로우의 욕구 5단계

후에 매슬로우는 자아실현의 단계를 넘어선 자기초월의 욕구를 주장하였다. 자기초월의 욕구란 자기 자신의 완성을 넘어서 타인, 세계에 기여하고자 하는 욕구를 뜻한다. 이 역시 아래에 나올 메타 욕구에 해당된다.

(3) 결핍 욕구와 성장 욕구

결핍 욕구

한 번 충족되면 더는 동기로서 작용하지 않는다. 생리 욕구, 안전 욕구, 사회상 욕구, 존경 욕구가 이에 해당한다.

성장 욕구

충족이 될수록 그 욕구가 더욱 증대된다. 자아실현 욕구가 이에 해당한다. 통상적인 일반 욕구를 넘어섰다고 하는 뜻에서 메타 욕구라고 표현하기도 한다.

자아실현은 사람의 전체 잠재력을 깨우기 위한 동기로서 유기체 이론가 쿠르트 골드슈타인이 처음으로 언급한 용어이다. 이 용어는 다양한 심리학이론에서 사용된다. 자아실현은 에이브러햄 매슬로우의 욕구단계설에서 달성될 수 있는 마지막 단계의 발달 욕구로 유명해졌다. 자아실현과 비슷한 용어로는 자기실현이 있다.

자료: ilbe.com

🌐 그림 5-20 쿠르트 골드슈타인

쿠르트 골드스타인(Kurt Goldstein, 1878~1965년)은 독일의 신경학자이자 정신과 의사로 유기체에 대한 전체론적 이론을 창안했다. 의학 교육을 받은 골드스타인은 Carl Wernicke와 Ludwig Edinger의 지도하에 신경학과 정신 의학에 중점을 두었다. 그의 임상 연구는 뇌 손상의 결과에 대한 연구를 위한 연구소 설립에 영감을 주었다. 유태인으로서 골드스타인은 히틀러가 권력을 잡았을 때 독일을 떠나야만 했다. 골드스타인은 미국으로 이주한 후에 《The Organism》(1934)을 썼다. 이것은 정신 분열증 환자, 특히 정신 분열증과 전쟁 외상의 경우, 그리고 신체가 중앙 통제에서 상당한 손실로 재조정할 수 있는 능력에 중점을 둔다.

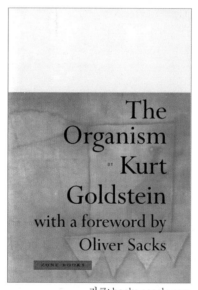

자료: books.google.com
🜲 그림 5-21 쿠르트 골드스타인의 《The Organism》

 인간 유기체에 대한 그의 전체론적 접근은 개인의 길을 최대화하고 결정하는 원동력으로 정의되는 자기실현의 원리를 만들어 냈다. 이것은 나중에 매슬로우의 욕구단계에 영향을 미쳤다.

제4차 산업혁명을 위한 조직 만들기
| 아메바 경영의 진화 |

Chapter 06
리더십

Chapter
06

리더십

1. 개요

리더십(leadership) 또는 지도력(指導力) 혹은 영도력(領導力)은 공동의 일을 달성하려고 한 사람이 다른 사람들에게 지지와 도움을 얻는 사회상 영향 과정이다. 지도성(指導性)이라고도 한다.

조직의 목적을 달성하려고 구성원을 일정한 방향으로 이끌어 성과를 창출하는 능력이다. 앨런 케이스(Alan Keith)는 "리더십은 궁극적으로, 대단한 일을 일으키는 데에 사람들이 공헌할 수 있게 하는 방법을 만들어내는 데 대한 것이다."라고 정의한다.

🔷 그림 6-1 리더십

리더십은 조직환경에 가장 중요한 관점 중 하나로 남아 있으나 리더십은 상황별로 다르게 정의된다. 일반적으로 리더십은 조직의 문제점을 개선하고 조직이 환경 변화에 적응하게 하며, 구성원에게 동기를 부여한다. 일찍이 마키아벨리는 지도자가 성공하려면 능력을 반드시 갖춰야 한다고 주장했다. 그래야 지도자가 기회를 인식하고 포착할 수 있으며, 상대보다 생각이 앞서고 그들과 하는 싸움에서 승리할 수 있다고 설명한다. 운(運)은 모든 전략적 판단에서 중요한 역할을 차지한다. 최대한 세밀하게 세운 계획이 예기치 못한 상황이 닥쳤을 때에는 운으로 말미암아 완벽히 전복할 수도 있으나, 역량 있는 지도자는 가능성이 기회로 바뀌는 때를 인식하고 경쟁자나 상대방보다 더 빨리 반응하여 행운의 이점을 활용할 수 있다고 마키아벨리는 주장한다. 링컨 대학교의 조교수 앤 마리(Ann Marie E. McSwain)는 "지도력은 능력에 관한 것이다. 여기서 지도자의 능력이란 듣고 관찰하는 능력을 말하는데, 모든 수준의 의사결정을 하는 가운데 대화에 힘을 고양하려는 것을 시작으로 하여 그들의 식견을 이용하고 의사결정에서 투명성과 절차를 확립하며, 그들만의 가치와 전망을 분명하게 말하면서도 강요하지 않아야 한다. 지도력은 환경을 대상으로 한 것이지, 예정된 것에 반응하고 문제를 인식하고 변화 관리가 아닌 실질에 부합하게 개선하려는 변화를 제안하는 것만은 아니다."라고 주장하였다. 리더십을 연구하는 학자 버나드 배스(Bernadrd Bass)는 "지도자란 책임과 과업을 완수하려는 강한 동기와 목표를 추구하는 맹렬과 인내와 문제를 해결하려는 모험심, 창의성, 자신감, 결과를 대상으로 한 승복, 스트레스, 절망, 지체를 대상으로 한 인내라는 특징을 보인다."라고 결론을 내렸다.

지도자에게는 미래의 변화하는 환경에 어떻게 전망을 적합시켜 갈 것인지 판단하는 선견력(foresight), 전망이 조직의 전통과 문화를 거스리지 않게끔 뒤를 다독이는 능력(hindsight), 출현 가능한 새로운 발명품이나 경향으로 말미암은 충격을 해석하는 세계관(world view), 전체에 걸친 그림을 적절한 수준으로 자세히, 전체에 걸쳐 볼 수 있는 깊은 인식 능력(depth perception), 새로운 방향을 향한 경쟁자들과 다른 당사자들의 여러 반응을 이해하는 주변 파악 능력(peripheral vision), 환경이 변함에 따라 이전에 종합되어 수립된 방향을 지속적으로 재검토하고 재수립하는 능력(revision)이 요구된다. 이 밖에도 지도자는 전망을 제시할 적절한 시기, 전망 인상의 단순성과 복잡성, 과거에서 연속되는 성질의 개념과 범위 설정, 낙관하고 비관하는 정도, 현실성과 신뢰성, 조직에 미치는 겉으로 드러나지 않고 숨은 상태로 존재하는 영향을 대상으로 한 의사결정을 내려야 한다.

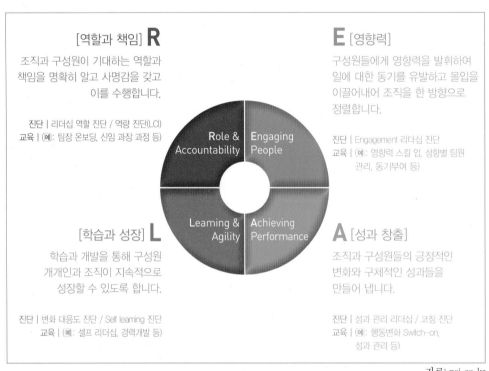

자료: psi.co.kr

🔷 그림 6-2 리더십 R.E.A.L 모델 솔루션

이런 일을 간단히 '지도하다', '영도하다', '리드(lead)하다'라고 부르며, 이런 일하는 사람을 '지도자'(指導者), '영도자'(領導者), '리더'(leader)라고 부른다.

20세기 후반 동안 리더십을 다룬 여러 주제는 미국이 대부분 주도했고, 이 기간 미국은 이 여러 이론을 정치 지도자뿐만 아니라 세계에서 거의 유일하게 산업계 지도자들에게도 적용했다.

2. 종류

(1) 거래상 리더십

지도자가 부하에게 일정한 거래 조건을 제시하는 방법으로 부하에게 동기를 부여하는 방식의 리더십이다.

(2) 카리스마 리더십

지도자가 가지는 인간다운 매력, 외모, 분위기 등을 이용하여 부하를 복종시키는 방법으로서 통솔하는 리더십이다.

(3) 변혁 성격을 띤 리더십

현재 체제나 질서와 다른 방향으로 부하를 통솔하는 개혁을 지향하는 형태로 하는 리더십이다. 권력이란 어떤 행동을 시작하고 유지하고자 필요한 기본이 되

자료: yesuline.tistory.com

🕸 그림 6-3 보스와 리더

는 에너지이다. 다시 말해서, 권력은 관심을 현실화하고 그것을 유지하는 능력이듯이, 리더십이란 권력 선용이고 이것이 바로 변혁 성격을 띠는 지도력이다.

3. 심리학 연구

심리학에서는 리더십을 어떤 집단이 그 집단의 목적을 달성하려는 활동에 영향을 주는 과정이라고 이해한다. 일반적으로는 집단 지도자가 발휘하는 영향력이다.

심리학에서 리더십을 주제로 한 연구는 '특성 접근법', 즉 우수한 통솔자는 일반인보다 우수한 자질이 있다는 점을 전제하는 접근 방법에 따른다. 특성 접근 연구를 보면, 지능, 소양, 책임감, 참가성, 지위에 따라 이루어지며, '행동 접근법', 즉 통솔자의 행동에 주목하는 연구를 보면, 뛰어난 통솔자를 '전제형', '민주형', '방임형'이라는 세 종류로 분류하였고 우수한 리더십은 두 종류를 혼합했다고 규명됐으며, 그 뒤에 집단 특성이나 상황에도 주목하는 '상황 적응 접근법'을

전제형에 적합한 일(상황)	민주형에 적합한 일(상황)	자유방임형에 적합한 일(상황)
• 돌발적으로 발생하여 긴급을 요하는 일 • 단기간 내에 높은 능률을 올려야 할 일 • 다수의 사람을 군대식으로 통제할 필요가 있는 일 • 잠정적 또는 보충적인 일 • 매우 곤란한 일 • 의견이 대립되는 일	• 부하 간의 협력을 특히 필요로 하는 일 • 부하의 일에 중대한 영향을 주는 변혁이 일어나는 경우 • 집단적인 해결을 요하는 일 • 정형적인 일 • 책임감의 환기를 요하는 일 • 장기간을 요하는 일 • 언제나 일정한 능률의 유지를 요하는 일	• 연구 · 개발에 관련된 일 • 독창성을 요하는 일 • 높은 계획성을 요하는 일 • 달성목표가 명확한 일

자료: slidsplayer.org

🕸 그림 6-4 리더십의 유형별 효과

좇는 연구를 보면, 최적 리더십은 상황에 따라 변화하고 집단 훈련도에 따라 구분하여 적용할 필요가 있다고 규명됐다. 즉, 훈련도가 낮은 때는 설득하는 리더십이 적절하고, 중간 정도에서는 참가하는 리더십, 훈련도가 높은 때는 위임하는 리더십이 유효하다는 주장이 제기된다.

4. 상대 개념

리더십의 상대 개념으로 '팔로워십'(followership)이 있다. 팔로워십은 조직이 효과적으로 목표를 달성하기 위해서는 리더십뿐만이 아니라 리더를 뒷받침하는 부하나 구성원의 역량이 중요하다는 의미를 담고 있다.

팔로워십 또는 추종자 정신(追從者精神), 혹은 추종력(追從力)은 어떤 개인이 자신이 속한 조직, 팀, 무리에서 맡은 역할을 뜻한다. 다른 뜻으로 한 개인이 지도자를 능동적으로 따르는 능력을 말하기도 하며, 보통 리더십에 대응하는 사회적 상호작용과정으로 볼 수 있다.

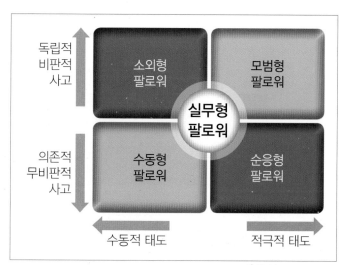

자료: blog.naver.com

🔷 그림 6-5 팔로워십 모델

리더십을 더 잘 이해하기 위해서 팔로워십을 연구하는 것은 필수적이다. 이는 어떤 무리, 조직, 팀의 성공과 실패는 리더가 부하를 잘 이끄느냐 하는 것만이 아니라 부하가 리더를 얼마나 잘 따르느냐 하는 것에도 달려 있다는 의미를 담고 있다. 부하(추종자)의 행동은 조직의 성공과 실패에 중요한 원인으로 작용하며 부하는 지도자에 대해 건전한 비판을 할 수 있어야 한다. 효율적으로 조직에 기여하는 부하의 특성은 '열정적', '지성적', '포부에 차 있음', '자립적' 등으로 표현할 수 있다. 조직이 유연하고 분화된 모양으로 바뀌어 가고 있는 시점에서 리더십보다 팔로워십이 더 중요해지고 있다.

5. 서번트 리더십

(1) 개요

서번트 리더십(servant leadership)이란 부하와 목표를 공유하고 부하들의 성장을 도모하면서. 리더와 부하 간의 신뢰를 형성시켜 궁극적으로 조직성과를 달성하게 하는 리더십이다. 서번트 리더십은 리더가 부하를 섬기는 자세로 그들의 성장 및 발전을 돕고 조직 목표 달성에 부하 스스로 기여하도록 만든다.

자료: snakemarketing.tistory.com

그림 6-6 서번트 리더십

(2) 정의

- Greenleaf(1970)는 리더를 다른 사람에게 봉사하는 하인(servant)으로 생각하고, 구성원을 섬김의 대상으로 보아 명령과 통제로 일관하는 자기중심적 리더가 아닌 신뢰와 믿음을 바탕으로 개방적인 가치관을 지닌 리더로 보았다. 따라서 그는 서번트 리더십을 '타인을 위한 봉사에 초점을 두며, 종업원, 고객 및 공동체를 우선으로 여기고 그들의 욕구를 만족시키기 위해 헌신하는 리더십'이라고 정의하였다.
- Schwartz(1991)는 서번트 리더십을 조직과 구성원의 목표가 균형을 이루는 가운데 구성원 각자를 팀 리더의 일부로 봄으로써 자율성과 공동체 의식, 주인의식을 갖도록 내재적인 의미를 부여하여 지시보다는 조언과 대화를 중요한 관리도구로 사용하고, 구성원의 일체화와 공감대 형성을 통하여 조직의 목표를 달성하는 리더십이라 정의하였다.
- Spears(1995)는 서번트 리더십을 모든 사람의 존엄성과 가치에 대한 믿음을 가지고 리더의 권력은 부하로부터 기인한다는 민주주의 원칙에 입각한 리더십이라고 정의한 바 있다.

(3) 역사

Robert K. Greenleaf는 1904년 인디애나의 테러 호트에서 태어났다. 그는 1926년에 수학을 전공하여 대학을 졸업했으며, 바로 세계에서 가장 큰 회사 중 하나인 AT&T에 취직을 했다. 그는 직장을 다니면서 그 당시에는 흔한 생각이 아니었던, "조직은 조직을 위해 존재하는 사람들을 위해 존재하는 것"이라는 생각을 하게 되었는데, 그는 헤르만 헤세의 '동방순례'(Journey to the East)에 등장하는 레오(Leo)라는 인물을 통해 새로운 리더십의 모델로 서번트 리더십 이론을 제안하였다. 소설 속에 등장하는 레오는 순례단의 궂은 일을 도맡아 하는 하인과 같은 존재로서 구성원 중 가장 낮은 위치에 있었다. 여행 도중 레오는 갑자기 사라져

버리고 레오가 없는 순례단은 혼란스런 상황에 처하게 되어 결국은 여행을 중단하기에 이른다. 몇 년 후 레오를 찾았을 때 그는 단지 하인이 아닌 순례단을 후원한 교단의 가장 높은 곳에 위치한 사람이었다는 것을 알게 되었다. 이와 같이 서번트 리더십은 필요한 욕구를 채워주고 지친 영혼을 위로해주며 방향 제시까지 해주던 여행단의 하인인 레오로부터 아이디어를 얻어서 고안되었다.

자료: greenleaf.org

🔆 그림 6-7 Robert K. Greenleaf

이런 생각을 가지고 그린리프는 1970년에 《The Servant as Leader》를 출간했다. 이 책에서 그는 최고의 리더는 하인, 즉 조직원들을 첫 번째로 생각하고 서번트 리더를 위한 핵심 도구는 경청, 설득, 직관과 통찰력, 언어 사용, 그리고 결과의 실제적인 측정이라고 주장했다. 그의 연구와 서적들은 관리, 리더십, 조직 개발, 평가 그리고 13개의 다른 규율들에 다양하게 영향을 끼치고 있다. 그는 1990년에 사망하였다. 그가 사망하고 6년 뒤인 1996년, 미국의 경영 관련 서적 전문출판사인 Jossey-Bass사가 《On Becoming A Servant Leader》를 출판하면서부터 서번트 리더십은 경영학계에서 주목을 받기 시작하였다.

(4) 특징

① 서번트 리더의 특성

인내

위기상황일수록 인간은 여러 가지 충동을 억제하기 힘들다. 이러한 상황에서 충동이 아닌 원칙에 따른 대응을 할 수 있는 인내심을 함양하는 것은 리더십의 본질이다. 서번트 리더는 그 중에서도 특히 인간관계에서의 인내와 자제를 중시하며 분노를 잘 참을 줄 아는 사람이다. 조직 구성원들은 리더가 마음대로 대해도 되는 대상이 아니다. 서번트 리더는 직원들의 존엄성을 존중하면서 감정을 앞세우지 말고 올바른 방식으로 직원들의 잘못된 부분을 지적해야 한다.

자료: gdlsg.tistory.com

🏵 그림 6-8 서번트 리더(슈바이처, 테레사 수녀, 마하트마 간디)

친절

친절의 사전적 의미는 '타인을 향한 관심과 이해, 격려의 표현'이다. 그리고 또 한 가지는 '타인에 대해 예의를 갖추는 것'이다. 친절을 베풀기 위해서는 관심을 표현해야 하며, 예의를 갖추어야 한다. 원만한 관계는 타인을 인정하고 격려하며 예의를 갖추는 데서 비롯된다. 모든 인간의 내면에는 인정받고자 하는 욕구가 숨어 있으므로 친절은 이러한 인간의 욕구를 충족시킬 수 있는 중요한 속성이다.

겸손

겸손이란 진실하고 가식이 없으며, 거만하거나 뽐내지 않는 것이다. 겸손한 리더는 자신의 가치관과 도덕성에 부합하거나 옳은 일이라고 판단될 때에는 주어진 임무나 목표를 향해 강한 열정과 추진력을 보인다. 겸손한 리더는 자신에게 부족한 점을 있는 그대로 인정하고 그러한 자신의 실체를 비하하기보다는 이를 개선하기 위해 노력하기 때문에 열등감을 갖지 않는다. 그렇기 때문에 겸손한 리더는 언제나 타인의 견해에 귀를 기울이고 반대 의견도 폭넓게 수용한다. 또한 겸손한 리더는 타인의 가치를 인정하고 스스로를 부각시키기 위해 애쓰지 않는다. 자신이 누구인지 명확히 알고 있기 때문이다.

존중

훌륭한 서번트 리더는 언제 어떤 경우든 주변 사람들을 소중한 존재로 대한다. 상대방에게 존중을 표현하는 가장 효과적인 방법은 사람들에게 어느 정도의 책임을 위임함으로써 그들의 성장과 자기계발을 돕는 것이다. 적정 수준의 위임은 당사자의 능력과 기술을 인정하고 존중한다는 의미이다. 서번트 리더에게 있어서 모든 사람은 소중한 존재로 다만 직무와 책임의 차이, 그리고 그 책임의 달성 여부에 따른 시장의 보상 방식의 차이가 있을 뿐이다.

자료: vingle.net

그림 6-9 서번트 리더

무욕

무욕이란 타인의 욕구를 충족시키는 것이다. 서번트 리더는 타인을 위해 봉사하고 희생해야 하며, 우리의 기대와 욕구보다 타인들의 최선을 기꺼이 추구하겠다는 의지가 필요하다. 서번트 리더십은 타인을 고치고 변화시키는 것이 아니라 내 자신을 변화, 발전시키는 것을 의미한다. 이는 우리 집 앞마당부터 깨끗이 치울 때 비로소 아름다운 거리가 만들어지는 것과 같은 이치이다.

용서

용서의 정의는 적대감을 극복하는 것이다. 리더의 주변 사람들은 예외 없이 실수를 하게 마련이다. 그러므로 리더는 타인의 한계와 불완전함을 인정하고 인내하는 기술(습관)을 배양해야 한다. 아울러 사람들로 인해 상처받거나 낙담하면서 생겨나는 적대감을 극복하는 기술도 배워야 한다. 용서란 그릇된 행동이 낳은 결과를 당사자들과 충분히 이야기하면서 적대감을 조금씩 극복하는 과정을 말한다.

정직

정직은 속이지 않는 것이다. 정직은 신뢰를 형성하는 가장 큰 요인이다. 정직한 리더와 일하는 사람들은 자신의 행동에 대해서도 무거운 책임의식을 느낀다. 직원들에게 책임의식을 부여하는 것은 리더의 몫이다.

헌신

헌신은 선택에 충실한 것으로 정의되어 있다. 강한 의지와 헌신적인 노력 없이는 지금껏 언급한 모든 자질들이 아무 의미가 없다. 최고의 서번트 리더는 자신의 선택을 충실히 실천하기 위해 노력하는 사람이다. 서번트 리더십은 개인과 조직 모두의 지속적인 성장을 위한 헌신과 열정을 요구한다. 약속을 준수하고 시작한 일을 마무리하려는 열정, 올바른 일을 추구하고 최선의 존재가 되려는 열정, 이 모든 것들이 서번트 리더십의 필요조건이다.

자료: blog.naver.com

🔶 그림 6-10 대표적인 서번트 리더, 가기야마 회장

팀원들을 위해 묵묵히 헌신하는 것이야말로 서번트 리더십의 본질이다. 헌신이란 올바른 길을 추구한다는 도덕적 용기가 있을 때 비로소 가능하다. 도덕적 용기란 내면의 양심에서 울려나오는 소리를 듣겠다는 의지, 생소하고 개인적인 위험을 감수하더라도 올바른 일을 하겠다는 의지를 말한다. 또한 직원들이 올바른 행동을 하는 데 걸림돌이 되는 것들을 제거해 주겠다는 단호한 결의도 여기에 포함된다.

헌신의 주인공으로 바로 46년 동안 맨손으로 회사의 화장실을 청소해 온 대표적인 서번트 리더를 꼽을 수 있다. 자동차용 부품 및 카 액세서리를 판매하는 회사의 가기야마 히데사부로(鍵山秀三郎) 회장이다.

타인의 욕구 충족

서번트 리더는 타인의 욕구를 충족시킬 줄 알아야 한다. 이때 주의할 점은 타인의 욕구와 욕망을 명백히 구분할 줄 알아야 한다는 것이다. 서번트 리더는 일종의 봉사자이다. 그러나 타인의 욕구가 아닌 욕망을 충족시키는 리더는 봉사자보다는 노예에 가깝다. 욕구는 'Need'의 개념으로서 '인간의 진정한 행복을 위해

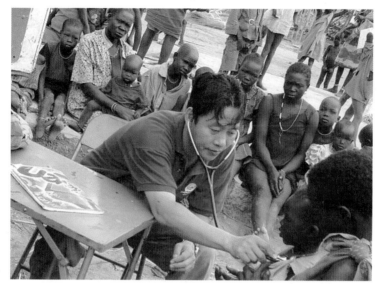

자료: well.hani.co.kr

그림 6-11　진정한 서번트 리더, 이태석 신부

요구되는 물질적 또는 심리적 요구 조건'을 뜻한다. 욕구의 예는 '자아실현의 욕구', '의미와 대의를 향한 욕구', '존중 받고 싶은 욕구', '뛰어난 조직에 소속되고자 하는 욕구' 등으로 정신적 가치와 관련이 깊다. 반면, 욕망은 'Want'의 개념으로서 '물질적 또는 심리적으로 특별한 중요성이 없는 단순한 바람 또는 희망'을 의미한다. 욕망의 예는 봉급, 승진, 휴가 등으로서 물질적 가치와 관련된다.

권위

권력의 정의는 '타인의 선택 여부와 상관없이 자신의 지위나 힘을 이용하여 타인이 자신의 의도대로 행동하도록 강요 또는 강제하는 능력'이다. 반면, 권위는 '자신의 개인적 영향력을 통해 타인이 자신의 의도대로 기꺼이 행동하도록 하는 기술'을 뜻한다. 따라서 권력과 권위는 엄연히 다른 개념인데 서번트 리더십은 이 중 권위에 기반하여 형성된다. 권력은 직함이나 지위 등으로부터 형성된다. 리더가 권력을 통해 조직 구성원들에게 영향력을 행사할 수 있는 것은 엄연한 사실이지만 권위가 결여된 이러한 영향력은 일반적으로 오래 유지될 수 없다.

권력을 통해 장기간 지속되는 영향력은 리더와 조직 구성원 간의 기본적인 인간 관계를 저해시키기 때문이다. 이와 달리 권위는 타인의 욕구를 충족시키기 위한 '봉사'와 '희생'의 정신으로부터 형성된다. 권위를 바탕으로 한 리더는 조직 구성원의 건설적 발전을 위해 노력하고 이를 통해 조직 구성원은 리더의 인격체 자체에 대한 존경심을 갖게 된다. 따라서 권위를 매개체로 한 리더와 조직 구성원의 관계는 서로에 대한 신뢰를 바탕으로 하며, 이러한 권위로부터 생성된 서번트 리더십은 조직 구성원에 대해 강하고 광범위한 영향력을 갖는다.

자료: blog.naver.comg

🏵 그림 6-12 서번트 리더십의 압권

② 전통적 리더십과의 비교

자원에 대한 인식

서번트 리더는 조직의 목적을 달성하는 데 있어서 가장 중요한 자원이 부하들이라고 생각하고 있으며, 부하들의 업무 추진 과정에서 자신은 부하들의 성장을 도와주고 능력을 육성시킬 의무가 있다고 생각한다. 반면에, 전통적 리더는 부하를 자신이 활용할 수 있는 여러 가지 자원 중의 하나라고 생각한다. 이들은 과제를 우선적으로 보기 때문에 부하들은 자신이 지시한 것의 결과를 만들어내는 대상이 될 뿐이다. 따라서 전통적인 리더는 일과 구성원과의 관계에서 일의 결과, 추진 과정 및 방법 등에 더 많은 관심을 가지고 있다.

표 6-1 전통적 리더십과 서번트 리더십의 비교

범주	전통적 리더십	서번트 리더십
관심영역	일의 결과	일 추진 시 장애요인
가치관	자기 중심적	개방적
인재	여러 자원 중 하나	가장 중요한 자원
우선사항	과제가 우선	사람이 우선
관계	상명 하복	존중과 관심
추진 방식	자기 방식 강조	아이디어를 구함
생산성	시간과 경비, 생산량	부하들의 자발성 정도
시간 관념	부족	창출
경쟁의 시각	내부 경쟁을 조장	지나친 개인 경쟁 경계
평가	최종 결과 중심	노력 정도에 대한 평가

자료: ko.wikipedia.org

조직의 생산성 측정

서번트 리더는 조직의 생산성을 측정할 때 조직의 과업이 사람보다 먼저일 수 없다는 사람중심의 리더십 철학을 가지고 일의 결과와 함께 구성원들의 자발적인 행동의 정도를 평가한다. 전통적 리더는 인간보다는 과제중심의 관리에 치중하기 때문에 시간이나 경비, 또는 생산량 등 가시적이며 양적인 기준을 중심으로 평가한다.

부하직원에 대한 믿음과 임파워먼트

서번트 리더는 부하들이 스스로 움직일 때 조직의 성장에 가장 큰 힘이 된다는 믿음 하에 부하의 능력을 믿으며, 업무와 관련하여 그들의 판단을 존중하고, 부하들에게 권한을 위임하고 부하들이 그러한 권한을 행사하면서 업무를 추진할 때 부딪히는 애로사항을 제거해 주기 위해서 노력한다. 부하의 능력이 부족한 경우, 필요한 자원을 지원해 주거나 리더가 직접 부하를 코칭하기도 한다. 전통적 리더는 자신의 경험과 지식이 부하의 지식보다 우위에 있다고 생각하기 때문에 부하들을 자신의 틀 안에 가두려 든다. 그들은 부하들의 비판이나 반대의견을 무시하는 경향이 있다.

부하직원에 대한 투자와 커뮤니케이션 방법

서번트 리더는 자기 시간 중 많은 시간을 구성원을 위하여 사용한다. 즉, 서번트 리더는 업무 현장을 돌아다니며, 구성원들의 애로사항을 경청하고, 이를 해결하기 위하여 대부분의 시간을 할애한다. 서번트 리더는 목표수립 과정에서 부하와의 커뮤니케이션을 활성화시켜 크고 작은 정보를 모두 공유하는 반면, 전통적 리더는 상의하달식의 일방적 커뮤니케이션에 익숙해 있다.

③ 변혁적 리더십과의 비교

표 6-2 변혁적 리더십과 서번트 리더십의 특성 비교

범주	변혁적 리더십	서번트 리더십
이론의 본질	규범적	규범적
리더의 역할	조직의 목표를 향한 구성원의 고취	구성원에 대한 봉사
구성원의 역할	조직의 목표를 추구하는 것	현명하고 자유롭고 자율적인 사람이 되는 것
도덕성 요인	특별히 명시하지 않음.	명시되어 있음.
기대 결과	목표와의 일치, 노력의 증가, 만족, 조직이 얻는 생산성 등 역동적인 문화를 형성	구성원의 만족, 성장, 봉사의 몰입, 사회적 개선 등 정신적인 것을 생성하는 문화
동기부여	조직에 선을 제공, 조직의 사명을 수행을 위한 의지와 열정	구성원에게 선을 제공하고 구성원들에게 최선인 것을 실행하므로 공동선 추구

범주	변혁적 리더십	서번트 리더십
배경	개조 / 변화	정적인 외부환경
카리스마의 원천	리더 훈련과 기술	겸손, 정신적인 통찰력
상황	일방향적인 힘	상호 관계적인 힘
카리스마적 재능의 본질	리더 혹은 조직의 목표달성, 구성원의 개인적 발전	섬김에 초점을 둔 삶의 방식의 실행과 비전
부하들의 반응	고양된 동기, 추가적인 노력	리더의 섬김에 대한 모방
카리스마의 결과	리더 혹은 조직의 비전과 가치추구, 목표달성, 구성원의 개인적 발전	구성원의 자율성과 도덕적 발전, 구성원과 조직의 공동선의 강화
개인수준	지도를 희망 모델링	봉사를 희망 서번트
개인 간 수준	구성원을 고취시키는 리더	구성원에게 봉사하는 리더 (상호관계)

자료: ko.wikipedia.org

리더의 역할

서번트 리더는 구성원에 대한 봉사를 기반으로 구성원의 만족, 성장, 봉사의 몰입, 사회적 개선 등 정신적인 것을 생성하는 문화를 구축하는 것을 목표로 한다. 구성원에게 선을 제공하고 구성원들에게 최선인 것을 실행하므로 공동선을 추구한다. 변혁적 리더는 조직의 목표를 향한 구성원의 목표와 일치하고자 하는 노력의 증가, 만족도, 조직이 얻는 생산성 등 역동적인 문화를 형성한다. 또한 조직에 선을 제공하고 조직의 사명을 수행하기 위한 의지와 열정에 대한 동기부여를 한다.

구성원들의 반응

현명하고 자유롭고 자율적인 사람이 되는 것이 서번트 리더십이 이끄는 구성원의 모습이다. 리더의 섬김을 모방하여 상호 관계적인 힘을 만들어낼 수 있다. 변혁적 리더십이 이끌어내는 구성원은 조직의 목표를 추구하는 것에 초점을 둔다. 고양된 동기와 추가적인 노력을 통해서 이러한 결과를 이끌어 낸다.

리더의 카리스마

서번트 리더는 겸손과 정신적인 통찰력을 밑바탕에 두고 섬김에 초점을 둔 삶의 방식의 실행과 비전을 가지고 있으며, 이를 통해 구성원의 자율성과 도덕적 발전, 구성원과 조직의 공동선 강화를 이끌어낸다. 변혁적 리더는 리더 훈련과 기술을 가지고 구성원들을 변화시켜 리더 혹은 조직의 목표달성, 구성원의 개인적 발전을 이끌어낸다.

자료: m.blog.naver.com

🏵 그림 6-13 변혁적 리더십의 대표적인 사례, 스티브 잡스

(5) 장점 및 단점

① 장점

조직 개발에 헌신

이 리더십은 부하 직원을 지배하고 리더가 말하는 리더십 스타일에서 벗어나, 오히려 부하 직원을 최대한 활용하고 수행하도록 영감을 준다. 또한 이 리더십은 자신의 역할을 적극적으로 설정하고 수행하는 부하 직원을 격려한다. 서번트 리더십은 팀워크와 관계 구축에 큰 중요성을 배치하는데, 팀의 각 사람은 전문

지식보다는 계급 또는 제목을 기반으로 서로 다른 시간에 서로 다른 역할을 한다. 즉, 서번트 리더십은 가치 기반 관리의 발전을 촉진하여 기업이 나아갈 수 있는 최대한의 상태를 만든다.

개인 능력의 극대화

서번트 리더십을 효율적으로 이용하면 각 조직원들이 조직에 자신의 독특한 기술과 경험을 최대한 활용할 수 있도록 도울 수 있다. 이는 조직에 결과론적 측면에서 이점을 발생시킨다. 그리고 조직원 모두가 어떠한 결정에 참여하도록 유도하여 각 조직원 스스로가 그들만의 핵심적인 수행 지표를 설립할 수 있도록 돕는다. 그리고 서번트 리더십을 사용하면 조직의 임무와 목표를 조직원들의 눈높이에서 정할 수 있어서 근로자가 자신의 능력을 최대한 효율적으로 활용하고 자신의 삶과 일에 균형을 가져올 수 있도록 설계할 수 있다.

자료: unmultimedia.org

🌐 그림 6-14 넬슨 만델라에게 배우는 서번트 리더십

② 단점

권한의 부족

서번트 리더십은 업무에 있어서 조직의 전반적인 권한을 최소화시킨다. 따라서 각자 지위에서 서로에게 필요한 것을 제대로 요구하지 못하는 경우가 발생할 수도 있다.

업무 효율성 감소

 서번트 리더십을 이용한 방법은 업무를 수직적 관계 하에 효율적인 방식으로
처리하던 전통적 리더십에 비해 성과를 내기까지 비교적 많은 시간이 걸린다.

(6) 이론적 연구 동향

● Greenleaf(1970)는 조력자로서의 리더는 존중, 봉사, 정의, 정직 그리고 공
  동체 윤리 등의 다섯 가지 원칙에 입각하여 경청하고 공감대를 가지고 고쳐
  나가고 깨닫고자 노력하여야 하며, 설득해 나가야 한다고 했다. 뿐만 아니
  라 그는 자신의 능력 개발을 통해 위대한 꿈을 실현하는 데 최선을 다하고,
  선견지명(先見之明)으로서 스튜어드십(stewardship)을 발휘하며, 사람을 성
  장 하도록 하는 데 몰입하고 공동체 의식을 구축하도록 노력해야 한다는 특
  성과 요건을 제시하였다.
● Bass(1990)는 구성원들이 자신의 성장 욕구와 자기 표현 성숙의 욕구를 만
  족시키는 수단으로 조직의 목표를 제시하고 일치시키는 리더십을 보여주는
  조직이 가장 효과적인 조직임을 강조하고 있다. 서번트 리더십은 부하를 존
  중하고 그들에게 창의성을 발휘할 기회를 제공함으로써 성장을 돕고 부서
  혹은 팀이 진정한 공동체를 이루도록 이끌어가는 리더십이다.

자료: news.gonzaga.edu
그림 6-15 Larry C. Spears

- Spears(1995)는 Greenleaf(1970)의 이론에 기초하여 서번트 리더십을 모든 사람의 존엄성과 가치에 대한 믿음, 리더의 권력은 부하로부터 기인한다는 민주적인 원칙에 입각한 리더십이라고 표현하면서 경청(listening), 공감(empathy), 치유(healing), 설득(persuasion), 인지(awareness), 통찰(foresight), 비전의 제시(conceptualization), 청지기의식(stewardship), 구성원의 성장(commitment to growth), 공동체 형성(community building) 등 10가지를 서번트 리더십의 하위 행동 특성으로 제시하였다.

- Senge(1995)는 서번트 리더십을 모든 사람의 존엄성과 가치에 대한 믿음, 리더의 권력은 부하로부터 기인한다는 민주적인 원칙에 입각한 리더십이라고 표현하면서 서번트 리더십에 의해 모든 구성원들이 부서나 팀의 일에 자발적으로 참여함으로써 학습이 촉진된다고 주장하였다.

- Sims(1997)는 서번트 리더십을 '부하의 인간으로서의 존엄성과 가치를 존중하고 그들의 창조적인 역량을 일깨워주는 리더십'이라고 정의하면서 서번트 리더십 차원을 솔직한 대화, 상대의 입장 이해, 공유비전의 촉진, 타인의 필요를 위한 노력, 성장, 공동체 형성과 협력 장려 등으로 구분하였다.

- Boyer(1999)는 서번트 리더십을 섬세하며 경청하는 리더, 부하들과 동료들의 발전을 장려하고 권한을 위임하는 리더로 정의하였다. 또한 Boyer는 서번트 리더를 구별해 내기 위하여 질문하고 이해하려고 노력하는 사람, 격려하고 보살피며 편안한 분위기를 만들려고 노력하는 사람, 부하를 존중하는 사람, 도덕성을 갖춘 사람, 권한을 위임하고 학습을 장려하는 사람, 관계와 공동체를 형성하는 사람, 부하의 가능성을 신뢰하는 사람의 7개 차원으로 서번트 리더십의 차원을 분류하였다.

- Patterson(2003)은 아가페적 사랑, 겸손, 이타주의, 비전, 신뢰, 임파워먼트 그리고 서비스의 서번트 리더십을 위한 7가지 구성 요인들을 제시하였다.

- Dennis & Bocarnea(2005)는 Patterson의 연구를 바탕으로 각각 임파워먼트, 사랑, 겸손, 신뢰 및 비전의 5개 요소의 척도를 개발하였다.

- Barbuto & Wheeler(2006)는 Spears의 10가지 특성들과 소명을 결합한 후 요

인 분석을 한 결과 이타적 소명, 감정적 치유, 지혜, 설득, 조직의 청지기정신 등 5가지 요인을 제시하였다.

● Daft(2008)는 서번트 리더십이란 리더가 자신의 이익보다 우선하여 다른 사람의 욕구를 채워주고 다른 사람의 성장을 도와주며 물질적, 감성적으로 이득을 얻을 수 있는 기회를 제공하는 리더십이라고 하였다.

나, NO! 우리, Yes!

조직에서 리더의 역할 중, '동체강화(同體强化)'는 빼놓을 수 없는 중요한 영역이다. 서번트 리더는 공동체 의식을 강화하는 것이 조직의 목적을 달성하는 데 얼마나 중요한 일인지 어느 누구보다도 절실히 깨닫고 있다. 서번트 리더는 생각과 행동, 그리고 욕구가 다른 구성원들이 함께하고 있다는 것을 잘 파악하고 있으며, 그들을 어떻게 응집할 것인지도 잘 알고 있다.

자료: 2009career.hunet.co.kr

◈ 그림 6-16 서번트 리더의 역할, 동체강화(同體强化)

(7) 사례

① 역사적 사례

세종대왕

세종은 후대 역사가들에게 15세기 조선의 기적을 이루었다고 평가받고 있는 왕이다. 그는 소통하는 리더였다. 그 소통은 1차적으로 국가경영의 집행자이자 실행자인 신하들과의 소통이었다. 부왕 태종으로부터 왕위를 승계한 이후 세종의 즉위 첫마디가 "의논하는 정치를 하겠노라!"는 것이었다. 그 후 세종은 인재의 선발에서부터 법과 제도의 혁신은 물론 파저강(婆猪江) 토벌[1]과 같은 영토개척에 이르기까지 나라의 크고 작은 모든 사안에까지 신하들과 열린 대화와 토론으로 정책을 결정하고 집행하는 지도자로서의 모습을 보여 주었다. 세종시대에 이루어진 모든 위대한 업적은 세종이 소통의 지도자였기 때문에 가능했다. 아울러 그 소통은 위대한 세종시대를 가능케 만든 핵심참모 가운데 한 명인 허조가 죽을 때, "비록 나라의 임금은 세종이셨지만 나는 이 나라의 주인이었다."라고 남긴 말처럼 신하들은 모두가 나라의 일을 자신의 일처럼 여기고 목숨을 바쳐서 일하도록 만든 열정의 리더로서의 소통이었다. 두 번째는 헌신이다. "임금은 백성을 위하여 존재하며 백성의 하늘은 밥이다. 단 한 명의 백성이라도 하늘처럼 섬기고 받들어라!"고 하는 언명(言明)은 세종식 정치와 경영의 시작이자 끝이요 핵심이었다. 세종시대에 이루어진 모든 업적은 그러한 헌신의 결과물이었다. 15세기 조선의 위대한 발명품이자 세종의 가장 큰 업적이라 할 수 있는 '훈민정음 창제'가 하나의 예이다.

자료: choifamilys.tistory.com

그림 6-17 세종대왕

---

1) 조선 세종 시기 1433년 최윤덕 등 북방 장수들이 오랫동안 조선을 괴롭히던 여진족들을 정벌하기 위해 여진족들의 근거지 파저강 유역을 소탕한 전투이다.

② 기업별 사례

시노버스 파이낸셜

　사람중심의 기업문화를 갖고 있는 총자산이 197억 달러에 이르는 복합적 금융 서비스를 제공하는 미국회사이다. 설립자는 기업을 사람중심으로 운영해야 한다는 경영이념으로 서비스 정신을 강조해 왔다. 은행이 생존할 수 있는 해법으로 차별화된 최고의 서비스를 제공하기 위하여 노력하였다. '은행의 돈은 고객의 돈'이라는 것을 직원들에게 강조하며 사람중심의 철학으로 운영하였다. 기업의 출발은 사원들을 제대로 대우하는 데서 출발한다고 믿고 있다. 1만 여의 종업원이 일하는 것이 아니라 1만 명의 팀원이 일하는 조직이라고 말한다. 조직의 리더는 스포츠 게임을 응원하는 치어리더라고 부른다. 또한 시노버스는 다섯 가지의 리더십 철학을 가지고 있다. 첫째, 리더는 팀원들과 조직의 비전을 공유해야 한다. 둘째, 팀원들의 업무가 성공적으로 수행될 수 있도록 이들을 도와주어야 한다. 셋째, 조직의 사업성과를 위한 관리를 해야 한다. 넷째, 조직이 추구하는 가치를 일상적인 업무생활에서 습관화시켜야 한다. 결국 리더가 팀원들로부터 존경 받고 공정하며 진실하다는 평가를 받지 못하면 스스로 물러나야 한다. 또한 신뢰문화위원회를 구성하여 최고경영자와 정기적인 모임을 가짐으로써 열린 커뮤니케이션을 실천하고 있다. 형식적인 간담회가 아니라 누구나 회사의 어

자료: bizjournals.com

　그림 6-18 Sarasota Mayor Willie Charles Shaw, Synovus Financial Corp. Chairman and CEO Kessel Stelling Jr.(왼쪽에서 두 번째)

려운 점이나 개인의 애로사항 그리고 팀의 어려운 점 등을 허심탄회하게 이야기할 수 있도록 구성되어 있다. 이를 통해 이 회사 리더란 구성원들을 보살피고 활력을 불어넣으며 배려하는 사람이라고 명시하고 있다.

스타벅스

스타벅스는 커피를 비롯해 차, 주스, 디저트, 머그, 텀블러 등을 판매하는 미국의 커피 프랜차이즈 브랜드이다. 스타벅스의 하워드 슐츠는 어린 시절의 고생 탓인지 종업원들을 떠받드는 CEO로 유명하다. 그는 파트타임 사원에게까지 의료보험을 제공하는 파격적인 정책을 취하고, 스톡옵션을 제공하고 있다. 이것은 미국의 다른 대기업들에서는 좀처럼 찾기 어려운 일로 종업원들의 신뢰를 얻는 데 결정적으로 기여했다. 이렇듯 그의 경영철학에는 늘 사람이 있었다. 냉정한 판단과 과감한 혁신을 감행하면서도 인간적인 고뇌와 감성적인 애정을 잃지 않는다. 그의 이러한 리더십은 1990년대 중반에 일어난 끔찍한 사건으로 명확하게 드러난다. 텍사스에 있는 스타벅스 점포에 강도가 들어 점포 관리자가 사망한 일이다. 이 비극을 접한 그는 그날 밤 즉시 전세 비행기를 타고 텍사스로 날아가 죽은 관리자의 가족을 위한 기금을 조성했다. 그리고 그의 회사 규정 속 작은 부

자료: realmeter.net

🔹 그림 6-19 커피브랜드 선호도 1위 스타벅스

분에서도 그의 리더십 철학이 드러난다. 스타벅스에서는 직원들을 파트너라고 부른다. 종업원이 아닌 동업자로 규정한다. 그는 "회사의 최우선이 직원들이고, 그 다음이 고객이다."라고 말할 만큼 사람을 중시한다. 매일 다른 사람과 점심식사를 하면서 다양한 사람들을 접하는 그의 습관이 이런 경영철학을 대변한다고 볼 수 있다.

사우스웨스트 항공

1971년 설립된 사우스웨스트 항공은 미국 30개 주 59개 공항에 취항하는 기업이다. 시가총액(110억 달러)이 미국 6대 항공사를 합친 금액보다 많다. 또한 창립 이후 30년간 한 번도 적자를 내지 않은 우량 기업이라고 하니 그 묵직한 내공의 비결이 궁금하다. 뿐만이 아니라 〈포춘〉(Fortune) 지가 선정하는 일하기 좋은 100대 기업의 최상위권에 매년 선정되고 있다. 이는 허브 캘러허가 자신들의 이야기를 직접 자주 들어주고 이해해주기 때문에 회사에 대한 신뢰가 쌓였기 때문이라고 한다. 켈러허 회장은 출근할 때 회사 정문에서부터 집무실에 들어가기까지 직원들과 많은 대화를 나누는 것으로 유명하다. 개인 신상에 관한 이야기나 업무 관련 어려움에 대해 이야기를 하다보면 점심이 돼서야 사무실에 도착한다고 한다. 또한 직장이란 즐거운 곳이어야 한다고 강조한다.

직원을 뽑을 때도 유머감각이 있는 응시자에게 후한 점수를 준다. 그는 "업무에 필요한 지식이나 기술은 교육을 통해서 익힐 수 있지만 몸에 배어 있는 태도는 쉽게 바꿀 수 없기 때문에 유머감각이 있는 사람을 찾는다."고 말한다. 사우스웨스트 항공의 인재상은 유쾌함을 사랑하고 열심히 일하며, 서로 배려하고 베풀 줄 아는 사람이다. 또한 다른 사람의 삶에 긍정적인 영향을 미치고, 동시에 자신도 가치 있는 사람으로 대접받기를 원한다. 미국 상위 500여개의 회사가 대학 졸업장 이상의 학위, 엄격한 복장, 전문적인 업무태도를 요구하지만, 사우스웨스트 항공사는 "전문가는 도전하지 않으셔도 됩니다."라고 광고한다. 이렇듯 사우스웨스트 항공 성공의 밑바탕에는 직원의 가치를 무엇보다 소중히 여기는 회사의 경영철학이 있다.

◉ 그림 6-20 유머경영, 신뢰경영으로 사우스웨스트 항공사를 이끌어온 허브 켈러허 회장

6. 변혁적 리더십

(1) 역사

급변하는 기업환경의 변화 속에서 기업이 생존하기 위해선 구성원으로부터 조직에 대한 강한 일체감, 적극적 참여, 기대 이상의 성과를 달성할 수 있는 동기유발을 자극할 수 있는 새로운 리더십이 요구되었다. 이에 따라 80년대 미국 기업들이 성공적인 리더들을 따라 하기 시작했다. 이러한 변화의 맥락 속에서 새로운 리더십의 새로운 패러다임을 만들어내기 위해 1978년 James MacGregor Burns가 처음으로 변혁적 리더십을 이론적으로 제안하였고, 1985년 Bernard M. Bass에 의해 진일보하였다.

앞서 말한 것과 같이 변혁적 리더십은 James MacGregor Burns에 의해 처음 제시되었다.

뛰어난 리더십 전문 학자였던 그는 그의 저서 《Transformational Leadership》(2003)에서 "리더와 구성원들은 서로가 더 높은 수준의 도덕성과 동기로 진보하도록 해야 한다."고 주장했다. 변혁적 리더들은 그들의 가치관과 특성을 통해 조직 구성원들이 그들의 공통된 큰 목표를 향해 갈 수 있도록 구성원들의 지각, 기대, 동기들을 변화하도록 장려할 수 있다. 전통적 접근들과는 다르게 이 리더십은 상호적 교환관계에 기초하지 않고 변화를 만드는 리더들의 성격이나 기질, 능력에 기초한다.

변혁적 리더들은 구성원들에게 조직을 돕는 모범적인 사례로 이상적이다. Burns는 변혁적 리더십과 거래적 리더십(transactional leadership)을 상호 배타적이라 이론화했다. 이는 변혁적 리더십이 상호 교환관계에 기초하지 않는다는 전제에 부합한다. 후에 Bernard M. Bass는 Burns의 아이디어를 확장하여 현재의 Bass' Transformational Leadership Theory를 고안했다.

Bass의 이론에 따르면 변혁적 리더십은 구성원에게 미치는 효과에 기초하여 정의될 수 있다고 한다. 즉, Bass의 이론에서 변혁적 리더들은 그들의 리더적 자질로서 높은 수준의 신뢰와 존경을 구성원들에게서 이끌어낼 수 있다.

이러한 변혁적 리더십과 거래적 리더십의 차이를 Stephen Covey는 본인의 저서 《Principle-centered Leadership》(1992)에서 변혁적 리더십과 교환적 리더십의 특징을 비교했다.

아래 표는 그 특징들을 보기 쉽게 모아놓은 표로서 Burns가 본 변혁적 리더십과 거래적 리더십의 특징을 대략적으로 비교, 설명한다.

표 6-3 거래적 리더십과 변혁적 리더십의 차이

구분	거래적 리더십	변혁적 리더십
현상	현상을 유지하기 위해 노력	현상을 변화시키기 위해 노력
목표지향성	현상과 너무 괴리되지 않는 목표 설정	보통 이상의 높은 이상적인 목표 설정

구분	거래적 리더십	변혁적 리더십
시간	단기적 전망, 기본적으로 가시적인 보상으로 동기부여	장기적인 전망, 부하들에게 장기적 목표를 위해 노력하도록 동기부여
동기부여 전략	부하들에게 즉각적이고 가시적인 보상으로 동기부여	부하들에게 자아실현과 같은 높은 수준의 개인적 목표를 설정하도록 동기부여
행위표준	부하들은 규칙과 관례를 따르기를 좋아함.	변환적이고 새로운 시도에 도전하도록 부하를 격려함.
문제해결	부하들을 위해 문제를 해결하거나 해답을 찾을 수 있는 곳을 알려 줌.	질문을 하여 부하들이 스스로 해결책을 찾도록 격려하거나 함께 일함.

자료: anythingtip.tistory.com

Bernard M. Bass는 Burns의 연구를 변혁적 리더십과 거래적 리더십을 기초한 심리적 메커니즘을 토대로 발전시켰다. Bass는 초기에 사용되었던 'transforming'이라는 단어를 'transformational'로 대체하였다.

또한 Bass는 초기 Burns의 개념을 토대로 변혁적 리더십이 어떻게 평가될 수 있고, 구성원의 동기와 성과에 영향을 미칠 수 있는지 설명하였다. 리더가 변혁적인지 아닌지는 구성원에게 미치는 영향으로 평가될 수 있다.

구성원들은 신뢰, 경탄, 충성과 존경을 그들의 리더에게 느끼고 이로 인해 처음 기대보다 더욱 열심히 일을 하게 된다. 이러한 결과들은 변혁적 리더들이 구성원들에게 단지 사리사욕만이 아닌 무언가 그 이상을 제공하기에 가능하다. 그들은 구성원들에게 고무적인 임무와 시야를 주고 그들의 자아를 찾도록 한다.

리더들은 그들의 영향력, 지적 자극 등으로 구성원들을 변화시키고 고무시킨다. 추가적으로, 리더는 현재의 상황을 타개하고 성공에 도움이 되는 환경으로 변화시키는 새롭고 독특한 방법을 만들도록 조직 구성원을 고무시킨다. 이러한 맥락에서 보면 Bass는 Burns와는 다르게 변혁적 리더십과 거래적 리더십이 동시에 존재할 수 있음을 제안한 것이다.

아래 〈표 6-4〉는 Bass이론을 시각화한 표이다.

표 6-4 변혁적 리더십

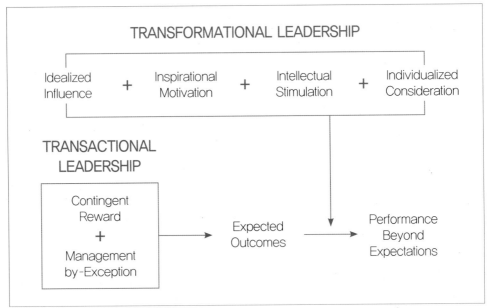

자료: ko.wikipedia.org

(2) 정의

리더십이라는 용어는 경제, 정치, 사회 일반에 널리 퍼져 있을 정도로 일반화되어 있는데도 불구하고 정의를 규정할 수가 없다. 그래서 리더십의 개념은 여러 학자들에 의하여 리더의 개인적인 특성, 리더와 부하의 상호작용 형태, 리더의 행동, 특정 직위에서 부여된 권한, 역할관계, 과업목표에 대한 영향력, 조직문화에 대한 영향력 등을 통하여 정의하였다. 1980년대 후부터 경제 및 조직 환경, 산업구조의 급속한 변화와 국제화에 따른 무한경쟁 등으로 기업과 조직은 발전하려면 여전히 외부변화에 대응하여야 하는 상황이었다. 따라서 기존의 리더십 이론은 설명력이 떨어졌고 이런 리더십 이론보다는 더욱 적합할 것이라고 생각되는 변혁적 리더십이 탄생한 것이다. 변혁적 리더십은 House(1977)의 카리스마적 리더십 이론과 Conger & Kanugo(1987)의 카리스마적 리더십을 이론적 배경으로 형성된 것이다. 그 후 정치학자인 Burns에 의해 체계화된 변혁적 리더십을 Bass는 기업과 조직에 활용하도록 발전시켰다. 그 뒤를 이어 Tichy & Urlich, Sergiovanni, Kouzes & Posner, Conger, Kark 등 많은 학자들의 관심을 받아 연구들이 이루어져 왔다.

　Burns(1978)는 그의 저서 《Leadership》에서 정치적 지도자들의 리더십을 연구하는 과정에서 초점을 리더와 구성원 간의 관계에 맞춘 것이다. 권력의 행사라고 인식되는 기존의 리더십을 구성원의 수요와 욕구를 만족시키는 과정이라고 생각을 바꾸기 시작한 것이다. Burns(1978)는 Maslow의 욕구단계이론과 Kohlberg의 도덕적 발전이론을 결합하여 변혁적 리더십의 동기유발수준과 도덕수준을 형성하였고, 변혁적 리더십은 이런 도구역할을 해야 한다고 제시하였다. 변혁적 리더는 부하들에게 높은 기대를 갖고 확신에 찬 행동을 보여주며, 또한 개인적 배려를 통하여 그의 부하들 나아가서 조직까지는 변화시킬 수 있다고 한다.

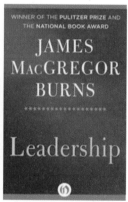

자료: changenowforgood.ca

그림 6-21 Burns와 그의 저서 《Leadership》

　Burns(1978)의 변혁적 리더십에 대한 연구 결과를 토대로 Bass(1985)는 변혁적 리더십을 거래적 리더십과 독립된 연속체가 아닌 단일선상의 연속체로 설명하여 Burns의 연구 결과를 확장하였다. Bass의 변혁적 리더십 이론은 Burns의 이론에 기초하고 있으나 세 가지 측면에서 차이가 있다. 첫째, Burns는 리더와 구성원의 일체감을 강조하는 반면, Bass의 변혁적 리더는 구성원 욕구 필요의 포트폴리오를 확장하여 구성원을 변화시킨다. 둘째, Burns는 공공의 선을 위해 구성원을 고양시키는 리더를 변혁적 리더로 본 반면, Bass는 타인을 위해 자신을 기꺼이 희생하는 도덕적 리더뿐만 아니라 부도덕하고 야만적이라 할지라도 변혁적 리더에 포함시킨다. 셋째, Burns는 변혁적 리더십과 거래적 리더십을 리더십 차원상 서로 반대되는 개념으로 본 반면, Bass는 동일한 차원에서 상호 배타적이지 않은 개념으로 보고 있다.

Bass(1985)는 House(1977)와 Burns(1978)의 선행연구에 기초하여 연구를 진행하면서 세 가지 방법으로 변혁적 리더는 부하를 변혁하고 동기부여하여 높은 성과를 달성할 수 있다고 제시하였다. 첫째, 구성원에게 예상되는 결과의 중요성에 대한 인식을 고양시켜주고 둘째, 집단의 목표를 위해 구성원들이 개인적 이익을 초월하도록 유도하며 셋째, 구성원들의 욕구 수준을 변형시킨다고 하였다.

Tichy & Urlich(1984)는 변혁적 리더는 구성원의 잠재력을 향상시키고, 모범을 보이며, 개개인의 특성에 맞게 과업을 분담시키고, 구성원들의 책임감을 높이며, 도전적인 일을 위임하고, 역할 수행에 모범을 보이며, 구성원들에게 필요한 정보를 제공하고, 지적인 자극을 제공하며, 더 긍정적으로 사고하고 행동함으로써 발전지향적인 태도를 갖고 있다고 하였다. 또한 조직 전체의 변혁을 주도하는 리더는 오로지 조직의 최고경영층이 아니라, 계층과 부서를 초월하여 누구나, 어느 부서에서든지 변혁의 주도자는 있을 수 있다고 주장하였다.

Sergiovanni(1990)는 변혁적 리더십은 개인의 역량과 잠재력을 개발하고 동기를 유발하는 리더십이라고 정의하며, 변혁적 리더십의 요인은 비전설정, 목표달성 지원, 질의 문화적 관리, 자유재량권 허용 및 공동가치 유지, 도덕적 가치 중시로 강조하였다. 또한 Sergiovanni는 변혁적 리더십은 학교의 성공을 위해 높은 동기부여와 도덕성 함양을 유도하여 각 개인을 성장시키고 있기 때문에 교육계에서 변혁적 리더십이 필수적이라고 했다. 또한 변혁적 리더십이 변화와 개선에 대한 교사들의 인식 및 교사들의 참여도를 높이는 데도 크게 영향을 준다고 주장하였다.

자료: azquotes.com

🕸 그림 6-22 Thomas J. Sergiovanni

Kouzes & Posner(1995)는 변혁적 리더십은 추종자들의 행동을 고취시키며, 문제해결을 위한 방법을 제시하고 긍정적 감정을 자극하는 리더십이라고 정의했다. Kouzes와 Posner는 리더를 대상으로 리더십에 대한 면담을 실시하여 '리더십 모형'을 개발하였으며, 이 모형을 통해 변혁적 리더의 행동에 대해 설명했다. 변혁적 리더는 모범이 되고, 공유된 비전을 위해 영감을 불어넣으며, 전진하도록 도전하고, 스스로 활동하게 하며, 마음을 움직인다고 정의하였다. 즉, 성공적인 리더의 현실에 도전, 비전을 제시하고 구성원들이 공유하도록 독려시킴으로써 구성원들이 솔선수범하고 비전을 실행에 옮기도록 격려하는 것으로 제시하였다.

Conger(1999)는 변혁적 리더십은 기존의 조직과 조직문화를 변화시켜 조직원들의 욕구와 자발적 창의성을 이끌어 나가는 리더십이라고 정의했다. 리더가 부하를 몰입시키고 기대를 초월하는 성과를 달성하도록 동기를 부여하며, 이를 위해 목표달성을 위한 성과의 중요한 성과 가치에 대한 인식수준을 제고하고 집단의 이익과 적을 위해 개인의 사적 이익을 초월하도록 하며, 욕구 수준을 상승시켜 상위욕구를 중시하도록 하는 것으로 추가 설명을 하고 있다.

Kark(2003)는 부하들이 자신의 과업에 의미와 가치를 가지고 업무를 수행하도록 하는 리더십을 변혁적 리더십이라 하며, 변혁적 리더십은 리더가 미래를 바라보는 구성원들의 관점과 행동을 근본적으로 변화시키게끔 영향력을 미치는 과정을 함축하는 개념이라고 하고 있다.

자료: amazon.com

그림 6-23 Jim Kouzes and Barry Posner

Burns에서부터 Kark까지 여러 학자들이 변혁적 리더십에 대해 정의를 했고, 세부적으로는 정의한 것에 대해 어느 정도 차이가 존재한다. 하지만 전반적으로 공통된 부분에 있어서는 다음과 같다.

변혁적 리더십을 발휘하는 사람은 대부분 강한 일련의 내적 가치관과 목표를 가지고 있으며, 그들은 부하들이 그들 자신의 이익보다는 먼저 조직의 이익을 위해 행동하도록 만드는 데 뛰어난 자질을 보인다. 따라서 이런 리더는 구성원들이 기대 이상의 성과를 수행할 수 있도록 역할 모델을 보이고, 매력적인 비전을 제시하며, 구성원들은 더 높은 목표를 달성하기 위해 업무를 더욱 열심히 하도록 자극받고 기운을 얻는다.

(3) 특징

① 변혁적 리더십과 다섯 가지 성격 특성과의 상관관계

변혁적 리더십은 여러 성격적 특성과 그 상관관계가 아래와 같다. 대표적으로 다섯 가지 특성적 요소와 그 상관관계가 있는데, 다섯 가지 요소는 다음과 같다.

표 6-5 개인의 성격적 특성과 변혁적 리더십의 상관관계

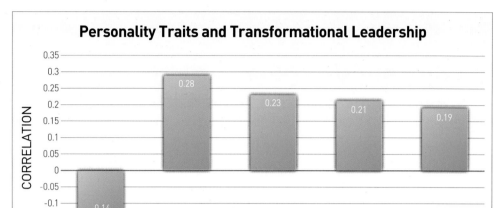

자료: ko.wikipedia.org

외향성

상관계수 = 0.28

신경성

상관계수 = −0.14

경험에 대한 개방성

상관계수 = 0.23

쾌적함

상관계수 = 0.21

양심

상관계수 = 0.19

이러한 여러 성격 특성은 〈표 6-5〉에서 보듯이, Bono, J. E. & Judge, T. A. (2004)에 의해 수집된 데이터로서 위의 상관관계가 있음이 발견되었다.

② 변혁적 리더십의 특성

이러한 변혁적 리더십의 특성에 대하여 Bass & Avolio는 다섯 가지로 정의 내렸다. 이는 다음과 같다.

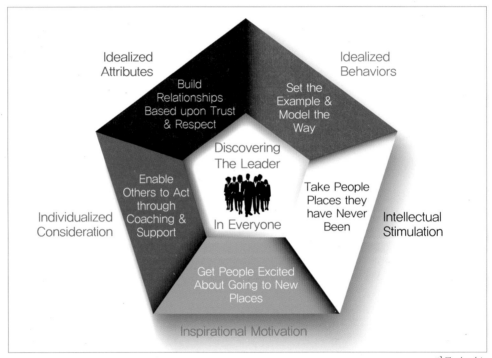

자료: tlcc.biz

🕸 그림 6-24 변혁적 리더십의 특성

Idealized Attributes(이상적 특성)

리더가 이상적이며 성취 가능한 비전과 미션을 또한 높은 수준의 기준과 능력을 지니고 있다고 부하들이 확신하고 있으며, 또한 리더의 자질과 행동의 측면에서 존경받을 만하고 따라서 동일시하려는 성향을 보여준다.

Inspirational Motivation(영감적 동기부여)

리더는 모두가 공감할 수 있는 바람직한 목표를 부하들이 인식하고 이해할 수 있도록 상징, 메타포 및 정서적 어필(emotional appeal)을 사용한다.

Intellectual Stimulation(지적인 자극)

과거로부터의 단절, 즉 구습으로부터의 탈피를 강조한다. 따라서 리더는 부하들이 자신의 생각, 가치, 신념 등을 발전시키고 창의적으로 생각하고 행동하도록 격려한다.

Individualized Consideration(개별적 배려)

부하들의 관심사와 욕구 등에 관하여 개별적으로 그러나 공평하게 관심을 쏟는다.

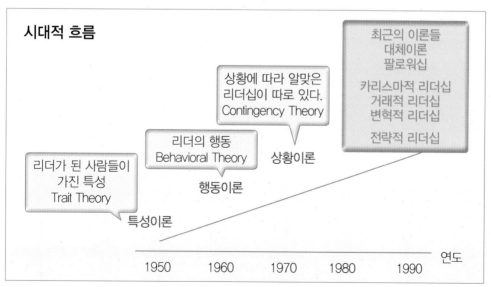

자료: slidsplayer.org

🌐 그림 6-25 리더십의 역사적 발달

Idealized Behaviors(이상적 행동)

변혁적 리더십의 효과성은 단순히 결과물(성과)로만 측정되는 것이 아니라 얼마나 부하들을 변혁적 리더로 육성하는가 하는 데에도 달려 있다. 모범적인 롤 모델의 역할을 필요로 한다.

③ 변혁적 리더십 특징

변혁적 리더십의 특징에 대한 다른 정의를 들 수 있다. 이는 총 여섯 가지로 구분되는데 완전히 새로운 측면이라기보다 Bass & Avolio의 관점을 많이 참조한 것이다.

카리스마

구성원들에게 비전이나 사명감을 제시하며, 자긍심을 고취시키는 리더십으로, 리더는 그들로부터 존경과 신뢰를 받는 경향이 있다.

개인적 배려

리더가 구성원들에게 개별적인 관심을 보여주며, 그들을 독립적인 존재로 대우하고 지도하며 조언하는 리더십을 말한다.

지적 자극

리더가 구성원들의 이해력과 창의적 사고를 자극하며, 자신을 개발하도록 하고, 새로운 신념이나 가치관을 갖도록 하는 리더십을 말한다.

고무적 리더십

리더가 구성원들에게 비전을 제시하거나 그들의 노력과 성과에 칭찬과 격려 등을 함으로써 그들의 사기를 진작시켜 업무에 매진토록 하는 것을 말한다. 대체로 카리스마적인 리더십에 비해 우선적으로 일어난다.

변혁적 리더십 Steve Jobs의 사례

스티브 잡스는 끊임없이 그들이 할 수 있는 것에 대한 기대치를 높이라고 끊임없이 다그쳤습니다. 그 결과로 사람들은 그들 능력으로는 절대로 불가능하다고 생각했던 일들을 성취하게 됩니다. 이는 스티브 잡스가 엄청난 카리스마와 동기부여 그리고 그들이 정말 대단한 것을 만들고 있다는 흥분을 선사했기 때문입니다.

– 존스컬리(전 APPLE CEO) –

나의 일은 개발자들을 위한 공간을 마련하고, 조직의 잡다한 일을 처리하고 개발자들이 아무것도 방해 받지 않도록 하는 것입니다.

– 맥월드 창간호 스티브 잡스 –

자료: m.blog.naver.com

👑 그림 6-26 지적 자극과 개인적 배려에도 뛰어난 스티브 잡스

상황적 보상

리더와 구성원 간의 합의에 기초한 것으로, 리더는 구성원들이 상을 받거나 벌을 피하기 위한 행동 기준이나 원칙을 일러주고, 그에 따른 보상이나 벌을 주는 리더십을 말한다.

예외적 관리

구성원의 성과가 계획된 수준에 이르지 못할 때 리더가 개입하는 것으로, 처벌이나 훈련 등의 강화 방법을 동원하는 리더십을 의미한다.

(4) 사례

① 농심의 사례

창업 당시 전쟁 직후의 열악한 환경과 식품산업의 기틀조차 잡히지 않았던 상황, 그리고 이미 라면 산업에서 선두주자는 삼양식품이었음에도 불구하고 농심

의 신춘호 회장은 과감한 추진력을 가지고 농심을 설립하였다. 회사를 설립하고 시장 구축기에는 압도적인 삼양식품의 점유율을 따라잡기 위해 다양한 판촉 활동을 하였는데, 그 중 하나가 소비자 시식 활동이었다. 이와 더불어 건빵에 별사탕이나 껌을 동봉하여 판매하였다. 또한 경품행사에 큰 자금을 투자하기도 했는데, 그럼에도 불구하고 상황은 나아지지 않았다. 이미 소비자들의 생각에는 '라면은 삼양'이라는 생각이 높았기 때문이다. 이러한 생각을 바꾸기 위해 농심은 신제품 개발에 총력을 기울였다. 연구원의 아이디어에 귀를 기울인 결과 소고기라면과 자장면을 인스턴트 제품으로 개발하였고 시장에서 성공하였다. 또한 신춘호 회장은 라면의 품질에 대해 항상 고심하고 소비자들의 시대적 추세를 파악하여 식물성 기름을 사용하며 농심의 품질 혁신을 이루게 된다.

자료: m.ppomppu.co.kr

🏵 그림 6-27 80년대 농심라면의 대습격

 산업 성장기에서는 '오일쇼크'가 발생하는데, 정부의 물가안정정책으로 인해 가격상승을 하지 못하는 상황이었다. 이때 원가부담을 줄이기 위해 전사적 품질관리 운동을 하게 된다. 품질관리체계 정립을 위한 기틀을 잡기 위해 품질관리과를 발족시켰고 사내 품질관리경진대회를 개최하기도 하였다. 이와 더불어 생산체제의 확대와 품질의 고급화, 다양화를 본격적으로 추진했다. 과감한 설비 투자와 생산 시스템의 현대화를 구축하며 지속적인 연구개발을 하였다. 이 시기에 다른 경쟁사들도 늘어가면서 라면 시장의 경쟁은 치열해졌지만 사발면, 너구리라면, 육개장 사발면, 안성탕면 등을 출시하며 다양해진 소비자의 욕구를 만족시킬 수 있었다. 이때 신춘호 회장 특유의 집요함과 뚝심으로 직원들을 격려하며 직원들이 신제품 개발에 매진할 수 있도록 하였다. 이와 더불어 적절한 광고와 판촉활동도 같이 병행하였다. 그 결과 창업 초기 7%였던 시장점유율이 1984년에는 40%를 기록하게 되었고, 1985년에는 삼양을 제치고 1위의 자리를 차지할 수 있게 되었다.

자료: magazine.hankyung.com

🏵 그림 6-28 라면업계의 절대강자 농심

1990년대에는 제품의 고급화가 초점이 되었다. 단순히 맛 위주의 라면에서 벗어나 기능성과 차별성이 강조된 신제품이 등장하기 시작했다. 이 시기 국내 라면시장은 이미 포화상태에 이르렀기 때문에 성장의 폭은 줄어들기 시작했다. 따라서 농심은 해외로 눈을 돌리기 시작한다. 이에 따라 사원들에게 외국어교육 및 정보화교육 등을 통해 능력 개발을 강화해나갔다. 또한 동종 업계에서 세계 초우량 기업이 되겠다는 비전으로 농심의 선진화에 박차를 가했다. 이에 따라 1996년 중국 상해공장을 준공하였으며, 2005년에는 미국에 LA공장을 준공하면서 세계의 초일류 글로벌 식품 기업으로 거듭나게 된다.

자료: economyplus.chosun.com

🔷 그림 6-29 농심 미국 LA공장

② 히딩크의 리더십

Bass의 변혁적 리더에 대한 개념화는 House(1977)의 카리스마적 리더에 관한 개념에 개인적 배려(individualized consideration)와 지적 자극(intellectual stimulation) 요인을 추가함으로써 이를 확장시킨 것이다. House의 카리스마적 리더 개념은 추종자들이 리더의 카리스마적 행동에 단순히 따름으로써 리더에 의존하는 특성이 강한 반면, Bass는 추종자들이 자유선택 행동을 표현하고 리더의 비전 내에서 자율성을 발휘해 나갈 수 있음을 강조하였다.

자료: blog.daum.net

🔷 그림 6-30 거스 히딩크

따라서 진정한 변혁적 리더십은 종업원의 의존이 아니라 종업원의 능력배양 (empowerment)을 필요로 한다. 변혁적 리더십은 카리스마, 개인적 배려, 지적 자극 등의 하위요인을 포함한다. 카리스마는 부하에게 비전을 제시하고, 자부심을 심어주며, 또한 존경과 신뢰감을 유발하는 것을 의미하며, 개인적 배려는 부하에게 개별적인 관심을 갖고 그들을 신뢰하며 존경하는 것을 의미한다. 지적 자극은 부하에게 새로운 아이디어를 제공하고 전통적인 관점에서 벗어나도록 하는 것을 뜻한다.

카리스마적 요소

히딩크는 기존 감독들이 사용해 왔던 말보다는 행동으로 선수들이 무엇을 해야 할지를 요구했으며, 감독이라는 지위로 선수들을 장악하려 하지 않았다. 또한 팀워크를 개인의 실력보다 더 우선시했다. 또한 대표팀 엔트리를 빨리 확정해야 한다는 주위의 목소리에도 끝까지 긴장의 끈을 놓지 않으면서 선수들의 사명감을 북돋으며 집중력 향상에 주력하였다. 간단한 예로 식사 도중 선수에게 전화가 오면 "대한축구협회 전화라도 안 된다. 대표 팀 내에서는 내 전화만 받아라."라고 말하는 등 모두가 감독을 향해 집중력을 높여야 훈련 성과가 높다는 사명감을 강조하였다.

자료: goodkama.tistory.com

🏵 그림 6-31 히딩크 "한국 국민이 원한다면 국가대표팀 감독을 다시 맡겠다."

히딩크는 국가대표팀의 분명한 목표 제시와 멀리 내다보는 비전을 제시하였다. 연습경기 때 강한 상대를 골라서 실패로부터의 전력 보강이라는 적극적 목적을 추구하였다. 여론의 비난에도 히딩크는 자신의 신념을 믿으며 소신을 지켰다. 그래서 그는 늘 강한 팀과의 연습경기를 추진했고 패했지만 미래를 내다보며 자신의 전략을 이뤄나갔다. 그는 감독으로 계약하자마자 한국 선수들에 대한 자료를 요청하고 선수 하나하나 모두 검토했다. 감독은 언제든지 준비되어 있어야 한다는 것이 그의 신념이었다. 또한 10개 구단에 직접 편지를 써서 대표팀 구성에 협조해 주는 것에 대한 감사를 표현했다. 대표팀 운영에 있어서 적극적인 지원이 필요한 상황에서 '편지'를 통해 반발할 수 있는 상황을 대비할 수 있었다.

그리고 히딩크는 '한국 축구의 선진화'라는 원대한 비전을 세웠고, 이에 따른 목표를 '월드컵 16강 진입'임을 분명히 했다. 단순히 16강 진입이 목표가 아니라 한국 축구의 수준을 높이는 것이 그의 최종적인 목표였다. 이를 위해서 구체적인 실행계획을 추진하는 과정에서 많은 실패와 비난의 여론이 있었지만 그는 이에 신경 쓰지 않았다. 늘 일관성을 유지하고 엄격한 테스트를 통해 능력 위주로 선수들을 기용했다. "여론을 수렴하다 보면 내 축구철학이 흔들릴 수 있고 전술적인 완성도가 방해받을 수 있다. 나는 오로지 나의 길을 간다."고 말하며, 그는 선진 축구의 업그레이드에 신경을 썼다.

히딩크는 이전의 감독들에게선 보지 못한 부분들을 보여주었다. 스태프 구성, 선수선발, 선수훈련, 선수기용, 치밀한 훈련 프로그램, 막강한 팀과의 평가전, 축구 전술 개발, 선수 체력의 과학적 분석과 관리 등 모든 과정은 그의 지휘 아래 이루어졌고, 이에 대한 언론과 한국 축구관계자들의 비판과 압력 등에 대하여 용기와 도전, 그리고 변화로 대처했다.

개인적 배려

히딩크는 뛰어난 유머 감각과 선수들에 대한 배려, 월드컵 본선 직전 유럽 강호들과의 평가전에서 얻은 좋은 성적이 신뢰감을 주었다. 그는 훈련과 경기 등 공식적인 일정에 대하여 아주 엄격하지만 사적인 일에 대하여는 간섭하지 않고

자료: news.hankyung.com

🔷 그림 6-32 개인적 배려심 넘치는 히딩크

자율성을 충분히 주었다. 호된 질책 후에는 반드시 개인적으로 따뜻한 애정을 담은 말로 선수의 기분을 풀어주었다. 또한 훈련 중 칭찬은 모두 앞에서 하되 꾸중은 개별적으로 하였다.

그는 선수와 감독 사이의 커뮤니케이션을 강조하면서 오픈 마인드로 선수들을 대하였다. 경기에서나 선수들 사이에서도 관계지향적인 행동을 강조하고 실천했다. 그러면서 친밀감과 신뢰감을 갖게 하고 책임감을 느끼게 했다. 또한 훈련 프로그램도 다양하게 구성하여 선수들의 흥미와 의욕을 높이고 매순간 개개인이 가진 능력 전부를 이끌어 내게 만들었다.

지적 자극

히딩크는 현실을 직시할 수 있는 상황을 분석하고 이를 통하여 한국 축구의 변화를 시도하였다. 히딩크가 파악한 한국 축구는 유교적인 축구로서 상하의 위계질서가 뚜렷하고 실력에 의해서 대표로 뽑히고 경기에 출전하기보다는 인맥과 관계 혹은 당시의 지명도에 의해서 선수가 선발되는 관습이 한국 축구의 성장을 가로 막았다고 판단하였다. 히딩크는 강팀과 맞붙어 승리하기 위해서는 강하고 근성 있는 자세가 필요하고 철저한 프로의식이 있어야 함을 강조하였다.

철저한 직업의식을 가져야 하고, 경기와 연습에 있어서 최선을 다해야 한다고 주장했다. 이를 통해 선수들에게 프로의 의미를 새롭게 생각하게 했다. 히딩크가 대표팀 선수들과 훈련을 할 때 가장 먼저 얘기 한 것이 "서로 대화를 해라.", "고개를 들고 패스해라." 등과 같은 기초였는데, 한국 선수들은 이러한 기초적인 것을 잊은 채 경기를 했었고, 아주 작은 변화를 통해 승리의 밑거름을 만들 수 있었다. 또한 한국 축구에 고질적으로 남아 있던 연고주의를 완벽하게 탈피함으로써 실력위주의 선수 선발이 가능해졌고 또한 모든 선수들을 주전으로 만들고 팀워크를 강조함으로써 한국 축구를 강하게 만들었다.

자료: monthly.chosun.com

그림 6-33 철저한 프로의식을 강조하는 히딩크

히딩크가 보여준 지도자로서의 역할과 철학, 그리고 독특한 카리스마, 선수, 감독, 코치의 유대 강화를 위한 인간적 태도, 철저한 실력 위주의 선수 선발 및 기용, 지도자로서의 신뢰감 형성을 위한 적절한 리더십의 행사는 리더로서의 진면목을 보여준다.

선수를 존중하며 선수들 간의 원만한 의사소통을 행사하는 기술, 철저한 중·장기적 훈련 목표수립과 용의주도한 훈련계획, 마지막으로 대표팀을 자신의 소신대로 운영하는 방식 등은 많은 축구 지도자들이 본받아야 할 것이다. 히딩크와 함께 한 1년 반 동안 선진 축구의 경험을 한 한국의 축구는 앞으로 월드컵대회를 포함한 각종 세계대회를 준비하고 선수들을 육성하는 데 소중한 자산이 되었을 것이라 믿는다.

🛡 그림 6-34 브라보! 한국 축구의 힘

자료: hani.co.kr

제4차 산업혁명을 위한 조직 만들기
| 아메바 경영의 진화 |

Chapter 07

아메바 경영

Chapter 07

아메바 경영

1. 개요

아메바 경영은 한마디로 기업을 작은 조직으로 세분화해 소집단 부문별로 독립채산제를 영위하도록 하는 전원 참가형 분권적 경영 시스템이다. 즉, 기업 내부의 자원 배분과 관련한 모든 결정권은 경영자에게 집중되어 있으면서 강도 높은 관리회계 시스템만 소집단 부문별로 떠미는 것이 아니라는 점이다. 아메바 경영은 철저한 독립채산제와 함께 회사 내부의 인사, 정보, 자금, 기술과 같은 모든 자원의 배분에 관한 결정권을 아메바로 불리는 소집단에게 전적으로 위임하는 시스템인 것이다.

아메바 경영을 창안한 이나모리 가즈오는 일본 교세라 창업자이자 명예회장이다. 세계적인 기업가이며 일본에서 가장 존경받는 경영자 중 한 사람으로 '살아 있는 경영의 신'으로 불린다. 한국인이 가장 좋아하는 일본 기업인이다. 교세라와 KDDI[1]를 창립한 후 회장을 거쳐 명예회장을 맡고 있으며, 2010년 위기에 빠진 일본항공(JAL) 회장으로 취임해 성공적으로 회생시켰다.

---

1) KDDI는 1984년 이나모리 가즈오가 NTT(일본전신전화)의 독점에 대항하여 질 좋고 저렴한 통신 서비스를 제공하기 위해 다이니 덴덴 플래닝 회사(Dai-ni Denden Planning Company)로 설립했다. 이듬해인 1985년 DDI로 이름을 바꾸었다. 2000년 10월 1일 DDI, KDD, IDO 3사가 합병해 2001년 KDDI기업이 탄생했다.

자료: old.dongabiz.com

🕸 그림 7-1 아메바 경영, '따로 또 같이' 교세라의 지혜

　경영철학과 회계 원칙이 접목된 전설의 경영관리 시스템, '아메바 경영', 이나모리는 아메바 경영을 창안하고 여러 시행착오와 경험을 통해 시스템을 진화시켜 왔다.

2. 아메바 경영을 창안한 이나모리 가즈오

(1) 소개

　이나모리 가즈오(稻盛和夫, 1932년~)는 일본의 기업인으로 교세라, 다이니 덴덴(현 KDDI)의 창업주이며, 일본항공의 회장을 역임했다. 처는 우장춘(禹長春)의 4녀 아사코이다.

자료: bonlivre.tistory.com

그림 7-2 이나모리 가즈오

(2) 인물

가고시마(鹿児島) 대학 공학부를 졸업하고, 쇼후(松風)공업에 입사한 후, 1959년 교세라(京セラ)를 설립했다. 10년 뒤에 주식상장을 했으며, 파인 세라믹 기술로 성장했다. 1984년 다이니 덴덴을 설립했다. 같은 해 재단법인 이나모리 재단을 설립했으며, '교토 상'을 제정했다. 1998년 백남준이 이 상을 수상하기도 했다.

2010년 일본항공(JAL)이 파산하자 단 세 명의 측근만 데리고 투입되어 13개월 만에 흑자로 전환시켰으며, 2012년 3월에는 역대 최고액을 경신했다. 이 과정에서 "소선(小善)은 대악(大惡)과 닮아 있고, 대선(大善)은 비정(非情)과 닮아 있다."라는 명언을 남기기도 했다. 2013년 3월에 일본항공의 회장에서 물러나 교세라에 복귀했다.

주요 저서로는 《아메바 경영》, 《카르마 경영》, 《소호카의 꿈》, 《성공을 향한 정열》, 《이나모리 가즈오의 철학》 등이 있다.

3. 아메바 경영의 탄생

(1) 7명의 동료와 함께 창업

일본의 가고시마(鹿兒島) 대학 공학부를 졸업한 이나모리는 개인적으로 인연이 있던 교토(京都)의 절연체(insulator) 제조기업 쇼후(松風)공업에 취직했다. 이나모리는 그 회사에서 당시로서는 새로운 소재 분야인 뉴세라믹스를 연구해 그것을 사업화하는 데 성공해서 회사에 크게 기여했다. 그러나 이후 그의 상사인 신임 연구부장과의 의견 대립이 첨예한 갈등으로까지 번지게 되자 그는 결국 회사를 그만두게 되었다.[2]

자료: blog.naver.com

◉ 그림 7-3 JAL 회생의 주역 이나모리 가즈오

평소에 그를 지지하고 따르던 7명의 선후배들이 같이 그 회사를 퇴직했다. 이나모리는 동료들과 교토세라믹(현재의 교세라, 京セラ)이라고 하는 기술집약형 벤처기업을 창업하게 되었다. 창업자금은 그가 가지고 있던 기술을 세상에 널리

---

2) 이나모리 가즈오 지음, 양준호 옮김, 이나모리 가즈오 아메바 경영, 한국경제신문, 2017.

알릴 목적으로 그를 도와주고 지지해 주던 주위 사람들로부터 받은 것이었다. 뉴세라믹스에 대한 연구성과를 인정받았던 것이다.

그러나 당시 그에게는 사업자금도 이렇다 할 경험도 없었다. 뿐만 아니라 남다른 기술과 설비를 가지고 있는 형편도 못 되었다. 그에게는 오로지 믿을 수 있는 7명의 동료들밖에 없었던 것이다. 이러한 이유 때문에 교세라는 태생부터 소위 혈맹동지 간의 운명공동체적인 의리와 불타는 투지가 전부였다.

자료: m.blog.naver.com

🌐 그림 7-4 각별한 동지 의식으로 뭉친 교토세라믹 창업 멤버들과 함께
(맨 뒷줄 왼쪽에서 세 번째가 이나모리 가즈오)

회사 설립 초기단계에서 미야기(宮木) 전기의 전무인 니시에다 이치에 씨의 전폭적인 지원을 받았다. 니시에다 전무는 한눈에 이나모리의 사람됨과 뛰어난 기술력을 알아봤다. 그를 믿고 돈을 지원해 주었을 뿐만 아니라 기술 출자의 형태로 주식을 보유하도록 권유했다. 즉, '오너 경영자'로서의 길을 걷게 조언한 것이다.

이러한 니시에다 씨의 따뜻한 배려와 지원으로 교세라 전원의 마음이 하나가 되고 끈끈한 동지애가 교세라 경영의 초석이 되었던 것이다.

그 당시만 해도 이나모리는 회사 경영에 대해서는 전혀 문외한이었기 때문에 무엇을 근간으로 회사 경영을 해나가야 할 것인지 정말 고민이 많았다. 요즘이야 경영 컨설팅 전문회사도 많고 조언을 구할 수 있는 전문가를 쉽게 구할 수도 있지만, 당시는 그러한 여건도 안 되었다. 그러나 니시에다 씨와의 인연을 계기로 '사람의 마음'이 경영에 있어서 가장 중요하고 절실한 것임을 깨닫게 되었다.

'사람의 마음'이란 한편 변하기도 쉽고 어디 한군데 마음을 쏟아 몰입하기도 어렵지만, 한번 뭉치기 시작하면 이 세상 그 무엇보다도 튼튼한 것이 된다는 것을 알았다. 집단을 리드해나가기 위해서는 결국에 '사람의 마음'을 잡는 것보다 더 중요한 것이 없다는 것을 알았던 것이다.

아메바 경영에 있어서도 결국 '사람의 마음'이 그 바탕이 되는 것이다. 장자의 말마따나 마음에 들어가서 그 마음을 따르라 하지 않았던가. 우리 몸의 엄청난 세포 조직처럼 수백, 수천 개에 이르는 회사 내의 아메바(소집단 조직)3)가 한 마음이 되었을 때 회사는 어마어마한 힘을 발휘할 수 있는 하나의 가족이 되는 것이다.

자료: blogimg.hani.co.kr

🔷 그림 7-5 1982년에는 교토세라믹에서 교세라로 사명을 바꾸며 세라믹 기업에서 정보통신 기업으로 변신

---

3) 아메바(amoeba)는 위족(僞足)으로 움직이는 원생동물의 일종이며, 단세포 생물 중 대표적으로 잘 알려져 있다. 담수나 바닷물, 습지의 흙 속 등에 많이 살고 유사분열을 한다. 몸 전체가 하나의 세포로 이루어져 있는데, 이 세포는 형태가 일정하지 않은 원형질 덩어리이다. 탄력 있는 얇은 막이 원형질을 둘러싸고 있으며, 이 막을 통해 물과 공기가 드나든다. 아메바는 일정한 크기에 이르면 둘로 나뉘는 이분법으로 증식한다. 먼저 핵이 나뉘고, 다음으로 나머지 부분이 갈라진다. 이러한 분열로 생긴 딸세포(daughter cell) 두 개는 각각 새로운 개체가 되어 생활한다.

때로는 치열하게 경쟁하더라도 각각의 아메바가 서로 협력하지 않으면 회사 전체로서의 거대한 힘을 발휘할 수 없다. 그러므로 회사 전체로서 큰 힘을 발휘하기 위해서는 최고경영자로부터 아메바의 각 구성원에 이르기까지 모든 사람들이 믿음의 끈으로 엮여 있어야 한다.

(2) 교세라 경영이념의 확립

창업 2년째 접어들어 고졸 신입사원 10명을 채용하고 약 1년 뒤의 일이다. 그들이 모두 한 목소리로 느닷없이 처우 개선을 요구해왔다. 10명이 혈서를 써서 임금인상과 고용보장을 강력하게 요구해오는 것이 아닌가. 그들은 최저 얼마만큼의 승급과 보너스를 향후 몇 년에 걸쳐서 보장하라고 요구해왔다. 이나모리는 그들을 채용할 때 어려움을 참고 함께 힘을 모아 훌륭한 회사로 만들어보자고 호소했다. 그런데 입사한 지 겨우 1년 지나서 '장래를 보장해주지 않으면 회사를 그만두겠다'고 반협박적으로 나오는 것이 아닌가.

이나모리는 그들의 요구를 일언지하에 거절했던 것이다. 당시만 해도 경영을 시작하고 2년밖에 지나지 않은 터라 그는 사실 자신이 없었다. 그러나 직원들을 회사에 남게 하기 위해서 임시방편으로 그들의 요구를 들어준다고 약속할 수는 없었다. 그래서 이나모리는 그들에게 모두 힘을 합하여 전심전력으로 회사를 키우면 그들의 요구가 관철될 것이라고 설득했다.

그들은 막무가내였다. 노동력을 착취하는 자본가에 대한 항의로 날선 공격을 멈추지 않았다. 착한 마음을 갖지 않은 악인은 없고 악한 마음을 갖지 않은 선인도 없다고 했다. 에디슨의 말이다. 정말 그랬다.

그들과의 피를 말리는 토론이 계속되는 가운데 그들이 이나모리의 마음을 조금씩 알아주기 시작했다. 그들은 결국 모두 회사에 남기로 했다. 사장과 사원이 하나가 되는 순간이었다.

이나모리는 기술자로서의 꿈을 실현하기 위해서 교세라를 설립했지만, 직원들은 그들의 일생을 걸고 그 회사에 들어온 것이다. 그러니 회사에는 이나모리 개인의 꿈을 실현하는 것 이상으로 더 중요한 목적이 있다는 것을 깨달았다. 직원들과 그 가족들의 생활을 안정적으로 유지하여 행복을 추구하는 것을 최우선적으로 여겨야 한다는 것이다. 그리하여 이나모리는 교세라의 경영이념을 '전 직원에 대한 물심양면의 행복을 추구함과 동시에 인류와 사회의 진보 및 발전에 공헌하는 것'으로 결정했다.

LET'S WORK TOGETHER

TEAMWORK

🏵 그림 7-6 노사합의

　이를 계기로 직원들은 교세라를 단지 급여를 받기 위한 생계의 수단으로만 생각하지 않고 '자신의 회사'로 생각하며, 자기 자신이 경영자인 것처럼 열심히 일하기 시작했다. 일본어에 '잇쇼켄메이(一生懸命)'라는 말이 있다. 목숨을 걸고 일을 한다는 뜻이다. 매우 열심히 일한다는 의미이려니 생각하면서도 실감이 안 가는 말이다. 이렇게 목숨까지 걸고 일하는데 안 되는 일이 어디 있겠는가.

　그때부터 이나모리와 직원들의 관계는 경영자와 노동자의 관계, 노사관계가 아니라 같은 목적을 위해 노력하는 동지의 관계, 운명공동체의 관계가 된 것이다.

　아메바 경영은 소집단 독립채산에 의해 전원참가형 경영을 전개하여 모든 직원의 힘을 하나로 결집해나가는 경영관리 시스템이다. 전 직원이 각자 교세라의 경영자인 것처럼 일하는 것이다. 회사가 제멋대로 굴러가게 할 사장이 어디 있겠는가.

자료: news.joins.com
🔷 그림 7-7 잇쇼켄메이 영업 중인 이자카야(居酒屋)의 간판

(3) 대규모 조직을 소집단으로 분할

　회사는 발전을 거듭하여 맨 처음 28명이었던 직원 수가 창립 5년도 채 지나지 않아 100명이 넘었다. 그 후 2년 간격으로 200~300명 늘어나서 급성장을 하게 되었다. 그러니 이나모리 혼자로서는 감당할 수 없을 정도로 조직은 대규모화되고 일의 효율은 떨어졌다.

　그래서 생각해낸 것이 회사를 20~30명 단위의 소집단으로 쪼개서 각 소집단을 리더에게 맡기는 경영방식이다. 소집단으로 나누어 그 조직을 각각 독립채산제로 관리하고자 하는 것이다. 소집단의 각 리더를 소사장처럼 독립적으로 재산을 관리할 수 있도록 하자는 기발한 생각이다.

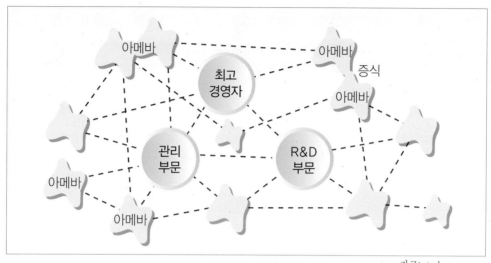

자료: study.zum.com

🕸 그림 7-8 아메바형 조직

각 소집단 조직을 독립채산제로 관리하기 위해서는 손익계산이 필요하기 때문에, 초보자도 쉽게 이해할 수 있도록 이나모리는 '시간당 채산표'를 개발했다. 이것은 '매출을 최대한 늘리고 경비를 최소로 줄이면 그 차액인 부가가치도 최대로 늘릴 수 있게 된다'는 경영의 기본원칙을 채산표의 형태로 나타낸 것이다.

채산표는 매출액에 상당하는 항목을 설정하고 필요 경비(인건비를 제외한 경비) 항목을 차액으로 공제함으로써 간단히 파악할 수 있도록 하는 데 초점을 맞추어 작성한다. 이를 총 노동시간으로 나누면 1인당 부가가치가 산출된다.

'시간당 채산표'를 사용함으로써 소집단의 리더는 어렵지 않게 현장의 채산관리를 할 수 있게 된다. 따라서 각 부문의 채산을 올리기 위해서는 이 경비를 줄이면 되는 것이다. 소집단의 리더를 쉽게 육성할 수 있고 경영에도 관심을 갖게 된다. 그러므로 전 직원이 경영자의 마인드를 가진 아메바 경영이 가능하게 되는 것이다.

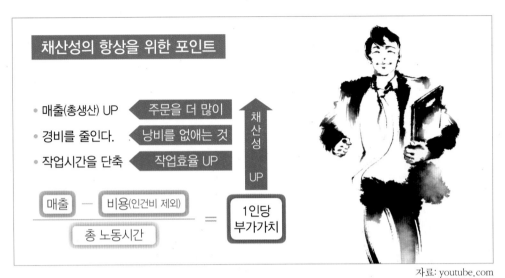

자료: youtube.com

🔷 그림 7-9 아메바 경영을 지탱하는 '경영철학'

　당연히 회사의 상황을 전 직원들에게 공개함으로써 참여의식을 높이고 인센티브를 이끌어낼 수 있다고 믿은 이나모리는 이 아메바 경영을 교세라의 경영이념의 근간으로 삼게 되었다.

자료: gscaltexmedianhub.com

🔷 그림 7-10 아메바 경영의 성공조건

(4) 아메바 경영의 세 가지 목적

아메바 경영은 경영철학을 기초로 회사 운영에 관련된 모든 제도와 깊이 연관되어 있기 때문에 일반적인 '경영 노하우'와 다르다. 그러므로 아메바 경영을 배우려면 아메바 경영이 목표로 하는 바가 무엇인지 심도 있게 이해하지 않으면 안 된다.

아메바 경영의 목적은 다음과 같은 세 가지로 요약할 수 있다.

- 제1의 목적 : 시장에 직결된 부문별 채산제도의 확립
- 제2의 목적 : 투철한 경영자 의식을 가진 인재의 육성
- 제3의 목적 : 전원참가형 경영의 실현

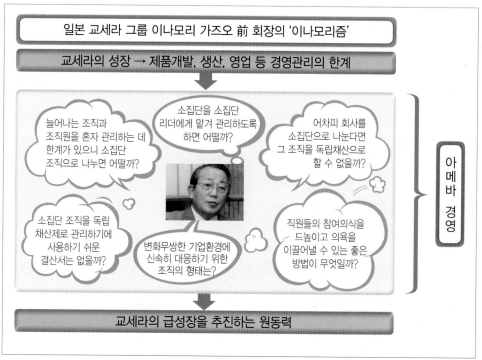

자료: m.blog.naver.com

🔮 그림 7 – 11 아메바 경영의 탄생 배경

4. 시장에 직결된 부문별 채산제도

(1) 필요한 것은 현재의 수치

많은 제조 기업들이 일반적으로 시행하고 있는, 경영에 대한 사후적인 체크를 통한 경영 수치에 이나모리는 큰 의미를 두지 않았다. 몇 개월 지난 원가 데이터를 기초로 하는 경영은 끊임없이 변하는 시장가격에 전혀 대응할 수 없다고 판단했다. 빠르게 변화하는 시장에서는 제품생산 과정에서 적시에, 신속하게 원가 관리를 할 필요가 있다. 경영자에게 필요한 것은 회사가 현재 어떠한 경영 상태에 놓여 있으며, 어떤 방법으로 상황에 대응해야 좋을지 판단할 수 있도록 해주는 현재의 '살아 있는 수치'뿐이라고 이나모리는 생각했다.

(2) 인간의 기준으로 옳은 것은 무엇인가?

이나모리는 창업 초기부터 많은 고민 끝에 경영에 있어서의 판단은 세상 모든 사람에게 통하는, '인간의 기준에서 옳은' 판단이라야 한다고 결론을 내렸다. 모든 사람들에게 보편타당한 윤리관이나 도덕에 맞는 판단이어야 한다는 것이다. 그는 '인간의 기준에서 무엇이 옳은 것인가'라고 하는 기준을 회사 경영의 원리 원칙으로 정하고, 이것을 기초로 모든 판단을 내리기로 했던 것이다.

(3) 매출은 최대로, 경비는 최소로

이나모리는 미야기 전기의 경리 전문가로부터 많은 경리 업무에 대한 자문을 구하고 있었다. 그러나 경리 업무에 문외한이었던 그로서는 '매출은 최대로, 경비는 최소로'라고 하는 단순한 내용을 경영의 원리 원칙으로 삼고 있었다. 그런 식으로 노력한 결과 교세라의 사업은 급속도로 확대되고 채산은 이전에 비해 훨씬 많이 향상되었던 것이다.

톰 피터스는 1982년 로버트 워터만과 함께 쓴 《초우량 기업의 조건(In Search of Excellence)》이라는 책으로 일약 경영 구루의 반열에 오른 인물이다. 그는 초우량 기업에서 공통적으로 다음과 같은 8가지 특징을 발견했다. △실행을 중요시한다. △고객에게 밀착한다. △자율성과 기업가 정신이 투철하다. △사람을 통해 생산성을 높인다. △가치에 근거해서 실천한다. △핵심 사업에 집중한다. △단순한 조직과 작은 본사를 지향한다. △엄격함과 온건함을 동시에 지닌다. 이 중에서 전략과 조직구조 측면에서 시사점을 주는 '핵심 사업에 집중한다'와 '단순한 조직과 작은 본사를 지향한다'를 제외한 나머지 6개 항목은 당시만 해도 학계나 업계의 주목을 받지 못했던 소프트한 이슈들이었다.

결국 "초우량 기업은 평범한 기업이 하지 않고 있는 일을 하는 것이 아니다. 평범한 기업도 하고 있는 일을 탁월하게 하고 있을 뿐이다."라는 사실을 발견한 것이다. 이나모리의 단순한 생각은 톰 피터스가 발견한 '초우량 기업의 조건' 바로 그것인지도 모른다.

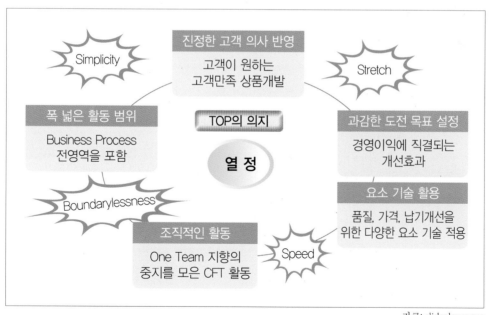

자료: slidsplayer.org

🌐 그림 7-12 초우량 기업의 이미지

'매출은 최대로, 경비는 최소로'라고 하는 단순한 원리 원칙을 전 직원이 일사불란하게 매진할 때, 기업은 오랜 시간에 걸쳐 고수익을 실현할 수 있게 된다.

(4) 원칙에 의거한 부문별 채산제도

'매출은 최대로, 경비는 최소로'라는 원칙을 전 직원들에게까지 철저히 적용시키기에는 한계가 있다. 경영의 중요한 지표인 매출과 경비는 현장의 직원들이 이해하고 실천에 옮기지 않으면 공염불에 그치고 만다. '매출은 최대로, 경비는 최소로'라는 원칙은 각 공정에서 실천에 옮기지 않으면 안 된다. 그러기 위해서는 각 공정의 리더가 원칙을 지키고 따르지 않으면 안 된다.

각 공정을 하나의 유닛 운영조직(unit operation)으로 분할하여 실천하는 방법을 생각했다. 가령 파인세라믹의 제조 공정은 원료, 성형, 소성(燒成), 가공 등의 공정으로 구분할 수 있다. 이와 같이 각 공정을 하나의 유닛 운영조직으로 분할해 원료 부문이 성형 부문에 원료를 판매한다는 사내 체제를 갖추면, 원료 부문에는 '판매'가 발생하게 되고 성형 부문에는 '구매'가 발생하게 된다. 다시 말해

자료: youtube.com

그림 7-13 아메바 경영의 핵심 키워드

서, 각 공정 간에 물건의 매매가 이루어지는 체제를 갖추게 되면, 각 유닛 운영 조직은 하나의 중소기업처럼 독립채산 단위가 된다. 그리고 각 유닛 운영조직이 '매출은 최대로, 경비는 최소로'라는 경영 원칙을 제대로 이해하면서 자주적으로 경영해 나갈 수 있다. 이와 같은 문제의식을 교세라에서는 '사내 매매' 또는 '사내 거래'라고 부른다. 이것이 바로 이나모리가 주창해온 아메바 경영의 중요한 특징인 것이다.

이와 같이 회사를 소집단 조직의 집합체로 간주하면, 경영자는 각 유닛 운영조 직이 보고하는 채산 상황을 확인하고 각 부문의 손익을 파악하여 회사 전체의 실태를 정확하게 파악할 수 있게 되는 것이다.

교세라는 이러한 문제의식 단계부터 아메바 경영 시스템의 원형이라고 부르는 소집단에 의한 부문별 채산제도가 구축되어 있다.

(5) 사장의 움직임에 대응하는 각 아메바 조직

'매출은 최대로, 경비는 최소로'라는 원칙을 전사적으로 실천해 나가기 위해서 이나모리는 조직을 세분화했다. 이 세분화된 각각의 조직을 하나의 독립채산 단위로 보고 '아메바'라고 명명했던 것이다. 각 아메바에는 책임자인 리더를 두고 그 소조직을 경영하도록 맡겼다. 상사의 승인은 필요하지만 아메바 각 리더에게 경영계획, 실적관리, 노무관리, 자재발주 등 경영 전반을 위임했다. 따라서 아메바 리더에게는 최소한의 회계 지식이 요구된다. 그래서 이나모리가 생각해낸 것이 바로 교세라 특유의 '시간당 채산표'라고 하는 회계관리 매뉴얼이다.

'시간당 채산표'에서는 각 아메바의 수입과 경비뿐만 아니라 그 차액인 부가가 치를 계산한다. 그리고 그 부가가치를 총 노동시간으로 나누어서 '시간당 부가 가치'를 계산한다. '시간당 채산표'의 사전 계획과 사후 실적을 비교함으로써 미 리 세워둔 매출계획, 생산계획, 경비지출계획 등의 진척 상황을 각 리더는 즉시 파악할 수 있으며 필요한 조치를 즉시 취할 수 있게 된다.

이와 같은 경영관리 시스템이 작동하게 되면, 가령 시장가격이 큰 폭으로 하락

하더라도 판매가격 하락이 아메바 간의 매매가격에 곧바로 반영되어 각 아메바는 경비 지출을 줄이는 등 즉시 대응할 수 있다. 시장에서 이루어지는 기술혁신에 따른 제품가격의 급속한 변화를 회사 내 구석구석까지 직접 전달할 수 있다. 뿐만 아니라 회사 전체가 시장변화에 즉시 대응할 수 있게 된다.

사내 매매(거래)를 실시한다는 것은 품질관리 면에서도 큰 효과를 기대할 수 있다. 비록 사내 거래라고 하지만 소위 '매매'의 형태를 띠고 있으므로, 구입하는 측 아메바는 상품의 품질이 충족되지 못하면 사내 구매를 하지 않으려 할 것이다. 따라서 각 공정 간에 요구되는 품질 수준에 도달하지 못하는 물건은 다음 공정으로 흐를 수 없다. 이 때문에 각 공정의 아메바 차원에서 품질관리가 제대로 실시될 수밖에 없다. 소위 '다음 공정은 고객'의 실천이 이루어지는 것이다.

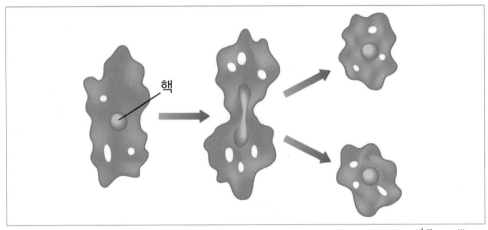

자료: seonjija.net

🏵 그림 7-14 아메바의 이분법

기업을 둘러싼 환경에 민감하게 반응하면서 유연하게 대응하려면 조직을 고정시키지 않고 사업전개의 상황에 맞춰 자유롭게 분할하거나 통합 또는 증식시키는 대응이 필요하다. 교세라의 소조직을 의미하는 '아메바'라는 말은 이와 같은 소집단 조직이 마치 자유자재로 세포분열을 반복하는 아메바와 같다고 해서 한 직원의 표현에 따라 탄생했다.

5. 아메바 조직 만들기

(1) 명확한 소집단 기능

조직은 경영의 근간이다. 그런데 상식적으로 조직을 만들면 인원이 점점 늘어나 조직이 비대해지기 마련이다. 조직의 비대화 현상을 막으려면 회사 운영에 꼭 필요한 기능을 기초로 조직을 편성해야 한다.

다른 회사를 모방하여 조직을 만들 것이 아니라 효율적인 회사운영을 위해서는 어떤 기능이 필요한지 검토하고 그 기능을 발휘하는 데 필요한 최소한의 조직을 생각해야 한다. 그 다음에 그 조직을 운영하는 데 필요한 최소한의 인원을 생각해야 한다.

창업 직후 교세라는 제조업체에 필요한 최소한의 기능으로 제조와 연구개발 그리고 영업 이외에는 많은 인원을 투입하지 않았다. 그 외의 다양한 업무를 담당하는 관리 부문 하나만 두었다. 5~6명 정도가 제조 및 개발 이외의 모든 일을 담당하는 린(lean) 조직을 구축했던 것이다.

아메바 조직은 큰 기업을 작은 조직의 집합체처럼 운영한다는 기본 발상 아래 전 조직원이 각자의 능력, 개성, 가능성을 최대한 발휘하고 개발하도록 한다. 이를 위해 조직을 고정화시키지 않으며, 자율성과 유연성을 바탕으로 조직편성의 변경, 분할, 증식이 수시로 일어난다.

자료: slidesplayer.org

🌀 그림 7-15 아메바 조직

아메바 경영의 조직 편성은 이처럼 먼저 기능이 있고, 그것에 맞춰 조직을 구축한다는 방식이다. 필요 최소한의 기능에 맞는, 군살 없는 조직을 구축하는 것으로부터 출발해야 한다.

(2) 모든 직원이 사명감을 가진 조직

교세라 설립 후 이나모리는 비록 사장이지만 직접 영업활동에 나서 고객의 주문을 받았다. 그리고 직접 제품 개발·제조에도 관여하는 등 일인다역의 역할을 했다. 그런 경험을 바탕으로 제조 기업 경영을 위해서는 최소한의 기능으로 영업, 제조, 연구개발, 관리 등 네 가지가 필요하다고 생각해서 조직을 구축했다.

조직을 기능별로 쪼개는 것만으로는 불충분하다. 회사가 하나가 되어 경영을 하기 위해서는 각 조직에 소속된 직원이 자기 조직의 기능과 역할을 제대로 이해하고 책임감을 갖는 것이 중요하다.

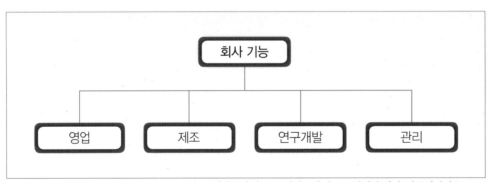

자료: 이나모리 가즈오, 이나모리 가즈오 아메바 경영, 한국경제신문, 2017

그림 7-16 교세라 초기의 기능별 조직

교세라에서는 제조, 영업, 연구개발, 관리에 관한 각각의 역할을 다음과 같이 설정하고 있다.

● 제조 : 고객을 만족시키는 제품을 만들어 부가가치를 창출한다.

- 영업 : 판매활동(수주에서 입금까지)을 통해 부가가치를 창출하고 동시에 고객의 만족도를 높인다.
- 연구개발 : 시장 수요에 입각한 신제품 및 신기술을 개발한다.
- 관리 : 각 아메바의 사업 활동을 지원하고 회사 전체의 원활한 운영을 촉진한다.

그리고 회사가 조직력을 충분히 발휘하기 위해서는 회사를 구성하는 각 조직이 자신들의 역할과 책임을 인식하고 무슨 일이 있어도 감당해야 한다는 사명감을 갖지 않으면 안 된다. 이것이 아메바 경영에 있어서 조직의 존재 이유가 규정되는 사항이다.

(3) 조직을 세분화하기 위한 세 가지 조건

각 아메바 조직은 회사 전체를 구성하는 하나의 기능을 담당하는 동시에 각각 자주적인 독립채산 체제로 활동하는 조직 단위이다. 아메바 조직을 편성하는 데 필요한 조건은 다음과 같은 세 가지이다.

- 조건 1 : 아메바가 독립채산 조직으로서 성립되는 단위여야 할 것. 즉, 아메바의 수지가 명확하게 파악되어야 할 것
- 조건 2 : 하나의 비즈니스로서 자기 완결성을 갖춘 조직이어야 할 것. 즉, 리더가 아메바를 경영하는 데 있어서, 창의적인 아이디어를 발휘할 수 있는 여지가 있어야 하며, 또 보람을 가지고 사업에 임할 수 있어야 할 것
- 조건 3 : 회사 전체의 목적 및 방침을 수행할 수 있도록 조직을 분할할 것. 즉, 조직을 세분화하는 것이 회사의 목적과 방침을 실현하는 데 저해 요인으로 작용하지 않도록 할 것

교세라 창업 후 조직을 쪼개어 나갈 때 이나모리는 제일 먼저 회사의 채산을

크게 좌우하는 제조 부문에 초점을 맞추었다. 그래서 제조 부문을 [그림 7-17]과 같이 공정별로 세분화해서 공정별 소조직을 구축한 것이다.

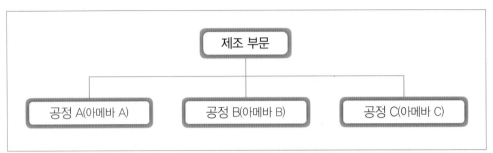

자료: 이나모리 가즈오, 이나모리 가즈오 아메바 경영, 한국경제신문, 2017
그림 7-17 제조 부문 공정별 세분화

회사가 성장함에 따라 생산 품종도 비약적으로 늘어나서 품종별로 아메바 조직을 구분해야 할 필요도 생겼다. 또한 공장이 좁아지면서 시가(滋賀) 공장과 같은 새로운 공장을 연이어 건립했으므로 공장별 조직의 필요도 생겼다. 이렇게 해서 공정별, 품종별, 공장별 등 다양한 조직편성을 단행했다. 그럼으로써 사업 성장에 발맞추어 아메바 조직의 수 또한 점차 늘어나게 되었다.

그림 7-18 교세라 시가(滋賀) 공장을 방문한 저자

그와 동시에 영업 부문도 지역별, 품종별, 고객별 등 다양한 구분을 기준으로 조직을 세분화했다. 이러한 세분화는 연구개발 부문과 관리 부문에 있어서도 같은 방법으로 적용되었다.

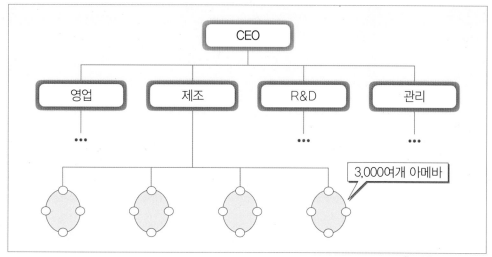

그림 7-19 아메바 조직의 전개

자료: blog.naver.com

거대한 조직은 느슨한 조직이다. 아니 오히려 비조직적이라고 할 수도 있다. 조직이 클수록 정보가 마지막 결정자에게 도달하기 전에 거치게 되는 필터가 많아진다. 때문에 훌륭한 아이디어는 종종 마지막 단계에 이르기 전에 소멸되어 버린다. 레인 네메스의 말이다.

(4) 젊은 인재를 리더로 육성

적당한 리더가 없는데도 덮어놓고 조직을 세분화해야 한다는 것은 말도 안 된다. 리더가 될 만한 인재가 부족할 경우에는 현재의 인재로 운영할 수 있는 범위에서 조직을 세분화하는 방법도 있다. 또는 일시적으로 상위의 부문장과 다른 아메바 리더가 겸직하는 것도 생각할 수 있다.

그러나 무엇보다 중요한 것은 경영자 의식을 가진 인재의 육성에 있다. 이것이 아메바 경영의 목적 중 하나이다. 가령 충분한 경험과 능력을 갖추고 있지 않더라도 리더가 될 만한 인재를 발굴해 그 사람에게 아메바 리더를 맡긴다. 이 경우에 그 리더에게 경영을 완전히 맡기지 않고 새로운 리더를 지도하고 감독하는 입장에 있는 사람이 그를 지도해서 육성해 나가도록 한다.

이나모리는 신규사업을 시작할 때 '인재야말로 사업의 원천이다'라는 생각을 가지고 있었다. 적절한 인재가 있어서 비로소 새로운 사업에 진출한다는 것이 그의 철학이다.

이러한 생각은 우리나라 삼성 그룹의 창업자인 고 이병철 회장의 철학과 일맥상통하고 있다. "기업은 곧 사람이다."라고 하는 것이 그의 경영철학이다. '인재제일'(人材第一)을 강조하는 삼성은 우수 인재 발굴을 통한 일자리 창출에 적극 앞장서고 있다. 삼성의 인사제도는 우리나라 기업 역사 속에서 채용문화를 주도했다는 평가를 받고 있다.

자료: iheadlinenews.co.kr 자료: zazak.tistory.com

그림 7-20 이나모리 vs 고 이병철

기업은 곧 사람이다. 기업이란 결국 그 내부를 구성하고 있는 인재의 질에 따라 성공과 실패가 갈리게 된다. 그렇기 때문에 기업을 창업해 크게 성공한 사람들은 제대로 된 인재에 대한 관심이 유난히 많고, 인재를 키우기 위한 나름대로의 노하우를 마련하는 데 노력해왔다는 공통점이 있다. 그래서 기업을 키우는 일은 사람을 키우는 것에 비유해도 무리가 아닐 것이다. 그런데 사람을 키우는 일은 회사가 나서서 돕는다고 하여 이루어지는 것이 아니라 스스로 인재가 되기 위해 최선을 다할 때 가능한 일이다. 그렇기 때문에 인재 육성은 창업자나 경영자가 이에 대해 어떤 신념을 갖고 사람을 대하는가가 매우 중요하다. 올바른 신념을 갖지 않고서는 결코 다른 사람을 자신이 추구하는 방향으로 이끌어갈 수 없기 때문이다.

🌐 그림 7-21 인재육성

마이크로소프트, SAP, 애플, 인텔, 페이스북 등 세계적으로 인재육성에 뛰어난 기업들을 살펴보면, 시스템을 개발하는 것 못지않게 조직의 모든 리더들이 직원들의 성장과 리더십 개발을 위해 노력하고 있음을 알 수 있다. 그렇다면 선진기업들은 어떠한 원칙으로 인재를 육성하고 있을까? 선진기업들의 인재육성 7원칙을 열거하면 다음과 같다.[4]

---

4) 정동일, 사람을 남겨라, 북스톤, 2015.

① 길게 보고 투자하라

인재육성을 잘하기로 이름난 기업들은 인재육성을 새로운 기술이나 신제품을 개발하는 것만큼 중요시하고 경기가 좋을 때나 안 좋을 때나 변함없이 투자를 아끼지 않는다. 조금만 경기가 시들해지면 교육예산부터 삭감하는 다수의 한국 기업들이 눈여겨봐야 할 점이다.

② 교육이 아니라 코칭으로 지도하라

인재육성에 뛰어난 기업들은 리더십 개발을 위해 강의와 같은 주입식 교육뿐 아니라, 실제 상황에 대한 해결책을 상사와 함께 찾아가는 액션러닝과 코칭을 적극 활용한다는 점이다. 인재사관학교로 유명한 기업들이 유독 인재육성에 코칭을 적극적으로 활용하는 이유는, 교육으로는 해결하기 힘든 업무상의 문제점이 현실에 너무 많기 때문이다.

③ 핵심인재 풀은 반드시 필요하다

핵심인재를 뽑자니 구성원들 사이에 위화감이 생길 것 같다며 주저하는 조직이 있는데, 핵심인재 풀의 운영은 꼭 필요하다. 물론 선발 과정은 객관성과 공정성, 투명성이 반드시 지켜져야 한다. 그리고 한 번 선발되더라도 향후 업무태도나 역량개발에 대한 노력, 애사심 등을 바탕으로 언제든지 아웃될 수 있고, 동시에 누구나 핵심인재가 될 가능성이 열려 있어야 한다.

④ 미래의 CEO는 '내부'에 있다

흔히 미국과 유럽의 월드클래스 기업들은 기업 내부에서 CEO를 발탁하는 것보다 외부에서 유명 CEO를 영입하는 것을 선호할 거라고 생각하는데, 사실은 그렇지 않다. 〈포춘〉이 선정한 인재육성 기업 리스트에서 2위를 차지한 제너럴 밀스(General Mills)는 90% 이상이 내부 승진이며, 3위를 차지한 P&G는 1837년 창립 이래 회사를 이끌었던 모든 CEO가 P&G에서 직장생활을 시작했을 정도로 CEO의 내부승진을 타협할 수 없는 원칙으로 믿고 실천하고 있다.

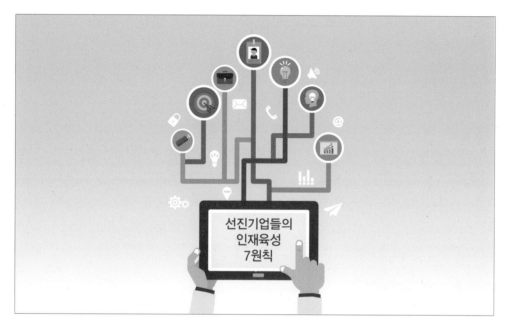

🕸 그림 7-22 선진기업들의 인재육성 7원칙

⑤ 조직의 전략과 인재육성 전략을 통합하라

인재육성에 실패하는 가장 큰 이유 중 하나는 뚜렷한 전략이 없기 때문이다. 좋은 사람을 뽑아서 열심히 키우다 보면 좋은 날이 오겠지 하는 막연한 기대만으로는 인재를 잘 키우는 조직으로 성장할 수 없다. 인재육성에 뛰어난 기업들은 먼저 '어떤 비전과 목표를 어떤 전략으로 달성할 것인가'를 출발점으로 삼는다. 이 말은 곧 '우리 회사의 전략을 추진하려면 어떤 역량이 필요한가'를 먼저 고민한다는 것이다.

⑥ 인재관리와 인재개발을 통합하라

인재사관학교들은 인재를 선발하고 관리하는 HRM(Human Resource Management) 기능과 개발하는 HRD(Human Resource Development)의 기능을 통합해 일관성 있게 실행한다는 점이다. 조직에 필요한 인재상을 구체적으로 파악해 선발하고 핵심역량을 바탕으로 교육하는, 선발과 교육이 일관된 원칙 아래 통합되는 것은 무엇보다 중요하다.

⑦ 리더로서의 경험을 미리 쌓게 하라

인재사관학교들은 잠재력이 뛰어난 인재들에게 업무를 전략적이고 미래지향적으로 부여함으로써, 리더로 성장하는 데 필요한 경험을 하게 한다. 이때 단순히 업무영역만 다양하게 주어서는 안 된다. 리더가 알아야 할 여러 업무뿐 아니라, 전략적 주요시장에 대해 미리 경험하고 이해하게 함으로써 글로벌 리더로 성장할 기회도 부여하는 것이 좋다.

🔱 그림 7-23 핵심인재 육성

6. 시간당 채산제도

(1) 전 직원의 높은 채산 의식

이나모리는 창업 당시 경영과 회계에 관한 소양이 전혀 없어서 회사 경영을 가능하면 간단하게 파악하려고 했다. 따라서 '매출은 최대로, 경비는 최소로 하면 결과적으로 그 차액인 이익이 최대화한다'라고 하는 원리 원칙을 고수했다.

'매출은 최대로, 경비는 최소로'라는 원리 원칙은 이나모리가 고안해낸 시간당 채산제도의 기초가 되었다. 먼저 고객이 필요로 하는 제품 및 서비스를 제공할 때 불필요한 지출은 억제하는 것이 경영의 기본이다. 일반적으로 매출이 늘어나면 경비 또한 그에 맞게 늘어날 수밖에 없다. 그러나 현실적으로 반드시 그런 것은 아니다. 매출이 늘어나도 지혜를 짜내면 경비를 줄일 수 있는 것이다. 창의적인 아이디어를 통해 매출을 늘리는 한편 경비를 철저히 줄이는 것이 경영의 원

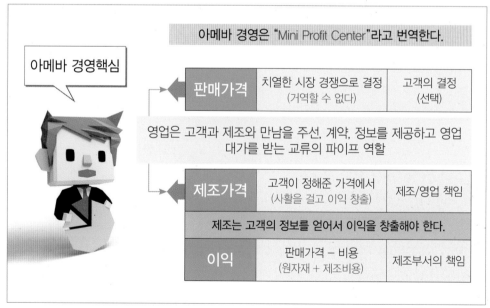

자료: youtube.com

그림 7-24 아메바 경영 채산표

칙이다. 이 원칙을 교세라 전 직원들과 함께 실천해 나가기 위해서는 어떻게 할 것인가. 어찌하면 매출이 늘어나는지 그리고 경비는 어디서 어떻게 발생하는지를 현장에서 일하는 사람들이 쉽게 이해할 수 있도록 하지 않으면 안 된다.

영세한 중소기업에서는 회사 내부에 경비처리를 담당하는 사람을 별도로 두지 못하고 재무제표의 작성을 외부 전문회사에 맡기는 경우가 많다. 매출전표나 경비지출전표 등을 일주일 내지 한 달 단위로 모아서 외부의 세무사나 공인회계사 사무소에 맡기는 것이다. 이런 식으로 하다 보면 경영의 결과로서 나타나는 수치를 '우리 스스로 만든다'는 생각을 할 수 없다.

대기업에서는 ERP 등의 컴퓨터 시스템이 도입되어 각 현장에서 바로 데이터가 입력된다. 그 데이터가 경리 부문의 컴퓨터로 연결돼서 자동적으로 집계되면서 결산이 이루어진다. 그렇지만 경리 부문에서 집계된 결산 결과가 현장으로 다시 피드백되는 경우는 많지 않다. 따라서 회사의 현재 상태가 어떠한지 현장 사람들이 전혀 모르는 회사도 존재하는 것이다.

혹은 현장 직원들에게 경영 실태를 알리기 위해 재무제표 등 경리 자료를 그대로 전달했다고 하더라도 그들에게는 이 자료가 매우 복잡해서 이해하기 어렵다. 따라서 자신의 업무와 직접 연관되는 수치라는 것도 알아차리지 못한다. 그래서 일반 가정에서 사용하는 가계부처럼 누구나 쉽게 각 부문의 수지 상황을 파악할 수 있도록 고안해낸 것이 '시간당 채산표'다.

처음에는 아메바 리더가 실적 관련 수치만을 사후적으로 표 안에 기입해 넣는 방식이었지만, 이후에는 월초에 실적을 사전적으로 예상해서 기입하도록 하였다. 지금은 각 아메바가 자신들의 월차 단위 활동계획을 구체적인 예상 수치를 시간당 채산표 형태로 나타내고, 이것을 실제 활동에서 발생한 매출 및 경비 실적과 비교하면서 채산을 관리하고 있는 것이다.

더 나아가서 시간당 채산제도 아래에서는 사업 활동의 성과를 '부가가치'라는 척도로 파악하도록 하고 있다. 여기에서 부가가치란 매출액에서 제품을 만들기 위해 소요된 재료비, 설비기계 감가상각비 등 노무비를 제외한 모든 경비를 뺀 것이다. 자신이 창출한 부가가치의 수준을 알기 쉽게 나타내기 위해서 단위 시간당 부가가치, 즉 총 부가가치를 총 노동시간으로 나눈 시간당 부가가치를 산출한다. 이것이 교세라에서 소위 '시간당'이라고 줄여서 부르는 시간당 부가가치 지표인 것이다.

이러한 시간당 부가가치 지표에 따라 각 아메바는 연차 및 월차 등의 목표를 설정해서 실적을 관리하고 있다.

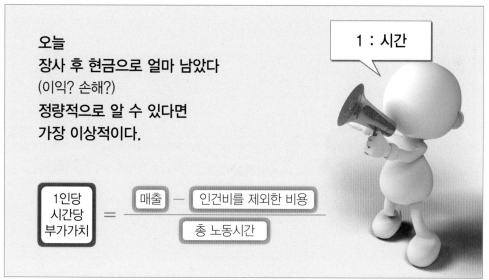

자료: youtube.com

🔷 그림 7-25 시간당 채산제도

(2) 표준원가 방식과 아메바 경영의 차이점

대부분의 제조 기업의 제조 부문에서 도입하고 있는 표준원가 방식은 공장의 회계 기법으로 제품 원가관리, 재고평가, 제조 부문의 실적평가 등에 있어서 중요한 역할을 하고 있다.

표준원가 계산은 실제원가 계산이 원가관리에 적절한 정보를 제공하지 못하여 개발된 방식이다. 원가관리 이외에 원가절감, 경영계획 설정에 대한 측면에서 많은 기여를 하고 있다. 그런데 실제원가 계산은 몇 가지 문제점이 있다.

방법	결정시기	판매가격 결정 방법	가격 결정 주체	절감 목표
표준원가	완성 후	제조원가 + 영업부가 마진을 붙여 결정	**영업** 영업의 수주, 가격 결정 후 통보	연간, 분기별로 절감 목표를 세우고 최대한 절약
목표원가	제품기획	제품원가를 설계, 양산 이전 단계에서 70%~80% 결정	**제품기획** 기획단계부터 시장 판매가능 목표가격을 결정	판매가격은 초기부터 결정하는 방식
시장가격 원가	시장 환경에 따라 수시로	기본적으로 동일 성능, 경쟁사 중심의 시장가격기준에서 경쟁하여, 당시에 수주한 금액으로 결정	**생산** 원가의 대부분을 집행하는 생산이 주체가 되어 원가를 결정	매 수주마다 시장에서 결정된 가격으로 이익을 내야 하는 방식

자료: youtube.com

🌐 그림 7-26 판매가격 결정방식

첫째, 실제원가의 변동성(우연적 원가라고도 함)을 들 수 있다. 실제원가에 영향을 미치는 것은 가격이나 작업능률뿐만 아니라 1회의 생산량, 제품종류, 기타 여러 요소가 있다. 이 중에서도 조업도 또는 생산량의 증감에 미치는 영향이 절대적이다. 예를 들어, 불황일 때 생산량은 낮다. 그러나 고정비는 생산량의 많고 적음에 관계없이 항상 일정액이 발생하므로 소량의 제품이 이를 부담하게 되고 그 결과 제품의 실제 단위원가는 높아진다. 반대로 호황일 때는 생산량이 많아지고 제조간접비 중의 고정비는 일정액만 발생하므로 일정액의 고정비를 다수의 제품이 부담하므로 실제 단위원가는 낮아진다. 이같이 제품의 실제 단위원가 중에 가격, 효율, 조업도 및 기타 원가에 영향을 미치는 모든 우연적 변화가 그대로 혼재되어 있다.

둘째, 실제원가 계산은 반복계산을 한다는 점이다. 실제원가 계산에서는 마지막 제품별 계산까지 통상 반복계산을 한다. 예를 들어, 제조간접비가 월말에 실제발생액이 집계되지 않으면 원가계산이 불가능하며, 원가요소별 계산이 끝나지 않으면 제품별 계산은 되지 않고, 제1공정의 원가계산이 끝나지 않으면 제2공정의 원가계산을 할 수가 없다. 따라서 시간과 노력이 필요하고 계산이 늦어진다. 이렇게 때문에 1개월 후 혹은 2개월 후가 아니면 계산되지 않은 일도 있다. 이와 같은 원가계산의 지연은 원가관리에는 치명적이다. 2개월 전의 원가가 3개월 전에 비해 높거나 낮아진 사실이 경영자에는 의미가 없다.

교세라와 같은 납품업자로부터 전자제품을 구입해서 TV를 조립하는 경우 경리 부문에 소속되어 원가계산을 담당하는 직원이 제품생산에 소요되는 원가계산을 한다고 하자. 이때 이전 시기의 원가를 계산하고 "이번 시기에는 이전 시기 대비 10% 절감을 목표로 원가를 내려 보자."는 지시가 나오게 된다. 이런 지시를 받은 제조 부문은 이전 시기에 비해 10% 낮춘 목표 원가를 설정해 그 범위 내에서 제품을 생산할 수 있도록 노력할 것이다. 그러나 제조 부문에서는 목표 원가 범위 내에서 제품을 생산할 수 있게 되면 자신의 책임을 다한 것이 되므로, 스스로 이익을 내야겠다는 의식은 전혀 갖지 않게 된다.

자료: blog.jinbo.net

🔰 그림 7-27 아키하바라 전자상가

다음으로 제품이 완성되면 영업 부문이 제조 부문으로부터 제품을 표준원가로 받게 된다. 그 제품의 원가에 마진을 붙여 판매가격을 정하고 판매는 모두 영업 부문의 재량이며 책임인 것이다. 그런데 영업 부문 직원들 중에는 "시장경쟁이 워낙 치열해서 원가에 이익을 조금만 포함시켜서 팔 수밖에 없다."며 회사 전체의 이익을 고려하지 않고 안이하게 가격을 결정해버리는 사람들이 있다. 그렇게 되면 영업 경비를 차감하다 곧 적자로 전락하고 만다. 사실 가격을 결정하는 것은 영업 담당 임원이 아니다. 영업 담당자가 아키하바라 등 전자제품 상가 거리에서 조사한 결과를 토대로 가격을 결정하는 것이 일반적이다. 그런데 결국은 영업을 시작한 지 얼마 안 된 담당자가 회사 경영의 중요한 사항을 결정하게 되는 셈이다.

지금도 표준원가 방식을 토대로 일부 영업 담당자가 그 기업의 경영을 좌지우지하는 가격결정 및 이익관리를 도맡아 하는 회사가 다수 존재하고 있다. 이와 같이 얼핏 보아 체계적인 시스템으로 보이지만 실제로는 직원들의 능력을 제대로 활용하지 못해 회사가 제대로 기능을 발휘하지 못하는 경우가 비일비재하다.

자료: info.adtechglobal.com

🔯 그림 7-28 Cost Center or Profit Center?

이에 비해 아메바 경영의 경우에는 제품의 시장가격이 기본이 된다. 사내 거래(매매)에 의해서 시장가격이 각 아메바로 전달되어 그 사내 매매가격에 따라 생산 활동이 이루어지고 있다. 그리고 제조 부문의 아메바가 독립적인 채산 부문(profit center)이기 때문에 제품의 판매가격으로 이익을 낼 수 있도록 아메바가 책임을 지고 비용을 줄이는 데 온 힘을 다한다. 즉, 주어진 표준원가로 제품을 생산하는 것이 아니라 시장가격을 바탕으로 아메바 스스로 창의적인 지혜를 통하여 비용을 줄여서 자신의 이익을 내려고 최선을 다하는 것이 제조 부문 아메바의 의무이자 사명이다. 그러니 직원의 대부분을 차지하는 제조 부문에서 자신이 만든 제품의 원가밖에 모르는 일반적인 회사와 아메바 경영을 도입한 회사 직원들의 채산의식이 큰 차이를 보일 수밖에 없다.

아메바 경영을 적용하고 있는 제조 부문에서는 표준원가 방식과 같이 원가만을 추구하는 것이 아니라, 제조업체 본연의 역할이라고도 할 수 있는 스스로의 창의력을 발휘하여 제품의 부가가치를 창출해내는 데에 노력을 경주하는 것이다.

제4차 산업혁명을 위한 조직 만들기
| 아메바 경영의 진화 |

Chapter 08

이나모리의
경영철학

Chapter 08 이나모리의 **경영철학**

1. 부하와의 신뢰관계 구축

일본 기업에서는 도대체 어느 정도의 사람들이 동료의식을 가지고 일하고 있을까?

2015년 1월 시점에서 비정규직 사원도 포함하면 일본의 노동자 인구는 약 89%의 사람들이 회사 조직에 속하는 피고용자에 해당된다.

동료들 간의 협조에 의한 사람과 사람의 상승효과로 부가가치를 낳는 것이 회사에서 일하는 큰 장점이다. 그 중에서 사명감을 갖고 동료와 함께 생기가 넘치게 일하는 사람은 대체로 얼마나 있을까?

모처럼 많은 사람과 관련되어 일을 한다면, 일하는 사람끼리 마음이 통하고 진정한 신뢰관계를 쌓아간다면 좋을 것이다.

이나모리 가즈오는 그와 같이 서로를 이해하고 서로 신뢰할 수 있는 조직에 중요한 것은 파트너십이라고 하는 횡적(橫的) 관계라고 말한다. '교세라 철학'의 '파트너십을 중시한다'라고 하는 항을 소개하기로 한다.[1]

"교세라는 창업 이래 서로 마음이 통할 수 있고 신뢰할 수 있는 동료의식을 목표로 하여, 이것을 바탕으로 일을 해왔습니다. 따라서 사원들끼리는 경영자와

---

1) 岩崎一郎, なぜ稲盛和夫の經營哲學は, 人を動かすのか?, CrossMedia Publishing, 2016.

종업원이라고 하는 종적(縱的) 관계가 아니라 하나의 목적을 향해서 행동을 같이 하고 자신의 꿈을 실현해 가는 동지 관계, 다시 말하면 파트너십이라고 하는 횡적(橫的) 관계가 기본으로 되어 있는 것입니다.

자료: blog.hani.co.kr

🔷 그림 8-1 교세라 철학 '파트너십'

일반적으로 세상에 흔히 있는 권력이나 권위에 바탕을 둔 상하관계가 아니라, 뜻을 같이 한 동료가 마음을 하나로 해서 회사를 운영해옴으로써 오늘의 발전이 있습니다.

이것은 파트너로서 서로 이해하고, 서로 신뢰할 수 있는 인간끼리의 결속(結束)이 되었기 때문에 비로소 가능했던 것입니다."

리더십을 발휘하려면 먼저 부하와의 신뢰관계를 쌓는 '파트너십 행동', 다음에 일할 의욕을 고취시키는 '모티베이션 행동'의 두 단계가 있다고 한다.

신뢰관계가 형성되어 있지 않은 상사로부터 "힘내라! 분발해라!"고 단지 질타격려(叱咤激勵)를 받더라도 부하의 일할 의욕은 높아지지 않는다. 파트너십 행동이 되어 있지 않으면 모티베이션 행동은 가동되지 않는 것이다.

이나모리가 말하는 부하와의 신뢰관계를 바탕으로 한 '파트너십이라고 하는 횡적 관계'를 쌓는 것이 리더에게 있어서 무엇보다도 중요하다고 하는 것이다.

🔷 그림 8-2 신뢰관계

제8장의 전반부는 주로 '파트너십 행동'에 대해서, 후반부는 '모티베이션 행동'에 대한 뇌과학(腦科學)의 연구결과를 소개하기로 한다.

먼저 제1절에서는 파트너십을 쌓기 위해서 리더는 부하에 대해서 어떻게 접촉할 것인지, 뇌과학의 관점에서 설명하기로 한다.

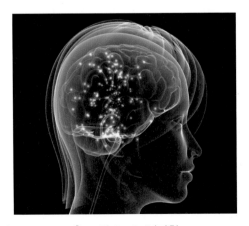

🔷 그림 8-3 뇌과학

(1) 리더의 무심한 말이 부하의 뇌에 미치는 영향

"저의 말에는 에너지가 어지러이 날고 있다고 하는 느낌이 들 겁니다. (중략) 그것은 바로 옛날부터 일컫는 말의 신묘한 힘(言靈)입니다. 말에는 혼(魂)이 있어서 그것이 어지러이 나는 것입니다."[2]

자료: blog.naver.com

🏵 그림 8-4 세이와주쿠(盛和塾)[3]

뇌과학의 연구에서는 리더의 말이 부하의 뇌에 큰 영향을 미치고 있다는 것을 알고 있다.

미국 케이스 웨스턴 리저브 대학교(Case Western Reserve University) 보야츠스 박사 등은 리더가 하는 말이 부하의 뇌에 어떠한 영향을 미치는지를 조사했다.

---

2) 機關誌〈盛和塾〉126號 塾長講話 第122回 "リーダが持つべき'考え方'と'熱意'", p.18.
3) 이나모리 가즈오 회장의 경험과 철학을 전수하기 위한 모임.

먼저 피험자 8명(근속년수 28년)에게 '부하의 일하고 싶은 마음을 높여주는 리더'와의 관계에서 즐거웠던 일을, 또 '부하의 일하고 싶은 마음을 꺾는 리더'와의 관계에서 싫었던 일을 구체적으로 이야기하게 해서 녹음을 했다. 그 후 기능적 MRI(fMRI : 뇌의 활성을 조사하는 장치)에 넣고 녹음한 자신의 음성을 듣고 있을 때 뇌의 활성 부위를 살펴보았다.

그러자 흥미진진한 사실을 알 수 있었다.

사이가 나쁜 리더로부터의 말로 부하의 뇌기능이 저하한다

부하와의 사이가 나빠서 일하고 싶은 마음을 없애버리는 리더와의 싫은 경험을 상기하면, 뇌의 두 부위(전대상회와 후대상회)가 불활성화한다는 것을 알았다.

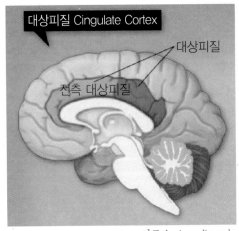

자료 : brainmedia.co.kr

◈ 그림 8-5 전대상회(前帶狀回, 전측 대상피질)과 후대상회(後帶狀回, 후측 대상피질)[4]

에러(error)의 검출에도 관련된 부위(전대상회)의 움직임이 둔해지고, 난이도가 높은 과제를 풀 때에 미스가 일어나기 쉬워져버린다. 그와 동시에 과거의 성

---

4) 전대상회는 어려운 과제를 담당하고 에러를 검출한다. 후대상회는 과거의 에피소드를 기억하고 성공체험을 이미지화한다.

공체험을 이미지화하는 부위(후대상회)도 활동이 둔해지기 때문에, 자기자신에 대해서 점점 자신감을 잃어버린다고 하는 무기력에 빠져버린다.

부하와 마음이 통하는 리더의 말은 부하의 뇌를 활성화한다

한편, 부하와 마음을 통하게 하여 일하고 싶은 마음을 높여주는 리더와의 즐거웠던 경험을 상기할 때, 부하에게 희망·자비로움·쾌활함·주의 깊음 (mindfulness) 등의 감각이나 성장의욕을 일으켜 세우는 뇌의 회로(뇌의 부위에 서는 도피질, 전대상회, 피각)와 적극적인 기분을 일으켜 세우는 뇌의 액셀(가속 장치, 즉 좌전두전야, 左前頭前野)이 활성화된다.

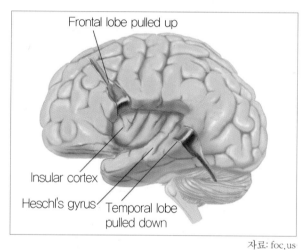

자료: foc.us

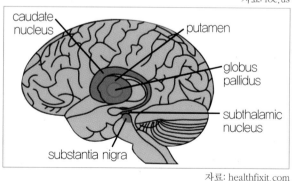

자료: healthfixit.com

🏵 그림 8-6 뇌의 구조

전대상회(前帶狀回)는 전술한 바와 같이 에러 검출과 관련된 부위이며, 활성화하면 미스나 실수를 알아차리게 된다. 그리고 피각(被殼, putamen) 혹은 조가비핵은 학습과 관련된 부위이며, 실패로부터 배우는 것으로 같은 미스를 반복하지 않도록 되는 것이다. 또한 도피질(島皮質) 혹은 섬피질(insular cortex)은 사람의 기분을 판단하는 것과 관련되며, 여기가 활성화하면 사람의 기분에 민감해지므로, 팀워크가 개선된다.

이런 타입의 리더는 감수성이 높고, 사람의 기분을 민감하게 헤아려 알아서 배려할 수 있으므로, 적극적인 기분으로 일에 매진하도록 부하의 뇌를 활성화시킬 수 있는 것이다. 또한 주의 깊음(mindfulness) 상태가 되면 집중력, 회복력, 공감력 등이 높아진다는 사실이 알려져 있다. 미국의 대기업에서 사원교육의 일환으로서 도입하고 있다.

리더의 사고방식이나 행동으로 부하의 뇌가 어떻게 영향을 받는가 하는 연구는 앞으로도 계속될 것이다.

부하와의 관계를 상하관계만으로 딱 잘라 결론짓는 것의 폐해(弊害)를 위의 연구가 이야기하고 있다. 경영자(고용자)와 피고용자라고 하는 종적 관계를 기초로 해버리면, 경영자는 '자기의 지시에 따르는 것은 당연'하다고 하는 기분이 되는 경향이 많고, 종업원도 '상사가 시켰기 때문에'라고 하는 식으로 수동적으로밖에 일에 임하지 않게 된다.

자료: blog.joins.com

🏵 그림 8-7 이나모리 가즈오의 파트너십 경영

이나모리는 종업원을 파트너로서 맞아들여, 마음과 마음이 서로 통하는 관계, 일체감을 가진 조직을 만드는 것이 중요하여 "단순한 샐러리맨을 넘어선 형제 혹은 부모와 자식 같은 기분으로 함께 일을 해가자."고 말하고 있다.

마음과 마음이 서로 통하는 관계, 마음이 하나가 된 상태가 뇌의 활성을 높이고, 모두가 적극적인 자세로 일에 매진함으로써 일하는 것 그 자체에 행복을 느끼게 되기 때문이다.

이나모리가 마음과 마음이 서로 통하는 관계를 구축하는 것이 기업 경영의 첫 걸음이라고 하는 이유도 뇌과학적으로 수긍할 수 있다.

(2) 감사의 마음을 전하면 부하의 일하고 싶은 마음이 생긴다

"사내에 인화(人和)가 없으면, 고객에게 즐거움을 드릴 수 없습니다. 왜냐하면 제품에는 그것을 만드는 사람의 마음이 반영되어 있기 때문입니다. 그런데 '내가 어쨌다는 거야'라고 하는 이기적인 생각으로는 사내에 화목을 만들어 갈 수 없습니다.

우리들이 오늘이 있고, 그리고 마음대로 일할 수 있는 것은 고객이나 거래처는 물론 직장의 동료, 가족이라고 하는 주위의 많은 사람들의 지원이 있기 때문입니다. 결코 자기들 혼자만으로 여기까지 온 것은 아닙니다.

이러한 사실을 잊지 말고, 항상 주위에 감사하는 마음을 가지고, 서로 믿을 수 있는 동료가 되어 일을 추진해 가는 것이 중요합니다."[5]

헬렌 켈러는 "우리가 가진 바 때문에 감사하는 것이 아니라, 우리의 된 바로 감사해야 한다."고 말했다.

고객에게 "감사합니다."라고 전하는 일이 있더라도, 우리들은 평소 주변 사람들에 대한 감사의 말을 잊어버리는 경향이 많다.

---

5) 《京セラフィロソフィ》 '感謝の氣持ちをもつ' p.74.

자료: blog.daum.net

🕸 그림 8-8 이나모리 가즈오 명예회장이 자신의 경영철학을 전수하기 위해 만들어진
경영 모임 세이와주쿠(盛和塾)에서 기업인들에게 조언을 해주고 있다

특히 사원에 대해서 '일하는 것은 당연', '그건 당연한 일이지'라고 무의식중에 생각해버리는 경영자도 있을지 모른다.

그러나 이나모리는 사원에 대한 감사의 마음을 표시하는 것을 대단히 중요하게 여기고 있다.

직장에서의 감사가 일하는 사람에게 어떠한 영향을 미치는가라고 하는 것에 대해서는 미국 펜실베이니아 대학의 그란트 박사 등이 흥미진진한 연구를 하고 있다.

감사의 말이 가져오는 힘이란

41명의 대학 직원을 A와 B의 두 그룹으로 나누어서 대학 OB에 전화를 걸어 기부금을 모으는 일을 하게 했다.

그 결과, 1주일 만에 1인당 40건 전후로 그룹 간에 차이는 보이지 않았다. 그래서 대학기금의 회장이 A그룹에 대해서 한 사람 한 사람에게 다음과 같이 일의 의의와 감사의 말을 전했다.

"이 기부금을 모으는 일은 대학을 위해서 대단히 중요하고, 우수한 학생을 많이 배출해서 사회에 공헌할 수 있도록 하게 되는 것입니다. 여러분은 정말로 홀

류한 일을 해 주시고 계십니다. 엄청난 노력을 해 주시고 계신 데 진심으로 감사
드립니다.”

그 결과, A그룹은 전화를 하는 건수가 1.5배 늘고, 특히 아무 것도 하지 않은 B
그룹에는 변화가 없었다.

또한 A그룹 사람들은 ‘자신은 사회에 도움이 되고 있다’고 하는 마음이 13% 강
해졌다고 하는 것이다. 이 그란트 박사 등의 연구로부터도 알 수 있듯이, 상사가
부하에게 일의 의의를 설명하고 감사의 마음을 전함으로써 부하의 행동이 변하
는 것이다.

자료: familyofchang.com

🔷 그림 8-9 감사하는 마음

미국 국립위생연구소의 잔 박사 등의 연구로부터, 리더의 감사하는 마음이 깊
어지면 구성원의 일하고 싶은 마음을 일으키는 뇌 내 물질 도파민의 방출량이
증가한다는 것을 알 수 있다.

매일 감사의 마음을 전하는 것이 구성원의 일하고 싶은 마음을 일으키고, 적극성을 높이는 비결이다.

빈번하게 감사하는 것을 볼 수 없다고 생각할지도 모르지만, 중요한 것은 '지금 여기에 살아 있다는 것에 감사'라고 하는 마음으로 매일 매일을 지내는 일이다. 리더가 구성원에게 날마다 감사의 마음을 전하게 되면, 일하는 사람들의 성장의욕이 높아지고, 상하의 간격이 없는 일체감이 생긴다. 이와 같은 감사는 종교적이 아니라 뇌과학의 관점에서 보더라도 대단히 중요한 것이다.

"Dopamine is a neurotransmitter that helps control the brain's reward and pleasure centers. Dopamine also helps regulate movement and emotional response, and it enables us not only to see rewards, but to take action to move toward them."

자료: binmaum.blogspot.com

그림 8-10 도파민은 신경전달물질로, 뇌의 보상과 쾌락 센터를 통제하도록 돕는다.

수동적인 구성원의 일하고 싶은 마음을 일으키려면

실제로 많은 기업의 경영자들이 고민하고 있는 것은, 구성원들의 적극성이 부족하고 일도 시키니까 마지못해 한다고 하는 식의 무기력증이다. 어떻게 하면 수동적인 구성원들을 능동적으로 일하고 싶은 마음이 생기도록 할 수 있을까.

구성원들에게 '인사'나 '간단한 위로' 등의 말을 적극적으로 걸게 하고, 조그만 일에도 '감사의 마음'을 표시하도록 전한다. 그때 단순히 감사를 말하는 것이 아니라, 정말로 깊은 감사의 마음을 느끼면서 마음속으로부터 말하도록 하는 것이다.

그런 연습을 계속하다보면 구성원들은 적극적인 발언이 나오게 되고, 발전적으로 일에 매진하게 된다. 감사의 마음을 빈번하게 전하는 것만으로 일하는 사람들의 마음이 적극적으로 바뀌고, 일에 매진하는 자세가 크게 변하는 것이 실증적으로 밝혀졌다. 겉치레의 말뿐만 아니라 정말로 감사의 마음을 느끼고 그것을 표현하는 것이 중요한 포인트이다.

2. 존경받는 리더

종업원과 마음과 마음이 서로 통한 파트너십을 구축하기 위해서 중요한 것은, 그들에게 마음속으로부터 존경을 받는 리더가 되는 것이다.

훌륭한 리더의 신용·신뢰에는 '논리면', '윤리면', '감정면'의 세 가지 측면이 있다. 존경받는 리더가 되려면 능력이 있는 것(논리면)만으로는 불충분하다. 올바른 윤리관을 갖고 그것을 실천하고 있을 것(윤리면), 상대방의 마음에 바싹 달라붙는, 상대방의 입장이 되는(감정면) 쪽이 리더로서는 오히려 중요한 것이다.

사람은 자신의 고생이나 마음을 깊이 이해하고 자신에게 바싹 달라붙어 주는 사람에게 강한 친밀감을 느낀다. 이때 무엇보다 중요한 것이, 보상을 바라지 않고 사심이 없는 마음으로 다가붙는 것이다.

자료: jsd-renewal.com

그림 8-11 역지사지(易地思之)

이나모리는 그때그때 상대방을 염려하는 행동을 자연스럽게 한다고 한다. 교세라 전 임원인 오카가와(岡川健一) 씨는 회사의 수영대회에서 이나모리 회장과 비와꼬(琵琶湖)에 갔을 때의 에피소드를 다음과 같이 말한다.

"모두가 잇따라 호수에 수영을 하러 들어가는데, 나는 수영을 못하므로, 호숫가에서 외따로 있었습니다. 거기에 이나모리 회장이 찾아와서, 아무 말도 하지 않고 나의 손을 잡아당겨 물 쪽으로 간다고 생각했는데, 갑자기 나를 업고 헤엄치기 시작했던 것입니다. 너무 감격해서 눈물이 나왔지요."

이와 같이 이나모리는 사람의 마음을 잘 알아서 감정면의 리더십을 발휘하고 있었던 것을 엿볼 수 있다.

자료: m.blog.naver.com

그림 8-12 직원들의 행복을 지키는 것이 내 운명이다

뇌과학 연구로부터 보면, 상대방에게 다가붙는다거나 혹은 완전히 상대방이 되어버린다고 하는 것은, 자신과 상대방의 뇌의 활성이 동시에 일어나고 있다는 것을 의미한다. 이 뇌의 동시 활성화는 상대방과 같은 감정이 됨으로써, 상대방과 한 몸이 됨으로써 일어난다고 한다.

(1) 리더가 어떻게 접촉하는가에 따라 부하의 일하고 싶은 마음이 변한다

"제 자신에게 거기까지 경영의 경험이 없었기 때문에, 혼자서 경영한다는 것에 대해서 불안하고, 자신이 없었던 것입니다. 또한 리더로서 모든 사람을 지도하고 끌어당기는 것에도 자신이 없었습니다. 그러한 불안이 거듭되어 '모두 함께 경영을 하자', '모두 같이 생각하자'라고 하게 된 것입니다. 대단히 나약한 리더이지 결코 훌륭한 동기가 있었던 것은 아닙니다.

보통 위에서 명령을 받은 경우에 '명령을 받았기 때문에, 일을 한다'고 하는 식이 되어버립니다. 명령을 받은 사람은 자신의 의사를 활용하지 않고, 또한 문제의식을 가지고 일을 수행하고자 하는 마음이 아니라 위에서 시키니까 할 수 없다는 식이 되는 경향이 많습니다. 다시 말하면 그 사람의 행동은 무목적이고, 무의식적인 것입니다. 자신의 의사로, 의식적으로 명령받은 것을 실행하고자 하는 것이 아니라, 단지 상사가 시켰다고 하는 이유만으로 무목적이고 무의식적인 행동을 하고 있는 것에 지나지 않습니다. 이것은 '하라는 대로만 하면 된다, 시킨 일을 최소한도로 실행하면 된다, 꾸지람을 받지 않을 정도로 실행하면 된다'고 하는 식으로 대단히 소극적인 행동밖에 되지 않습니다.

그것에 비해서 스스로 참가하는 경우에는 마음가짐이 다릅니다. 어디까지나 일반 종업원입니다만, '너와 내가 하나가 되어 회사의 경영을 생각해 주게. 나 혼

이나모리 가즈오의 아메바 경영

회사 조직을 **작은 팀**으로 나누고 **팀별 수익성**을 산출해 이를 바탕으로 **효율성**을 **최대로 끌어올리는 경영기법**

자료: gscaltexmedianhub.com

🔷 그림 8-13 모든 사원이 경영에 참여하고 있다는 의식을 가지게 만들어, 경영자의 시각으로 업무를 바라볼 수 있도록 만드는 아메바 경영

자서 경영을 해나가는 것은 불안하므로, 자네의 지혜도 빌려주게'라고 말하며 경영에 참가하면, '사장은 나를 그렇게까지 인정해 주고 있는가'라고 해서 '그렇다면 자신도 이 회사가 잘 되기 위해서 열심히(一生懸命) 생각하자'가 됩니다."[6]

부하에게 사기를 높여서 일을 하게 하고 싶다는 생각은 어떠한 리더라도 갖고 있다. 그런데 현실은 어떠한가.

미국 케이스 웨스턴 리저브 대학(Case Western Reserve University) 잭 박사 등이 매우 쇼킹한 연구를 발표하고 있다.

부하의 능력을 이끌어내는 리더란?

두 사람의 리더에게 부하와 이야기를 하게 한다. 두 사람의 리더가 이야기를 할 때에는 다음과 같은 차이가 있다.

미래에 눈을 돌리게 하는 목적론형(目的論型) 리더

"믿고 있기 때문에, 중요한 일을 맡기고 싶네!"
"함께 인생의 꿈을 이루세!"
"이것을 달성하면, 가족도 즐거워 해 줄거야!"

과거에 눈을 돌리게 하는 원인론형(原因論型) 리더

"일은 전부 했는가?"
"왜 아직 끝나지 않은 거야?"
"또 실수했어?"

그리하여 20명의 부하에게 각 리더의 인상을 7점 만점 중 몇 점이 되는지, 대답해 받았다. 이와 관련하여 이와 같은 주관적인 평가에서도 많은 사람의 주관적

---

6)《京セラフィロソフィ》'全員參加で經營する' p.104.

의견을 한데 모아서 통계적인 분석을 하면, 일정한 경향이나 법칙성을 발견할
수 있다.

표 8-1 원인론형 리더와 목적론형 리더의 인상 비교

부하의 기분	원인론형 리더의 인상	목적론형 리더의 인상
격려 받은 기분	4.0	5.8
호감을 가질 수 있었다	5.8	6.6
신뢰 받은 기분	5.5	6.2
신뢰할 수 있었다	5.5	6.2
희망을 가질 수 있었다	4.3	5.5
걱정해 주었다	5.0	6.0

자료: 岩崎一郎, 前揭書, p.54

그 결과, 모든 항목에서 목적론형 리더 쪽이 원인론형 리더보다도 높은 득점이
되었다. 또한 부하의 뇌 활성을 조사해 보니 원인론형 리더가 이야기하고 있을
때, 말을 이해한다거나 기억한다거나 하는 뇌의 회로(측두엽, 側頭葉)가 조금밖
에 움직이고 있지 않았다. 다시 말하면, 원인론형 리더의 이야기는 부하의 머리
에 거의 들어가지 않았다고 하는 것이다.

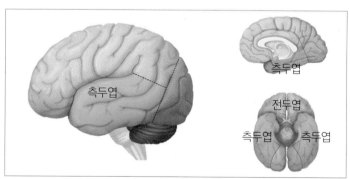

자료: brain.brainworld.com

그림 8-14 측두엽(temporal lobe)

이에 비해서 목적론형 리더가 이야기를 하고 있을 때, 부하의 머리(측두엽)의 활성은 원인론형 리더가 이야기를 했을 때의 3배로 뛰어오르다.

더욱이 부하에게 작업을 부탁하고, 각각의 리더로부터 "고맙네!"라는 말을 들었을 경우, 같은 말을 듣더라도 부하의 뇌(측두엽) 반응이 목적론형 리더 쪽이 5배나 높다는 것을 알 수 있다.

싫은 리더의 말을 뇌는 무의식적으로 거절한다

뇌의 액셀(가속장치, 左前頭前野)과 브레이크(break, 右前頭前野)[7]의 활성에 대해서도 원인론형 리더가 이야기를 하면 부하의 뇌는 브레이크(右前頭前野)가 강하게 반응한다. 이 상태는 리더로부터 일의 지시를 받았을 때, 소극적으로 하고 싶지 않다고 하는 감정이 일어나 일의 효율이 내려간다는 것을 의미한다.

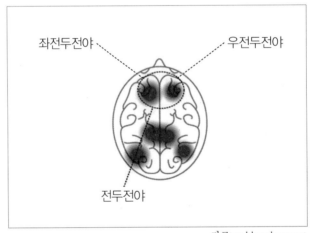

자료: m.blog.daum.net

그림 8-15 좌전두전야와 우전두전야[8]

---

7) 미국 위스콘신 대학의 웃리 박사 등의 연구에 의하면 뇌에는 자동차의 액셀과 브레이크 역할을 하고 있는 부위(액셀 : 좌전두전야, 브레이크 : 우전두전야)가 있다는 것을 알 수 있다.

8) 좌전두전야는 액셀의 역할을 한다. 집중한다거나 적극적으로 몰두한다거나 할 때에 움직인다. 우전두전야는 브레이크 역할을 한다. 사고를 억제할 때에 움직인다.

이에 비해서 목적론형 리더가 이야기를 하면 부하의 뇌는 액셀(左前頭前野)이 강하게 반응한다. 그러면 일하고 싶은 마음이 생겨서 일이 순조롭게 된다.

이들 사실로부터 원인론형 리더의 이야기는 부하의 '머리에 들어가지 않는다', '고맙게 반응하지 않는다', '뇌의 브레이크를 계속 밟아댄다'고 하는 상태가 일어나고 있다는 것을 알 수 있다.

한편, 목적론형 리더의 이야기는 부하의 '머리에 들어가기 쉽고', '고맙다는 말을 들으면 뇌의 활성이 오르고', '뇌의 액셀을 밟아 적극적으로 한다'는 효능이 있다.

실제로 이나모리는 바쁜 중에도 현장을 들러보고, 예를 들면 외출했다가 돌아왔을 때도, 늦게까지 회의를 한 후에도, 종업원들에게 일의 진척사항을 묻는다거나 위로나 감사의 말을 건넸다고 한다.

직장 사람들이 어떤 기분으로 일을 하고 있는지, 대단히 신경을 쓰고 있다고 하는 것이다.

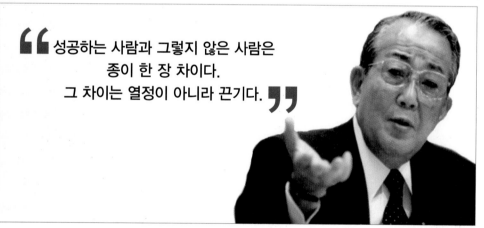

그림 8-16 이나모리 경영이념

목적론형 리더가 되기 위해서는 현장 사람들의 기분을 살피면서 계속 미래에 눈을 돌릴 필요가 있다. 그러기 위해서도 경영자는 논리면뿐만 아니라 윤리면·

감정면도 깊게 할, 즉 이나모리가 말하고 있는 "마음을 높일" 필요가 있게 되는 것이다. 이와 같이 종업원에 대한 깊은 배려·이타심이 모든 사람의 뇌를 활성화하는 것이다.

(2) 이타심을 갖는 사람이 많은 사람의 마음을 끈다

"우리들의 마음에는 '자기만 좋으면 된다'고 생각하는 이기심과 '자기를 희생해서라도 다른 사람을 돕자'고 하는 이타심이 있습니다. 이기심으로 판단하면, 자기 것밖에 생각하지 않으므로 누구의 협력도 얻지 못합니다. 자기중심이므로 시야도 좁게 되고, 잘못된 판단을 하고 맙니다.

한편, 이타심으로 판단하면 '남이 잘 되라'고 하는 마음이므로, 주위의 모든 사람이 협력해 줍니다. 또 시야도 넓어지므로, 올바른 판단을 할 수 있습니다. 더 좋은 일을 해나가기 위해서는, 자기 것만을 생각해서 판단하는 것이 아니라, 주위 사람의 것을 생각하여 배려심이 넘치는 '이타심'에 입각해서 판단해야 합니다."[9]

자신을 위한 선택을 할 때는 미간 바로 안쪽 부분인 '복내측전전두피질'(빨간색)이 활성화되고, 타인을 위한 선택을 할 때는 미간에서 훨씬 이마 윗쪽에 있는 '배내측 전전두피질'(파란색) 이 활성화되는 것으로 나타났다.

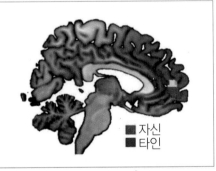

■ 자신
■ 타인

자료: photagram.org

🔷 그림 8-17 이기적인 사람 이타적인 사람. 뇌 활용 부위가 다르다.[10]

---

9) 《京セラフィロソフィ》'利他の心を判断基準にする' p.197.

10) 고려대 심리학과 김학진 교수와 설선혜 박사팀이 실험 참가자를 대상으로 기능적 자기공명영상(fMRI)으로 촬영한 조사 결과

"남을 이롭게 하다, '이타(利他)' 등으로 느긋하게 말하고 있는 사람은 살아남을 수 있을까?"라고 일컬어지는 사람이 있다. 매일 매일 자기가 먹지 않으면 굶어 죽을 것 같은 상황 속에서 눈앞에 '먹을 것'을 발견하면, 상대방을 넘어뜨리고서라도 그것을 얻으려고 하는 것은 당연하다고 하는 사고방식이다.

이 약육강식이라고도 생각할 수 있는 세계에서 그래도 '이타'의 마음이 인간 속에 계속 살아 있는 것은 무슨 이유일까? 영국 옥스퍼드 대학의 모어 박사 등이 다음과 같은 연구를 수행했다.

사람이 매력을 느끼는 '이타심'

32명의 여성과 35명의 남성에게 협력을 구하여, 이성의 사진을 붙인 프로필이 써있는 카드를 보여주었다. 같은 인물의 카드가 두 종류(N카드와 A카드) 있는데, 그 차이는 다음의 한 항목뿐이다.

A '이타'카드

프로필에 한 항목만 이타적인 표기가 있다.

예를 들면, 다니엘이라고 하는 사람의 경우는, '다니엘은 그 고장 학교에서 혜택 받지 못한 아이들을 위해서 자발적인 지도원을 하고 있습니다'라고 하는 것이다.

N '중립'카드

프로필의 이 항목이 중립적인 표기가 되어 있다.

예를 들면, '다니엘은 비밀정보부 도치우드(영국의 인기 TV 드라마)가 마음에 듭니다'와 같은 것이다.

프로필 카드를 보여준 후에 그 이성이 어느 정도 매력적으로 보였는지를 1~9의 9단계로 표시하게 했다.

2주간 후, 두 번째의 조사를 실시한다. 지난번과 같은 이성의 프로필 카드를 보여주는데, 지난번 A카드를 본 사람에 대해서는 이번은 N카드를, 지난번 N카드였던 경우는 A카드를 보여주고, 9단계로 매력의 정도를 표시하도록 한다.

이 조사의 결과, 같은 인물의 카드를 보았다고 하더라도 A(이타)카드 쪽이, N(중립)카드보다도 매력의 정도가 8~16% 높아지는 것을 알았다. 이것은 어느 쪽 카드를 먼저 보더라도 같은 효과가 인정되었다.

다시 말하면, 이타적인 표기가 있는 사람을 매력적이라고 생각하는 경향이 있다고 하는 것이다. 이 연구로부터도 이타적인 사고방식·행동은 사람을 매료하는 데 중요한 자질이라는 것을 알 수 있다.

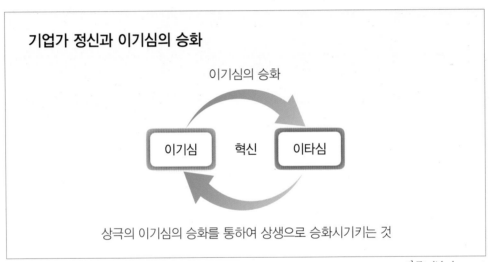

자료: slideshare.net

⊛ 그림 8-18 이기심과 이타심

이나모리는 "역사책을 펴서 읽어보면, 배려심이 넘치는 이타적인 마음이 가져온 위대한 업적은 너무 많아서 일일이 셀 수가 없습니다."라고 말하고 있다. 이타의 마음은 많은 사람을 매료하고, 기분이 제각각이었던 사람들의 마음을 하나로 할 수가 있다.

또한 사심이 없는 이타심을 전하면, '물질적인 것은 아무것도 없지만, (당신 마음가짐의 체면을 보아서) 당신에게 걸어보자'고 많은 사람이 응원을 하고, 물질적·재정적인 지원도 받기 쉬워지는 것이다.

3. 미래에 대한 비전의 공유

　종업원과 파트너십 관계를 구축하고, '일의 의의를 설명한다'는 것 다음에 리더가 해야 할 일은 '비전을 내세운다'라고 하는 것이다. 그럼으로써 종업원의 모티베이션이 높아지고, 기업을 발전시켜 가기 위한 큰 에너지가 되는 것이다.

　이나모리는 기업에 모여드는 사람들이 비전을 공유하고, '본래의 모습으로 남아 있고 싶다'고 강하게 생각하면, 거기에 강력한 의지력이 작용하고 꿈의 실현을 향해서 어떠한 장애도 극복할 수 있는 강대한 힘이 생긴다고 말한다.

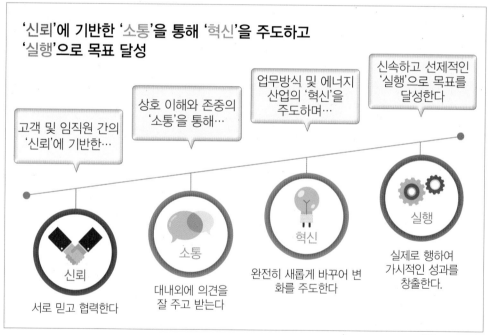

자료: gseps.com

◈ 그림 8-19　비전 체계

　비전이나 미래의 이미지를 그리면, 뇌 속에서는 현실에서 체험하고 있을 때와 같은 뇌 부위가 활성화한다. 스포츠 선수가 이미지 트레이닝을 하는 것은 실제의 연습에 준하는 효과를 주기 때문이다.

더욱이 이미지를 만드는 것은 모티베이션이나 계획성을 높이는 효과가 있다는 것도 밝혀졌다. 구체적인 비전을 그려서 구성원과 공유함으로써 모든 사람의 모티베이션이 높아지고 꿈을 향한 힘이 뇌 속에 생기는 것이다.

자료: kyocera.com.sg

🏵 그림 8-20 교세라의 비전

'비전을 내세운다'라는 것도 '모티베이션 행동'이므로 '파트너십 행동'이 이루어지는 것이 대전제이다. 신뢰관계를 구축한 뒤에 종업원이 적극적인 기분이 되도록 접촉하는 것이 중요하다.

그렇다면 '비전을 내세운다'는 것에는 어떠한 뇌과학적인 근거가 있는지를 살펴보기로 한다.

(1) 마음에 강한 이미지를 가지면 꿈이 실현된다

"저는 교세라가 아직 영세한 중소기업이었을 때부터 계속 꿈을 이야기했습니다. '우리들이 만들고 있는 특수한 세라믹스는 전 세계의 전자산업이 발전하기 때문에, 아무래도 필요하게 된다. 그것을 전 세계에 공급해 가자'

'그렇게 함으로써 소규모 시내에 있는 작은 공장으로 시작했지만, 나는 이 회사를 시내에서 일등 회사로 만들려고 생각한다. 시내 일등이 되면 중경구(中京區) 일등이 될 것이다. 중경구 일등이 되면 교토에서 일등이 될 것이다. 교토에서 일등이 되면 일본 제일이 될 것이다. 일본에서 제일이 되면 결국 세계 제일이 될 것이다'[11])

🔸 그림 8-21 젊은 시절의 이나모리 가즈오

이나모리는 교세라를 창업했을 무렵부터 '언제인가 일본 제일이 될 것이다, 세계 제일이 될 것이다'라고 계속해서 꿈을 이야기했다고 한다. 이와 같이 이상의 미래를 이미지화하는 것에는 어떠한 의미가 있는 것일까? 여기에서는 마음에 품

---

11) 機關誌〈盛和塾〉117號 塾長講話 第112回 "企業統治の要諦", p.11.

는 이미지가 소망을 실현하는 메커니즘에 대해서, 뉴질랜드의 오크랜드 대학 캬
메론 박사 등의 연구를 소개하기로 한다.

이미지를 만드는 것은 목표에 의식을 기울인다거나, 목표를 달성하기 위해서
계획을 세운다거나, 실제로 액션을 일으키기 위해서 매우 의미 있다는 것을 알
았다. 강하게 지속적인 소망을 가짐으로써 잠재의식을 활성화시켜, 실제의 행동
으로 반영시키는 것이다.

그러면 어떠한 이미지를 만들면 좋을까?

잠재의식에 강하게 작용하는 이미지의 방식

120명의 학생을 다음의 네 개 그룹으로 나누어서, 4주간에 걸쳐 운동을 시켰다.
① 프로세스형(型)의 이미지 트레이닝
② 드림형의 이미지 트레이닝
③ 프로세스형 + 드림형의 이미지 트레이닝
④ 아무것도 하지 않는다

① 프로세스형에서는 실제로 운동을 하고 있는 장면을 이미지화시킨다. ② 드
림형에서는 최종적으로 목표를 달성하고 있는 모습이나 그 목적·의미를 함께
이미지화시킨다. ③은 ①과 ②를 병용한 이미지 트레이닝이다.

4주간 후 각각의 그룹에 어떠한 변화가 나타났는지를 모티베이션, 계획성, 행
동(운동량)의 세 가지 관점에서 조사했다.

다음의 표는 ④의 아무것도 하지 않은 그룹을 1로 해서 몇 배의 변화가 있었는
지를 나타낸 것이다.

표 8-2 네 개 그룹의 변화

	모티베이션	계획성	행동
① 프로세스형의 이미지 트레이닝	1배	2.2배	2.5배
② 드림형의 이미지 트레이닝	2.2배	1배	2.3배

	모티베이션	계획성	행동
③ 프로세스형 + 드림형의 이미지 트레이닝	2.7배	3.2배	3.7배
④ 아무것도 하지 않는다	1	1	1

자료: 岩崎一郎, 前揭書, p.119

 목표를 달성하려면, ②와 같이 실현하고 있는 모습을 이미지화하면 좋다고 일컬어지고 있다. 그런데 이 연구로부터 실현하고 있는 상황을 이미지화하는 드림형뿐만 아니라 실현하기까지의 프로세스도 합쳐서 이미지화하는 ③의 프로세스형과 드림형의 이미지 트레이닝을 편성하는 쪽이 효과가 높다는 것을 알 수 있다.

자료: blog.naver.com

💠 그림 8-22 이미지 트레이닝

 이미지를 만드는 것은 목표에 의식을 기울인다거나 목표를 달성하기 위한 계획을 세운다거나, 실제로 액션을 일으키기 위해서 매우 의미 있다는 사실로부터, 프로세스형과 드림형을 편성하는 것이 효과적인다.
 이나모리가 '일본 제일이 될 것이다, 세계 제일이 될 것이다'라고 꿈을 이야기하고 있었던 것은 이 연구의 드림형의 이미지 트레이닝이라는 것을 알 수 있다.

(2) 이미지 트레이닝으로 뇌를 단련한다

"연구를 개시할 즈음에 먼저 개발의 과정을 마음속에 그립니다. 예를 들면, 이러한 원료를 사용하여 이러이러한 약품을 첨가해서, 이러한 장치를 이용한다, 등으로 모든 프로세스를 생각해 갑니다. 그것을 저는 '시뮬레이션'이라고 말하고 있는데, 그때 머릿속에서 일어날 수 있는 문제를 모두 다 생각하는 것입니다. (중략)

그렇게 해서 날마다 지신의 머릿속에서 시뮬레이션을 반복히고 있으면, 그러는 도중에 마침 실험이 성공한 것처럼 생각이 들어, 완성된 제품의 모습까지 머릿속에 명확하게 떠오릅니다. 이것이 '보인다'고 하는 상태입니다.

자신이 연구개발을 직접 다루는 것도 아닌데 머릿속에서 반복을 거듭하여 시뮬레이션을 실시함으로써 완성품의 모습이 극명하게 보인다. 그것이 '보일 때까지 생각한다'고 하는 것입니다. 결과가 '흑백'으로 보이는 정도로는 아직 불충분

자료: designhumor.kr

🔷 그림 8-23 3D 시뮬레이션 제작

하여, '칼러'로 생생히 보이지 않으면 깊이 생각한 것이 아닙니다. 거기까지 철저하게 깊이 생각하면, 연구개발에 그치지 않고 사업이라도 반드시 성공하는 것입니다."[12]

전술한 프로세스형의 이미지 트레이닝이라고 하는 것은, 여기에서 이나모리가 말하고 있는 '시뮬레이션'이 된다. 프로세스형의 이미지 트레이닝은 계획성을 높이는 효과가 있다고 앞에서 언급한 바 있다. 또 하나의 효용이 있다.

미국 오하이오 주 클리블랜드클리닉 연구소의 로스 박사 등의 연구를 소개하기로 한다.

이미지 트레이닝을 하면 뇌에서는 무엇이 일어나는가?

6명의 골퍼에게 협력을 구하여 골프를 하고 있는 곳을 자신의 눈으로 본 이미지로 상상하도록 해서, 그때의 뇌의 활성을 조사한다.

그러자 단지 이미지하고 있을 뿐인데도 불구하고 실제로 신체를 움직일 때에 활성화하는 뇌의 부위(운동야), 움직임의 의도를 만들어내는 부위(전두전야나 감각운동야), 움직임을 미세조정하는 부위(소뇌) 등이 마치 실제로 골프를 하고 있는 것처럼 활성화되어 있는 것을 알 수 있었다.

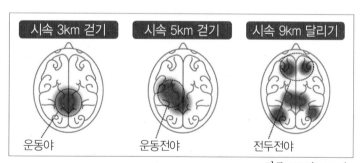

자료: marathon.pe.kr

그림 8-24 걷는 속도에 따라 활성화되는 부위

---

12) 《京セラフィロソフィ》'見えてくるまで考え抜く' p.315.

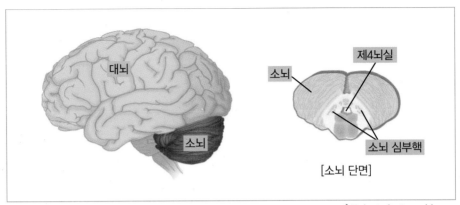

자료: brain.brainworld.com

⬡ 그림 8-25 소뇌

더욱이 이미지 중에 핸디를 올려보면, 실제로 높은 핸디에서 플레이하는 것과 마찬가지로 운동야 등의 활성이 강해지는 것도 관찰되었다. 마음속에 이미지하면, 마치 현실에 그것이 일어나고 있는 것처럼 뇌가 활성화하는 것이다.

실제로 일류선수일수록 이미지 트레이닝의 시간이 길다고 한다. 그들은 자신이 플레이하고 있는 곳을 거듭 반복하여 시뮬레이션하고 있는 것이다.

열심히 연습이나 훈련을 하는 것은 빼놓을 수 없지만, 마음속에 생생히 몇 번이고 시뮬레이션하는 것이 더 좋은 미래를 만드는 비결이라는 것이 뇌과학 연구로부터 밝혀진 것이다.

이미지하는 것이나 생각하는 것은 별로 의미가 없는 것이라고 무의식중에 생각해버리지만, 실은 뇌를 활성화하는 힘을 가지고 있는 것이다.

인간의 행동은 먼저 마음에 '생각'을 품는 것부터 시작한다고 이나모리는 말하고 있다. 예를 들면, 지금까지는 걷는다거나 달린다거나 하던 곳을 '좀 더 빨리, 편리하게 이동하는 방법은 없을까'하고 생각하여, 거기에서부터 '새로운 탈것이 있으면 좋겠다'고 하는, 꿈과 같은 '생각'을 품게 된다. '생각'만큼 중요한 것은 없다고 하는 것이 이나모리의 생각이다.

전술한 골프를 하고 있는 이미지를 만든다고 하는 것도 '생각'으로부터 시작된다. 골프를 잘 하고 싶다고 하는 강한 '생각'을 품음으로써, 실제로 골프를 연습하고 있는 곳을 몇 번이고 몇 번이고 이미지한다거나, 자신이 능숙해지면 어떠한 것이 기다리고 있는지를 계속 생각함으로써 뇌의 회로가 활성화되어 조금씩 뇌에 변화가 일어나는것이다.

4. 철학의 공유

대의명분이 있는 미션을 확립하여 구성원의 마음이 하나가 되면, 굉장한 힘이 발휘되어 큰 목적을 향해 매진할 수 있게 된다.

그 한편으로 사람은 각각 뇌의 사용방법이 조금씩 다르기 때문에, 같은 것을 보고 듣더라도 똑같이 받아들이지 않는 것이 뇌의 특성이다. 이것은 좋고 나쁨이 아니라 뇌의 사용방법의 개성이라고 해도 좋을 것이다.

뇌의 사용방법이 각각 다른 사람이 모여 있는 것이 회사조직이다. 그런 가운데

이나모리 필로소피 경영 7원칙
1 직원은 '공동 경영자(파트너)'로 대한다.
2 직원이 경영자에 반하도록 마음을 얻어라.
3 직원에게 일의 의의를 설명하라.
4 비전을 높이 내걸라.
5 직원의 동기가 흔들리지 않게 미션을 확립한다.
6 경영 필로소피를 공개하고 직원에게 말한다.
7 경영자는 철학을 배우고 그릇을 키워라.

이나모리 회계학 7원칙
1 현금에 주목하라(현금에 기반해 경영 판단하라).
2 일대일 대응 원칙(물건·돈과 전표 숫자 일치해야)
3 근육질 경영(필요없는 자산 등 군살 없는 경영)
4 완벽주의(타협을 용납하지 않는다)
5 이중 점검의 원칙(전표·입금은 복수 직원이 점검)
6 채산성 향상(아메바 조직 만들어 독립채산제 적용)
7 투명 경영(회사 상황 숨김 없이 사원에게 알려야)

자료: nomadicsoul1.tistory.com

🌐 그림 8-26 이나모리 가즈오의 철학

모두가 같은 목적을 향해서 벡터를 합쳐가려면 어떻게 하면 좋을까?

여기에서 등장하는 것이 '철학'이다. 이나모리는 《京セラフィロソフィ(교세라 철학)》에 대해서 다음과 같이 말하고 있다.

"경영의 경험이나 지식도 없는 저는 '어떻게 하면 올바른 판단을 하고, 회사를 발전시킬 수 있을까'라고 머리를 싸쥐게 되었습니다.

고민한 끝에 제가 생각해낸 것이 '인간으로서 무엇이 옳은가'라고 스스로 묻고, 옳은 것을 옳다고 끝까지 관철해 가는 것이었습니다. (중략)

일상의 업무 추진방법에서 경영 본연의 모습, 더 나아가서는 인생 전반에 통하는, 바로 원리 원칙이라고 부를 수 있는 것이었습니다.

그렇게 해서, (중략) 인생을 살아가는 과정에서 생긴 사고방식이 (중략) '교세라 철학'입니다.

이 명쾌한 판단기준만 있으면, 저는 교세라나 KDDI, 그리고 일본항공의 경영에서, 반세기 이상에 걸쳐서 판단을 잘못하는 일 없이 각각의 회사를 성장발전으로 이끌 수가 있었습니다."

자료: blogkorea.kr

그림 8-27 교세라 철학

이나모리는, '인간으로서 무엇이 옳은가'라고 하는 사고방식은 문화나 종교의 차이를 초월해서 전 세계의 사람들이 공감·공명(共鳴)할 수 있는 보편적인 원리 원칙이라고 말하고 있다. 그리고 이 사고방식을 실천해가면, 뇌가 단련된다는 것이 최신의 뇌과학 연구로부터 밝혀지고 있다.

인생을 더 잘 사는 뇌의 회로를 디자인하기 위해서는, '철학'을 이해할 뿐만 아니라 평소부터 사고방식에 따라 자연스럽게 행동할 수 있도록 되는 것이 중요하다.

　다시 말하면, 습관화가 필요한 것이다. 몇 번이고 반복하여 배우고 계속 실천함으로써 뇌의 회로가 만들어지기 때문이다.

　여기에서는 잠재의식의 연구나 습관화의 중요성 그리고 인생을 성공으로 이끄는 '강한 의지'나 '불타는 투혼', 뇌의 힘을 최대한 이끌어내는 '이타심'을 구하는 연구 등, 종업원 전원이 철학을 공유하는 데 도움이 되는 뇌과학의 연구를 전하기로 한다.

(1) 잠재의식의 힘을 사용하면 미래는 생각한 대로 된다

　"전 세계의 성공한 사람의 대부분이 말하는 것은, 이 '마음에 생각한 대로 된다'고 하는 것입니다. 성공 스토리를 읽어보면 거의가 이 사실에 귀결하고 있습니다.

　또한 종교에서도 예를 들면 불교의 경우, '당신의 주변에 일어나는 것은 전부 당신의 마음대로인 것이다'라고 설명하고 있습니다. 그리하여 '만일 지금 당신이 불행한 경우에 있어, 회사의 경영도 잘 되지 않는다고 하면, 그것은 모두 당신의 상념, 당신의 생각이 그렇게 되어 있다는 것이다'라고 경고하는 것입니다.

　다시 말하면, 강하게 지속한 생각이 실현한다고 하는 것은, 보편적인 진리인 것입니다. 잠재의식의 사용 유무는 그런 과정의 하나일 뿐, '아무래도 본래의 모습으로 남아 있고 싶다'고 원하면, 그것은 반드시 실현되는 것입니다. (중략)

　성공할 수 없는 것은 이 사실을 믿으려고 하지 않기 때문인 것입니다. 믿어지지 않기 때문에, 강한 소망을 품는 일도 없고 목표도 실현되지 않는 것입니다."13)

---

13)《京セラフィロソフィ》'潜在意識にまで透徹する強い持續し願望をもつ' p.247.

잠재의식이라고 하면, 영문 모를 소리처럼 생각하는 사람이 적지 않을 것이다. 그 한편으로, 뇌과학은 잠재의식의 존재를 보이고 있다. 게다가 귀찮은 일에 잠재의식의 작용은 자신도 모른다고 하는 것이다.

독일의 막스 프랑크 연구소의 손 박사 등은, 사람이 행동을 일으키려고 할 때, 뇌가 어떻게 활동하는지를 조사하고 있으므로 소개하기로 한다.

이 실험에서는 피험자에 대해서 '오른쪽과 왼쪽의 집게손가락 중 어느 쪽이든 좋아하는 쪽을 원할 때에 움직여 주세요'라고 전하고, 그 사이의 뇌 활동을 관찰해간다. 예를 들면, '손가락을 움직일' 때, 보통으로 생각하면 다음과 같은 순서가 될 것이다.

자료: m.blog.naver.com

🔅 그림 8-28 잠재의식과 무의식

잠재의식이 행동을 정한다

● [예상] 손가락을 움직이려고 생각한다 → 뇌가 활동한다 → 손가락이 움직인다.

그런데 실제로는 다음과 같은 순서로 뇌가 반응하고 있었던 것이다.

● **[결과]** 뇌가 활동한다 → 손가락을 움직이려고 생각한다 → 손가락이 움직인다.

실험으로부터 본인이 의사결정을 하는 7~8초 전에 미래에 대해서 생각하는 뇌의 회로(전두극)가 활성화한다는 사실이 밝혀졌다. 본인에게 아직 손가락을 움직이려고 하는 의식이 전혀 없는, 손가락이 실제로 움직이는 10초 정도 전에 뇌의 활동을 조사하면, 어느 쪽 손가락이 움직이는지를 알아버리는 것이다.

다시 말하면, 본인이 손가락을 움직이려고 하는 의식이 일어나기 전에 잠재의식에서는 어느 쪽 손가락을 움직일지 이미 결정하고 있다는 것이다.

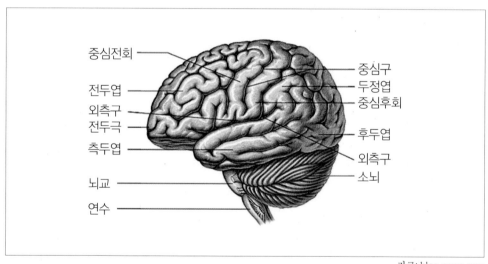

자료: blog.naver.com

🌀 그림 8-29 고등포유류가 되면서 더욱 발달한 신뇌

더욱이 프랑스의 리옹 대학 데스모제 박사 등은 의지도 행동과 마찬가지로 뇌의 활동이 만들어내고 있다는 것을 발견했다. 이 연구에서는 뇌종양(腦腫瘍)으로 수술을 할 필요가 있는 환자에게 협력을 구하여, 수술 시에 뇌를 전기적으로

자극해서 의지와 행동을 주관하는 뇌의 회로를 조사하는 실험을 실시했다.

전운동영역(premotor cortex)을 자극하면 신체의 일부가 실제로 움직인다. 그런데 본인은 신체를 움직였다고 하는 의식이 없다.

이번에는 두정엽(頭頂葉, parietal cortex)을 자극하면 신체의 일부를 움직이려고 하는 의식(혹은 움직이고 싶다고 하는 욕구)이 일어난다. 더욱이 같은 부분을 강하게 자극하면, 신체의 일부를 움직였다고 하는 감각이 일어나는데, 실제로 그것에 상당하는 부분은 움직이지 않는다.

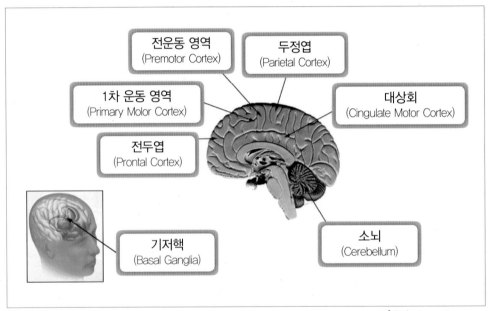

자료: brainspectrum.com

◈ 그림 8-30 뇌의 전운동영역과 두정엽 부위

예를 들면, 두정엽을 자극하는 실험에서는 자극에 의해 오른손을 움직이고 싶다, 말하고 싶다고 하는 기분이 피험자에게 일어난다. 더욱이 강하게 자극하면, 본인은 '나는 지금 오른손을 올렸지요'라든가 '나는 지금 말했지요. 뭐라고 말했나요?'라고 자신은 신체를 움직인 의식을 가지지만, 신체는 전혀 움직이지 않고 있는 것이다.

'의식'과 '행동'의 뇌 회로는 연결되어 있지 않다

이 발견으로부터 '본인이 의식하는 것'과 '실제로 행동하는 것'은 뇌의 다른 회로가 주관하고 있어, '의식'과 '행동'의 회로는 직접 연결되어 있지 않다고 하는 것을 알았다.

우리들은 '자신이 의식함으로써 뇌가 활동하고, 그 후에 행동이 일어난다'고 생각하고 있지만, 실은 '뇌가 활동함으로써 의식과 행동이 별개로, 게다가 거의 동시에 일어나고 있다'는 것이다.

근본적으로 있는 것은 우리들의 '의식'이 아니라 '뇌의 활동'이며, '의식'이란 '근육을 움직인다'는 것과 마찬가지로 뇌의 활동이 만들어내고 있는 것이다.

이 '뇌의 활동'이라고 하는 것은 잠재의식이라고 생각되고 있다. 자신의 행동이나 인생을 바꾸려면 새로운 생각이나 지식·기능을 머리에서 기억하는 것이 아니라, 잠재의식에 투철할 정도의 강한 생각을 반복하여 계속 가져서, 어느 새인가 새로운 행동이 생겼다고 하는 상태를 만드는 것이라고 이나모리는 말하고 있다.

다시 말하면, 생각을 강하게 갖고 습관을 바꾼다고 하는 것은, 자기 뇌의 회로를 새로 디자인하는 것이다.

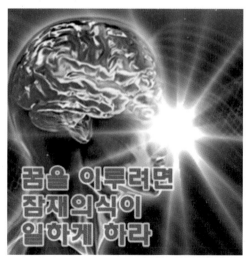

자료: m.blog.naver.com

🔷 그림 8-31 자기 계발/꿈을 이루려면 잠재의식이 일하게 하라

(2) 함께 있는 사람의 행위를 무의식적으로 흉내낸다

"'누구에게도 지지 않을 노력'은 도대체 누가 행하는가? 그것은 리더라고 생각합니다. 리더가 누구보다도 열심히 일하는, 그 모습을 보고 부하가 그것을 흉내내줄 만큼 되지 않으면 안 됩니다. 리더에게는 누구에게도 지지 않을 노력을 한다고 하는 진지한 태도가 필요한 것입니다."[14]

미국 뉴욕 대학의 차트란드 박사 등은 사람에게는 주위 사람을 무의식적으로 흉내내는 경향이 있다고 하는 연구 결과를 발표했다.

사람은 무의식적으로 타인의 영향을 받는다

피험자 35명에게 협력을 구하여 다음과 같은 실험을 실시한다.

먼저 세션1에서는 피험자와 이야기하는 사람에게 10분간 이야기를 하게 한다. 이때 세션1에서는 피험자에 대해서 이야기하는 사람이 웃는 얼굴로 대한다. 세션2에서는 다른 이야기하는 사람이 웃는 얼굴을 보이지 않도록 대하도록 한다.

그 결과, 이야기하는 사람이 웃는 얼굴이 되어 있으면, 피험자는 3분간에 3회 웃었지만, 웃는 얼굴이 아닌 경우는 대략 3분간에 1회밖에 웃지 않았다.

마찬가지로 얼굴에 손을 댄다거나 발을 움직이는 등 이야기하는 사람이 취하는 행동을 무의식적으로 피험자가 흉내내는 것을 알았는데, 나중에 앙케트를 취해 보니 그것에 피험자 본인은 알아차리지 못하고 있었다.

몸짓뿐만 아니라 사람의 뇌는 주위 사람들의 행동·말·생각 등으로부터도 모르는 사이에 영향을 받는다고 하는 특성을 갖고 있다.

다시 말하면, 직장에 일할 마음이 없는 사람이 있으면 모든 사람의 모티베이션이 내려가고, 함부로 화내는 사람이 있으면, 주위 사람도 걸핏하면 화를 내는 성질이 되어버린다. 그렇게 생각하니 약간 무섭다.

---

14) 機關誌 〈盛和塾〉 49號 塾長講話 [2] "リーダが果たすべき'役割", p.84.

몸짓을 흉내내더라도 친밀감은 생기지 않는다

앞의 실험에서 몸짓을 흉내내면 친밀감을 느낄까? 이에 대해서 조사하고 있다.

세션3에서는 이야기하는 사람에게는 의식적으로 피험자의 몸짓을 흉내내도록 하고, 세션4에서는 이야기하는 사람에게는 억지로 흉내내지 않도록 하게 한다. 10분간 대화를 한 후의 앙케트에서 피험자가 세션3과 세션4의 이야기하는 사람에게 어느 정도 친밀감을 느꼈는지 조사해보니, 친밀감·호감도 모두 차이는 보이지 않았다.

이 실험으로부터 상대방에게 친밀감을 느끼게 하기 위해서, 상대방의 몸짓을 표면적으로 흉내내더라도 친밀감은 생기지 않는다고 하는 것을 알 수 있다.

자료: hub.zum.com

🏵 그림 8-32 로봇의 도전, 가장 사람다운 표정 만들기

리더는 자신이 솔선수범하는 행동이 부하에게도 점점 전파해간다는 것을 평소부터 의식해 두어야 한다. 다만, 이 '다른 사람을 흉내낸다'는 것은 즉석에서 100% 흉내내게 되는 것이 아니라 뇌에 조금씩 입력되어 침투해가는 것이다.

그러므로 리더가 누구에게도 지지 않을 노력, 이타적인 행동, 철학의 실천 등을 꾸준히 계속하면, 그것들을 실천하는 부하가 조금씩 늘어가는 것이다.

자료: m.blog.naver.com

🔹 그림 8-33 보스와 리더의 차이

한편, 부하에게 무리하게 시키려고 하는 기분으로 있으면, 그 의도가 전해지므로 아무리 리더가 솔선수범을 하더라도 부하가 흉내내주지 않는다.

제4차 산업혁명을 위한 조직 만들기
| 아메바 경영의 진화 |

Chapter 09

JAL 회생전략을 위한
아메바 경영

JAL 회생전략을 위한 아메바 경영

1. 서론

    2010년 1월에 회사갱생법(會社更生法)의 적용을 신청한 일본항공(JAL, Japan Airlines)은, 2011년 3월에 갱생계획을 종결시키고 2012년 9월에 재상장을 완수했다. 회사갱생법 신청으로부터 2년 8개월만의 재상장은 과거에 예를 보지 못한 스피드 재건이었다.

    JAL 재건을 주도한 것은 교세라 창업자인 이나모리 가즈오였다. 이나모리는 JAL 파탄 직후에 JAL의 회장에 취임하여 자신의 경영철학을 기초로 해서 사원의 의식개혁을 추진하고, 또 스스로 고안해서 교세라 등에서 계속 실천해온 '아메바

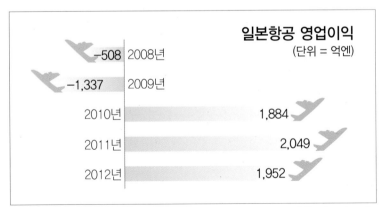

일본항공 영업이익
(단위 = 억엔)

연도	영업이익
2008년	-508
2009년	-1,337
2010년	1,884
2011년	2,049
2012년	1,952

자료: mba.mk.co.kr

그림 9-1 JAL의 기사회생

경영'이라고 부르는 부문별 채산제도를 도입했다. 회사재건에 관련된 당사자의 대부분이 이나모리의 경영수완과 리더십이 가장 중요했다고 말하고 있다.[1]

이나모리는 경영진이 가져야할 판단기준을 사내에 침투시켜 가면 기업의 문화, 풍토가 만들어진다고 해서, 다음과 같이 말하고 있다.

"철학이란 판단기준입니다. 그것은 경영진이 가져야 할 판단기준임과 동시에 그것을 종업원에게 침투시켜 가면, 그 철학은 회사 전체의 판단기준이 되는 것입니다. 그것이 기업 전체의 정신적인 중추(backbone)가 되어 그 기업의 사풍이라고 하는 것을 만들어 갑니다. 다시 말하면, 그 기업은 이러한 사고방식, 이러한 것으로 그 분위기가 만들어지고 있다고 하는 사풍이 만들어집니다.

기업이라고 하는 것에 만일 풍토가 있다고 하면, 그 풍토를 만들어내고 있는 것은 거기에 살고 있는 종업원의 마음으로부터 나온 것입니다. 그것이 기업의 정신적인 풍토를 만들고, 사풍을 형성해 가는 것입니다. 다시 말하면, 사풍으로까지 되어갈 만한 철학을 전 종업원에게 침투시켜 가지 않으면 안 된다고 저는 생각합니다."

자료: sisapress.com

🔷 그림 9-2　JAL 재건을 주도한 이나모리 가즈오

---

1) アメーバ經營學術研究會　編, アメーバ經營の進化 : 理論と實踐, 中央經濟社, 2017, pp. 263~285.

이나모리가 추진한 의식개혁은 JAL에 다음과 같은 세 가지 영향을 미쳤다.

첫째, 사원이 인간으로서의 의당한 모습을 배울 수가 있었다고 하는 것이다. 실패를 솔직히 인정하고 반성하는 자세나, 직장의 동료나 고객에게 다한다고 하는 이타의 정신이 사원의 마음에 나타나서 한 사람 한 사람의 행동을 바꿨다.

둘째, 일체감의 양성(釀成)이다. 파탄 시의 JAL에서는, 사원은 각각의 입장에서 자신의 권리나 정당성을 주장하는 경향이 강해 보였다. 경영파탄이라고 하는 사태가 되어도 현장의 사원은 경영진에게 원인이 있다고 생각하고, 경영진은 현장의 사원이나 노동조합에 문제가 있다고 생각하는 일이 많았다. 모회사와 자회사, 본사와 현장, 간부와 일반사원이라고 하는 식으로 입장마다 사고방식이 제각각이었는데, 의식개혁에 의해서 일체감이 있는 집단이 되었다.

셋째, 경영자 의식의 양성이다. 이나모리가 말하는 경영의 원리원칙 '매출 최대, 경비 최소'를 중시하는 의식이 뿌리내려 사원은 채산을 의식하고, 그 향상에 힘쓰면서 그날그날의 업무에 매진하게 되었다.

이나모리는 '이타(利他)'라고 하는 말을 자주 이용한다. 경영자인 이나모리에게 있어서의 이타 행위란 사원의 생활을 지키고 행복하게 하는 것이다. 이나모리가 사원에게 의식개혁을 호소한 것은, 회사가 경영파탄해서 곤란에 괴로워하는 JAL 사원을 어떻게든 행복하게 해주고 싶다고 바랐기 때문이다. 이나모리의 큰 사랑, 이타의 정신이 사원의 마음에 닿음으로써 사원 수 32,000명의 거대한 조직의 의식개혁이 가능하게 되었던 것이다.

자료: sisapress.com

🔷 그림 9-3 현장을 지휘하고 있는 이나모리 가즈오 일본항공 회장

의식개혁이 추진됨으로써 사원끼리의 제휴(提携)가 원활해지고, 고객에 대한 서비스는 향상되었다. 경비절감을 위한 노력도 잘 진행되었다. 사원은 일하는 보람을 느끼고, 다른 이해관계자(stakeholder)에게도 바람직한 변화가 초래되었다. JAL의 재건이란 종업원이나 고객에 대한 배려, 깊은 애정에 의해 실현된 것이다.

이나모리의 경영 스타일은 작금의 부정회계나 품질위장 등 잔재주로 경영상태를 겉꾸미는 사례도 자주 일어나는 속에서, 전 사원의 경영참여에 의하여 업적 향상, 서비스 향상을 이룩하는 실효력이 높은 보기 드문 모델이라고 생각할 수 있다.

2. JAL에 있어서의 의식개혁 전제와 재건의 프로세스

JAL의 의식개혁을 고찰하기 전에 그 전제로서 JAL이란 어떠한 회사였는지를 그 발족의 경위와 역사, 사원의 기풍(氣風)으로부터 확인해 보기로 한다. 또한 의식개혁을 추진하는 과정에서 기초가 되었던 이나모리의 경영철학이란 원래 어떠한 체계인지를 명확히 한다.

(1) JAL의 역사와 문화적 특징

JAL의 설립 역사는 제2차 세계대전까지 거슬러 올라간다. 제2차 세계대전 후, 일본 국적의 항공기는 GHQ(General Headquarters, 연합군 최고 사령부)[2]에 의

---

2) 정식명칭은 'Supreme Commander for the Allied Powers'이며 'SCAP'이라고 줄여 부른다. 이 연합군 최고 사령부를 영어권에서는 SCAP으로, 일본에서는 GHQ로 지칭하는 경향이 있는데, 원래 GHQ는 미국 본토를 방어하던 미 육군 최고 사령부를 말하는 것으로 지금은 'United States Army Force Command'라는 이름으로 바뀌었다. 'GHQ'의 사전적인 의미는 다른 특정한 것을 가리키는 것이 아니라 그냥 '총사령부'이다.

해서 민관을 불문하고 모든 운항이 정지되고 있었다. 1950년 6월에 운항정지가 해제되자, 다음해 1951년 1월에 일본항공창립준비사무소가 개설되었다. 같은 시기에 그밖에 네 개 회사가 항공운수사업에 참여를 신청했는데, 최종적으로 일본항공으로 단일화되어 1951년 정부주도에 의한 반관반민(半官半民)의 체제로 '일본항공주식회사'가 설립되었다.

1954년 JAL은 제2차 세계대전 후, 일본의 항공회사로서 처음 국제선 운항을 개시하고, 그 후 일본의 고도경제성장에 발맞추어 급속히 그 규모를 확대했다. 1972년에는 운수대신 통지에 의해 JAL은 국제선과 국내간선을, 전일본공수(全日本空輸, 전일공)는 국내간선과 로컬선 등을 주로 운항하도록 정해져, 두 회사가 나누어서 경영하는 상황이 이어졌다. 1980년대에 들어서자 국제선에 대한 규제가 완화되어 전일공(全日空) 등이 국제선에 참여함으로써 경쟁이 심해졌다. 그 결과로서 항공운임은 내려가고, 엔고와 더불어 일본인 해외여행이 비약적으로 증가하게 되었다.

이러한 환경 속에서 JAL은 여객과 화물을 포함한 국제선의 운송실적을 계속해서 늘려 오랫동안 라이벌 관계에 있던 판아메리칸 항공 등을 앞지르고 1983년부터 5년간에 걸쳐 세계 제1위가 된다. 그 후도 성장을 계속한 JAL은 2007년 3월기에 수익성은 높아지지 않은 채 매상고는 2조3천억 엔을 돌파하여 일본을 대표하는 국제기업으로서 일본 국내외에서 높은 평가를 얻어 인기기업 랭킹에도 항상 톱을 유지했다.

| 1959년 | 1989년 | 2002년 | 2011년 |

자료: airtravelinfo.kr

그림 9-4 JAL 로고의 변천사

한편으로, 1985년 8월에 단독기(單獨機)의 사고로서는 세계 최대의 희생자를 낸 JAL 123편 추락사고를 일으켜 탑승객 524명 중 520명 사망, 4명은 중상을 입었다. JAL은 안전에 대한 체질이 엄격하게 규탄을 받았다. 마찬가지로 1985년에는 나카소네 수상(당시)으로부터 국영기업이나 특수법인의 민영화추진정책이 내세워져 1987년 11월에 JAL은 완전히 민영화되었다. 민영화 후는 호텔 사업 등에 더해서 교육사업이나 IT사업, 레스토랑 사업이나 출판사업의 자회사를 차례차례 설립하는 등 사업의 다각화를 추진하고 있었다.

이 동안에도 최고경영자에 관료출신자가 취임하는 등, 반관반민 시대의 관습이 온존되었다. 무모한 다각화나 점보기의 대량 구입, 적자노선의 취항 등 정부로부터의 간섭도 계속되고 불안정한 경영이 이어졌다. 또 JAL에서는 노동조합 문제도 오랫동안의 현안이었다. 민영화 후에도 노사대립은 해소되지 않고 고코스트 체질의 한 요인이 된 것 외에, 나중의 연금채무문제의 원인(遠因)이 된다. 경영의 개선을 향해서 카네보우의 이토(伊藤淳二) 씨가 1985년에 초빙되어 회장에 취임했지만, 2년 만에 퇴임했다.

1990년대에 들어서자 걸프 전쟁에 의한 해외도항자의 감소와 연비의 고등(高騰), 버블 경제의 붕괴 등 외부환경의 격변, 연료의 선물거래 실패 등의 경영판단 미스, 노동조합 활동에 후원된 인건비의 상승 등의 악조건이 겹쳐, 냉엄한 경영 상황이 이어졌다. 1992년도의 연결결산에서는 567억 엔의 세금공제 전 적자를 계상(計上)하고 있다. 일본 국내외 호텔 등의 자산매각이나 계약제 객실승무원 제도의 도입 등에 의한 인건비의 삭감, 불채산노선(不採算路線) 폐지 등의 구조조정을 실시했지만, 철저하지 못하고 발본적인 경영개혁을 추진할 수 없었다.

2000년대에 들어서자 2003년 3월에 발생한 이라크 전쟁이나 SARS 등에 의한 해외도항자의 격감 등의 마이너스 요인이 겹쳐, 업적은 급속히 악화되고 있었다. 이 상황을 타파하기 위해서, JAL은 '성역 없이 코스트 삭감을 실시한다'는 표어 하에 철저한 구조조정을 추진하고자 했다. 그러나 이 노력도 불충분하여 고코스트 체질이나 관료적인 풍토를 불식할 수는 없었다.

2007년 후반부터 일어난 세계 동시불황이나 리먼 브라더스 사태, 원유의 고등

(高騰), 신형 인플루엔자의 발생 등에 의해 2008년 이후는 경영상황이 더욱 악화
됐다. 2009년에 들어서자 매스컴이 빈번하게 JAL의 경영위기를 보도하게 된다.
정부는 2009년 8월에 '일본항공의 경영개선을 위한 유식자회의'를 설치하여 대
책의 검토를 실시했다. 2009년 8월에 발족한 민주당 정권에서도 JAL의 재건은
큰 테마가 되어, 유식자회의에 대신하여 JAL 재생 태스크포스가 설치되었다. 재
건을 향한 논의가 이루어졌지만, 최종적으로는 2010년 1월 19일 약 2조3천억 엔
이라고 하는 전후 최대의 채무를 떠맡은 채 회사갱생법의 적용을 신청했다.

자료: hanaro.co.br

그림 9-5 파산 보호신청을 한 JAL

    이것이 JAL 발족으로부터 경영파탄까지의 경위이다. 이 발자취 중에서 JAL의
문화적인 특징을 어떻게 간파할 것인가. 먼저 경영파탄 후에 대표이사 사장에
취임한 오니시(大西)가 'JAL에 빠져 있던 것'으로서 말하고 있는 것을 확인하고
자 한다.

    "이나모리 명예회장으로부터는 예리한 지적을 받았습니다. '경영자로서의 자
질이 없는 사람이 너무나 지나치게 많다.' 마음에 깊이 와 닿는 말씀이었습니다.

    정말 그랬습니다. '이익책임을 지고 있는 것은 누구입니까?'라고 하는 질문을
하셨다고 합니다. 아마 당시의 일본항공은 누구도 손을 들지 않으므로, 사장인
제가 손을 든다고 하는 상태였습니다. '제가 이 부문의 이익책임을 지고 있습니
다'라고 손을 들 수 있는 인간이 없는 조직 만들기 방식이었던 것입니다.

자료: sisapress.com

🏵 그림 9-6 일본 최대 항공사 파산

　거기에는 이익에 대한 책임감이 없으므로, 수입의 최대화와 경비의 삭감을 도모한다고 하는 발상도 의지도 없었습니다.

　더욱이 이나모리 명예회장은 필로소피, 철학이 없다고 지적하셨습니다. 실은 우리들은 이 점에 대해서 엄청난 착각을 하고 있었습니다. 우리 회사는 자유다, 자유로운 발상을 가진 인간의 모임이라고 생각하고 있었던 것입니다. 단지 자발적으로 모여서 무엇인가를 즐기는 집단이라면, 그것으로 된다고 생각합니다. 그러나 어떤 목적을 가지고 있는 조직이 그래서는 안 됩니다.

　경영이념이 없고 철학도 없다고 하는 실태를, 우리들은 자유로운 발상을 허용하는 회사라고 착각하고 있었던 것입니다. 그래 가지고는 결국 해결되지 않습니다. 경영의 목적이 분명하지 않기 때문에, 모두가 제멋대로의 발상으로 움직이는 것이었습니다. 새삼스러운 말같지만 그게 사실이었다고 생각합니다.

　그리고 경영시스템이 빠져 있었습니다. 어떻게 해서 경영해 갈 것인가, 라고 하는 시스템이 없고 경영지표나 회사의 전체 모습이 보이지 않습니다. 명확한 경영의 목적이 없으므로, 목적을 달성하기 위해서 무엇인가 지표를 보고 가자고 하는 발상이 없었던 것입니다.

　일체감이 결여되어 있고, 목표가 공유되고 있지 못합니다. 그리하여 채산의식, 위기감이 없다고 하는 것이 우리들의 실태였습니다.”

오니시 사장의 이 인식에는 사내의 문화나 사풍 면에서의 특징이 반영되고 있다. 파탄 당시 JAL의 사풍을 한마디로 표현한다면, 당사자의식이 빠져 있다고 하는 것이었다. 또 본사와 자회사, 경영간부와 현장 직원이 제각각이었다. 그리고 민간기업을 경영하고 있다고 하는 의식도 희박했다. 이 때문에 파탄의 사실도 다른 인사(人事)처럼 받아내고, 사내가 일치단결하여 재건에 매진한다고 하는 기개가 느껴지지 않았다.

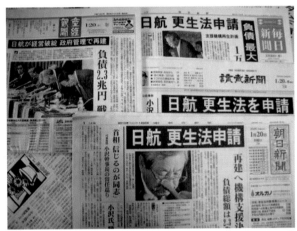

자료: m.jpnews.kr

그림 9-7 JAL 갱생법 신청

어떤 임원은 다음과 같은 이야기까지 했다. "당신은 이익이 중요하다고 말하고 있는데, 그것이 기본적으로 틀려 있다. 공공교통기관인 JAL에서는 흑자는 내서는 안 되는 것이다. 흑자가 되면, 국토교통성(国土交通省)은 운임을 내리라고 말한다. 조합은 임금을 올리라고 말한다. 정치가는 채산의 희망이 없는 새로운 노선을 비행하라고 말한다. 그러므로 지금까지 흑자를 내지 않으려고 해 왔는데, 당신들은 이익을 올리라고 한다. 항공산업은 메이커와는 전혀 다르다는 것을 아무것도 모르고 있다."

이러한 가치관은 설립의 경위나 역사 속에서 양성되어, 파탄의 요인이 된 것이라고 추찰(推察)된다.

(2) JAL 재건의 프로세스

JAL은 결과적으로 산업사(産業史)에 남을 정도의 훌륭한 재생을 이룰 수 있었다. 그 최대의 요인은 틀림없이 이나모리의 존재이며, 이나모리 경영철학이고, 아메바 경영으로 대표되는 그의 경영수법에 있다. 이 재건의 프로세스 중에서 이나모리 경영철학의 침투를 기초로 재건의 프로세스를 정리해 보기로 한다.

일본 최대 항공사인 JAL의 몰락은 일본 경제와 기업의 고질적인 문제를 고스란히 드러냈다는 점에서 큰 파장이 예상된다. '경영의 신'으로 추앙받는 이나모리 가즈오 교세라 명예회장(왼쪽)이 구원투수로 나서 부활을 시도하고 있어 회생 여부에 귀추가 주목된다.

자료: economyplus.chosun.com

🏵 그림 9-8 JAL 침몰이 남긴 교훈

① 이나모리 회장 취임의 인사말

이나모리는 JAL 회장 취임의 인사말에서 회장을 받아들인 대의를 말한 것 이외에 JAL 경영의 목적, 이나모리 자신의 강한 결의 · 생각을 표명했다. 이 취임 인사말에 의식혁명을 포함하여 JAL 재건을 성공시킨 모든 기본적인 요소가 포함되어 있다.

먼저 모두(冒頭)에서 이나모리는 회장직을 받아들인 대의를 다음과 같이 설명하고 있다.

자료: economyplus.chosun.com
⊛ 그림 9-9 JAL 회장에 취임하는 이나모리

먼저 일본경제에 대한 영향이다. 일본항공은 일본을 대표하는 기업의 하나일 뿐만 아니라 일본경제를 상징하고 있는 기업이기도 하다. 그 일본항공이 쇠퇴에서 빠져 나갈 수 없고 2차 파탄이라도 된다면, 일본경제에 나쁜 영향을 미칠 뿐만 아니라 일본국민도 더욱 더 자신감을 잃어버린다. 거꾸로 재건을 성공시킨다면, 일본경제에도 좋은 영향을 미칠 수 있다.

두 번째는, 일본항공에 남겨진 사원들의 고용을 지킨다고 하는 것이다. 재건을 성공시키기 위해서는, 유감스럽지만 많은 사원에게 직장을 떠나도록 하지 않으면 안 된다. 그러나 재건을 성공시킨다면, 남겨진 많은 사원의 고용은 지킬 수 있다.

세 번째는, 이용자의 편리성 때문이다. 만일 일본항공이 파탄하면, 일본 국내에 대기업 항공회사는 한 회사만 남는다. 그렇게 되면 경쟁원리가 작용하지 않게 되어 운임은 높아지고 서비스도 악화해버린다. 그것은 결코 이용자를 위함이 아니다. 자본주의 경제는 건전한 경쟁이 있어야 비로소 그 장점을 누릴 수 있는 것이며, 그것은 항공업계도 예외는 아니다. 복수의 항공회사가 절차탁마(切磋琢磨)하는 속에서 이용자에게 더욱 싸고 좋은 서비스를 제공할 수 있게 되는 것이다.

자료: baodautu.vn

🌐 그림 9-10 기업재생 보증수표, 이나모리

회장에 취임한 세 가지의 대의를 이와 같이 말하고, 덧붙여 "경영의 목적은 전 사원에 대한 물심양면의 행복을 추구하는 것 이외에 없다. 나 자신은 항공업계에는 전혀 초심자이지만, 자신의 50년 이상에 걸친 경영자로서의 경험으로부터, 자신의 경영철학을 기초로 의식개혁을 실시하고 아메바 경영을 도입하고 싶다. 그렇게 하면 재건은 가능하다. 아무쪼록 나만 믿고 따라와 주기 바란다."라고 전 사원에게 전했다.

또 재건의 각오로서 순수하고 강한 마음을 가지고 재건을 추진해가고 싶다고 이야기했다. 더욱이 자신이 78세로 고령이며, 또 다른 일도 있으니 일본항공의 재건에 100% 전념할 수 있는 것도 아니므로, 무보수로 회장직을 맡겠다는 것도 전했다.

② 의식개혁 추진의 여섯 가지 원칙

JAL에 있어서의 의식개혁은 순풍이라고는 말하기 어려운 상황에서 시작되었다. 매스컴에서는 "JAL의 의식개혁이 가장 어렵다."고 평가하고 있었다. 사내에서는 "이나모리 씨의 사고방식은 책을 읽어 잘 알고 있다. 그러나 그것은 제조업이기 때문에 통용된 것이지 서비스업에서는 통용되지 않는다."고 이야기되고 있었다.

　그와 같은 가운데 의식개혁의 추진에 즈음해서는 여섯 개의 원칙을 정하여, 그것에 따라서 여러 가지 시책을 실시했다. 다음의 여섯 가지 원칙이다.

자료: post.naver.com

그림 9-11 JAL의 의식개혁

의식개혁에 즈음한 여섯 가지 원칙

（ⅰ）자사의 문화는 자사에서 만든다.

（ⅱ）리더부터 변화시킨다.

　　　- 리더의 의식이 바뀌면, 부하의 의식도 바뀐다. -

（ⅲ）전 사원의 일체감을 갖게 한다.

　　　- 본사와 현장에 있는 사원의 접점을 늘리고 방향을 같게 한다. -

（ⅳ）현장사원의 모티베이션을 조금이라도 높인다.

　　　- 현장사원의 노력을 인정하고 감사한다. -

（ⅴ）변화를 계속해서 일으킴으로써 진심을 보인다.

（ⅵ）속도감을 중시한다.

　　　- 필요한 것은 단숨에 실행한다. -

자료: koweekly.co.kr

🌐 그림 9-12 JAL의 파격적인 구조조정

자료: chosun.com

🌐 그림 9-13 전 사원의 일체감 조성

3. 의식개혁에 의한 사원의 행동변화

의식개혁은 마음과 행동의 변화를 촉구함으로써 업무의 프로세스와 성과, 그리고 기업의 업적을 변화시킨다. 일본항공에서 실제로 어떠한 사원의 행동변화가 일어나고 서비스의 향상이나 채산향상에 이어지고 있었는지를 확인하기로 한다.

(1) 수급상황에 따른 유연한 대응

JAL 재건의 과정에서는 2011년 3월의 동일본 대지진, 그 후의 중일관계의 악화, 신형항공기 보잉 787의 트러블 등, 예상 외의 사태에 반복하여 조우했다. 이전이라면 이것들은 업적저하의 핑계가 되어 있을 가능성이 높지만, 의식개혁 후의 JAL에서는 관계부서의 사원들이 스스로 대책을 생각하고, 서로 협력하면서 서비스의 향상, 비용삭감, 그리고 업적향상에 힘쓰고 있다.

예를 들면, 항공편의 수요가 크게 감소한 것 같은 경우에도 종래는 기재(機材)의 변경은 하지 않고, 공석인 채 운항하는 것이 당연했었는데, 의식개혁이 추진됨으로써 대형기재를 중형기재로 변경한다고 하는 유연한 대응을 취하고, 일편마다의 수지를 맞추는 노력이 행하여지게 되었다. 기재를 변경할 경우, 조종사나 객실 승무원(cabin attendant, CA)의 변경도 필요하게 되는데, 일체감의 양성이나 채산의식의 고취 하에서 조직, 직종을 초월한 협력체제가 구축되고 있다.

자료: hankookilbo.com

그림 9-14 의식개혁 '아메바 경영'으로 흑자전환

(2) 서비스 질의 향상

종래의 JAL 고객 서비스에는 매뉴얼 지상주의의 면도 있고, 은근무례(慇懃無

禮, 지나치게 은근히 대접하여 오히려 무례함을 느낌)³⁾라고 하는 비판도 있었다. 이것도 이나모리 취임 후 서둘러 '항공산업은 궁극적으로 서비스 산업이다'라고 사원에게 강조한 일도 있고, 철학 교육이 시작된 후는 철학에 기초해서, 매뉴얼 이전에 '고객에게 어떻게 하면 기뻐할까'라고 하는 관점에서, 현장의 사원이 스스로 생각하고 행동할 수 있도록 되었다. 그 결과, JAL의 서비스는 좋아졌다고 하는 칭찬의 말을 듣는 일도 늘어났다. 현장의 사원으로부터도 "철학을 배워서 자신이 옳은 판단을 할 수 있도록 되었다. 그 결과, 고객에게 기쁨을 줄 수 있으므로, 일이 즐겁게 되었습니다."라고 하는 이야기가 들리게 되었다.

자료: ar.jal.com

🌐 그림 9-15 JAL 기내 서비스의 질 향상

예전 조종사의 기내 알림(announcement)은 틀에 박힌 것이었지만, 조종사 자신이 코멘트 내용을 생각하여 스스로의 말로 손님에게 말을 걸도록 되었다. 이 알림을 즐기는 고객도 늘어나고 있다. 또 조종사가 탑승할 때, 탑승 게이트 앞에서 이용자에게 감사의 마음을 담아 인사하는 습관이 뿌리내렸다.

또, 예를 들면 발권업무를 담당하는 지상 스태프가 매뉴얼에 없는 서비스를 행하여 고객을 기쁘게 하는 사례도 늘어났다. 어떤 지상 근무 사원은, 고령이기 때

---

3) 표면적으로는 친절하게 보이지만 속 내면은 교만하고 잘난 체함을 비유함.

문에 이번이 최후의 여행이 된다고 말하는 고객에 대해서 기념으로 사진첩을 선물하려고 생각했다. 경유지를 확인하고 가는 곳마다의 공항이나 객실 승무원에게 연락을 취하고 협력을 얻어 각지에서 기념품의 증정이나 기념사진의 촬영을 행함으로써, 최고의 대접을 했다고 하는 평가를 받았다.

(3) 매출최대 · 경비최소의 실천

각 현장에서는 경비가 눈에 보이도록 하는 등, 경비삭감을 향한 여러 가지 노력을 자주적으로 행하고 있다. 아메바 경영 도입 후에는 전사원이 어떻게 하면 자기 부문의 매출을 늘리고 경비를 삭감할 수 있는지를 생각하게 되고, 채산성 향상에 크게 공헌하고 있다.

정비본부에서는 기름 먹인 걸레나 목장갑 등 매일의 업무에서 사용하는 용구의 가격을 게시하고, 가능한 한 소중하게 사용하고자 하는 의식을 꾀하고 재이용에 힘쓰게 되었다. 공항의 지상 스태프는 보통석보다 랭크가 위인 클래스 J나 퍼스트 클래스에 빈 자리가 있으면, 접수 카운터나 탑승구에서 안내하여 고객에게

"경영이란 간단합니다.
매출은 최대화하고,
비용은 최소화하십시오"

자료: media.korcham.net

🔷 그림 9-16 고수익 경영 비결과 실천방법

권유하도록 되었다. 고객 서비스의 향상과 수입의 증대를 동시에 실현하고자 힘쓰고 있다. 또 콜센터 업무를 행하는 관련회사는 세계 최고의 콘택트 센터를 목표로 하고, JAL 고객과 JAL 그룹에 대한 공헌을 미션으로 내세웠다. 서비스 질의 향상과 고객만족의 양립을 목표로 하여 공손하고 적확한 응답에 힘쓰고, 단시간에 예약으로 이어지며 고객에게도 기쁨을 줄 수 있고 채산도 향상시키고 있다.

(4) 업적의 변화를 가져온 것

사원의 행동변화는 결과로서 업적에도 명확히 나타났다. 회사갱생법의 적용 신청 후의 업적은, 2011년 3월기는 매출 1조3,622억 엔, 영업이익 1,884억 엔이었다. 갱생계획의 실시에 의한 규모의 축소에 따라 매출은 감소했기는 했지만, 매출영업이익률은 13.8%로 대폭 개선되었다. 더욱이 2012년 3월기는 매출 1조 2,048억 엔이 되어 파탄으로부터 불과 2년 8개월이라고 하는 단기간에 재상장을 달성할 수 있었다.

그 동안 JAL의 물리적 환경은 아무것도 바뀌지 않았다. 기재(機材)는 오래된 채, 신예기(新銳機)를 다수 보유하는 타사와 비교하면, 대폭 못해 보인 그대로였다. IT 시스템도 갱신되지 않고 많은 수작업이 남아 있는 채였다. 사원의 처우는 경영파탄에 의하여 대폭 악화하고, 급여수준도 타사에 비해서 낮아졌다. 많은 사원에게 직장을 떠나도록 했기 때문에, 한 사람 한 사람의 업무 부담은 크게 늘어나 있고 직장 환경은 결코 풍족한 것은 아니었다.

물리적인 환경은 파탄 시와 아무것도 바꾸지 않은 채, JAL은 단기간에 고수익 기업이 되어 재건을 완수했다. 이 사실에 대해서 어떤 JAL의 간부는 "우리들은 하드웨어나 소프트웨어 모두 낡아서 이류인지 모릅니다. 그러나 우리들은 지금 최강의 휴먼웨어를 가지고 있습니다. 그러므로 강해진 것입니다. 철학을 배워서 마음으로부터 감사하고 있습니다."라고 말하고 있다.

눈에 보이는 설비 등의 하드웨어는 시간이 지나면 상태나 품질이 나빠진다. 소프트웨어도 진부화한다. 그러나 휴먼웨어, 다시 말하면 인간의 마음은 시간이

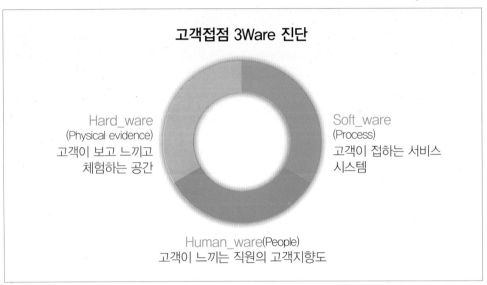

자료: semagroup.co.kr

🕸 그림 9-17 고객접점 3웨어

지나도 연마하면 반드시 성장한다. 경영파탄이라고 하는 매우 냉엄한 환경 속에서 회사에 남은 사원들은 철학을 열심히 배워서 자신들의 마음을 바꾸고 행동을 바꾸었다. 그 결과 JAL은 단기간에 재건할 수 있었던 것이다.

4. 이나모리 경영철학의 가치

JAL을 기사회생시킨 이나모리 경영철학의 가치에 대해서 고찰해 보기로 한다.

JAL 재생의 프로세스로부터 확인할 수 있는 것은, 이나모리 경영철학에는 인간의 마음을 바꾸는 힘, 기업을 바꾸는 힘이 있다고 하는 것이다. 이나모리가 제로에서 창업한 교세라, KDDI에서도 마찬가지의 효과를 확인할 수 있다.

왜, 이나모리 경영철학은 인간의 마음을 바꿀 수 있을까. 이나모리 경영철학의 전제가 되는 것은, 인간은 훌륭한 존재이다, 라고 하는 인간관이다. 무슨 사연으로 죄를 지은 사람이든, 모두 다른 사람에게 도움이 되고 싶다, 충실한 인생을 보내고 싶다고 마음속에서는 바라고 있을 것이다. 누구나 착한 일을 하고 싶다고 하는 양심을 가지고 있다.

그런데 인간에게는 한편으로 본능이라고 하는 것이 있어서 자신을 지키려고 한다. 자신을 조금이라도 잘 보이고 싶다고 하는 자존심도 있다. 양심을 가지면서도 본능이 있기 때문에, 예를 들면 조금이라도 자신의 생각대로 진행되지 않는 일이 있으면, 자신은 잘못이 없다고 바로 불평불만을 말하고 타인을 비판해 버린다. 그러한 행동을 본능에 의거해서 취해버리고, 매일의 생활을 보낸다고 하는 것도 인간이다. 다시 말하면, 남에게 도움이 되고 싶다, 훌륭한 인생을 보내고 싶다고 바라고 있으면서도, 매일의 생활 속에서 세상의 때투성이가 되어버린다고 하는 것이 인간인 것이다.

자료: vip.mk.co.kr

🏵 그림 9-18 맹자의 성선설 vs 순자의 성악설

그 때를 제거하면 인간은 본래의 모습이 나타나 아름다운 마음을 겉으로 드러낼 수 있다. JAL의 사원들도 그러했다. JAL에는 고학력으로 자존심이 높은 사람이 많았다. 관료적인 사풍 속에서 사내의 일에만 관심이 있는 사람도 많았다. 세상으로부터 비판을 계속 받아도 왜 자기들만이 비난 받는가, 하고 불평불만을 말하는 사람도 있었다. 이것은 인간 본래의 아름다운 마음이 때투성이가 되어버렸다고 하는 것이다.

　JAL의 사원은 이나모리 경영철학을 배움으로써 그 때를 제거하고 본래 가지고 있는 아름다운 마음, 양심을 겉으로 드러낼 수 있게 된 것이다. 다시 말하면, 마음을 바꿀 수 있게 된 것이다. 그리하여 전 사원이 경영철학에 기초하여 아름다운 마음으로 고객을 위하여 그리고 동료를 위하여 필사적으로 재건에 매진함으로써 JAL의 재생을 성공시켰다.

자료: paradi.shift.com

🔵 그림 9-19 왜 일하는가?

　이나모리 경영철학의 가치란, 인간이 본래 가지고 있는 아름다운 마음을 발휘시키는 데 있다고 생각한다.

　다만, 사원에게 전달하여 교육한 것만으로는, 이나모리 경영철학은 본래의 힘을 발휘할 수 없을지도 모른다. 본래의 힘을 조직 속에서 발휘시키기 위한 조건이 있다. 그것은 먼저 리더가 이나모리 경영철학을 진지하게 배우고, 그리고 솔선수범하여 실천하고, 체현(體現)하지 않으면 안 된다고 하는 것이다.

리더가 인간으로서 올바르다는 것을, 다시 말하면 경영철학을 실천해 보이는 것이야말로 많은 동료에게 그 중요성을 알아차리게 하고 납득시켜서 '좀 더 배우고 싶다, 함께 실천하고 싶다'라고 생각하게 할 수 있다.

JAL의 경우, 이나모리 경영철학을 배움으로써 많은 간부들도 이나모리처럼 되고 싶다고 생각하여, 조금씩 철학을 체현할 수 있게 되었다. 그와 같은 리더와 함께 일을 하게 된 일반사원들의 의식, 행동도 바뀌어갔다. 그리하여 JAL은 변하고 업적도 향상되어 갔던 것이다.

이나모리 경영철학을 체현하기 위해서 필요한 것은 자신의 마음을 고양(高揚)하는 것이다. 자기보다도 상대방을 배려하는 다정함과 강인함, 순수하고 큰 사랑, 그와 같은 인간이 원래 가지고 있는 아름다운 마음, 이타심을 겉으로 드러낼 수 있도록 될 필요가 있다. 자기의 일만을 생각하고, 손해와 이득으로 사물을 생각해서는 아무리 이나모리 경영철학을 겉으로 흉내내더라도 사원의 마음을 사로잡아 바꿀 수 없다. 리더는 이나모리 경영철학을 배우고 실행할 필요가 있는데, 그러기 위해서는 먼저 자신의 마음을 연마하고 아름답게 할 필요가 있는 것이다.

나는 신사업에 뛰어들 때 진출 동기에 사심이 있는지 스스로 자문하는 과정을 거친다. '이 사업에 뛰어들고자 하는 것은 정말로 국민을 위해서인가? 회사나 자신의 이익을 꾀하고자 하는 사심이 섞여 있지는 않은가? 과시적 행동은 아닌가? 그 동기는 한 점 부끄러움 없는 순수한 것인가?' – 이나모리 가즈오 –

자료: injaeedu.kr

🏵 그림 9-20 이나모리 가즈오 명언

어떠한 집단이든 이미 그 집단의 리더인 사람 혹은 리더를 목표로 하는 사람은 먼저 자신의 마음을 고양할 필요가 있다. 그렇게 하면, 인간적으로도 성장하고, 주위 사람들의 협력을 얻을 수 있게 되어 자연히 리더로서의 역할이 주어지게 된다.

이나모리 가즈오 회장 연보

1932년	가고시마에서 출생
1959년	교토 세라믹 주식회사 (현 교세라 주식회사) 설립, 1997년부터 명예회장
1984년	DDI(현 KDDI) 설립
2005년	불가 입문
2010년 2월 ~	파산한 JAL의 회장 맡아 재생 주도
저서	'소호카의 꿈', '왜 일하는가' 등에서 인생·일의 결과 = 사고 방식 (−100점~+100점) × 열정(0~100점) × 능력(0~100점), '낙관적으로 구상하고 비관적으로 계획하며 낙천적으로 실행하라' 등을 주창

'이나모리 경영' 12조항

1	사업 의의와 목적을 명확히 하라.	7	경영은 강한 의지로 결정하라.
2	구체적인 목표를 세워라.	8	불타는 투혼
3	강렬한 열망을 품어라.	9	용기를 가지고 일에 임하라.
4	누구에게도 뒤지지 않는 노력을 하라.	10	항상 창조적으로 일하라.
5	매출은 최대화하고 비용은 최소화하라.	11	배려의 마음으로 성실히
6	가치(가격)를 결정하는 것은 경영	12	항상 밝고 긍정적으로 꿈과 희망을 갖고 순수한 마음으로 경영하라.

자료: segye.com

🏵 그림 9-21 '경영의 신'으로 불리는 이나모리 가즈오

또 이나모리 경영철학은 일반 사람들에게 있어서도 대단히 가치가 있다. JAL 경영철학의 제1부는 '훌륭한 인생을 보내기 위해서'이며, 이나모리 경영철학은 모든 사람이 행복한 인생을 보낼 수 있도록 되기 위한 사고방식이 표시된 것이다. 이나모리가 창업한 교세라, KDDI의 경영이념의 모두(冒頭)에도, 이나모리가 재건한 JAL의 경영이념의 모두에도 '전 종업원의 물심양면의 행복을 추구한다'는 것이 경영의 목적이라고 명기되어 있는 사실에서도 분명하다.

이와 같이 이나모리 경영철학이란 훌륭한 리더가 되기 위한, 또 사람들이 행복해지기 위한 사고방식이 표시된 것이라고 이해할 수 있다. 그 때문에 JAL 재건에도 큰 힘을 발휘했던 것이다.

제4차 산업혁명을 위한 조직 만들기
| 아메바 경영의 진화 |

Chapter 10

의료조직에서의
아메바 경영

Chapter 10 의료조직에서의 아메바 경영

1. 서론

제조기업에서 탄생한 관리회계 시스템이 서비스업에 도입이 추진되고 있다. 서비스업 중에서도 의료조직에 도입된 사례가 주목을 끌고 있다. 의료의 질 향상 및 의료조직의 건전한 경영이 중요한 과제로 되어 있기 때문이다. 전략론의 연구자로서 유명한 포터는 공저에서 다음과 같이 말하고 있다.

"의료의 가치를 실제로 제공하고 있는 것은 병원이나 진료소, 의사 그룹, 개인 의사 등이며, 그들이 의료 시스템의 중심적인 존재이다. (중략) 결국 의료 시스템의 좋고 나쁨은 의학이 어떻게 실천되는가, 환자가 어떠한 진료를 받는가로 정해지며, 따라서 의료 제공자가 중심적인 존재이다.

(중략) 의료의 질이 낮다는 것을 나타내는 사례는 무수히 많으며, 의료 제공자에게는 의료의 가치를 개선하는 전략이나 조직체제, 업무운영이 갖추어져 있지 않은 것이 분명하다. 이것은 의료기술의 수준이 낮다고 하는 것이 아니라, 의료의 제공체제나 그 운영이 나쁘다고 하는 것을 가리키고 있다."[1]

문제는 의료기술 수준이 낮다고 하는 것이 아니라, 의료의 제공체제나 그 운영이 나쁘다고 지적받고 있는 것에 주목할 필요가 있다.

---

1) Porter, M.E. and E.O. Teisberg, Redefining Health Care : Creating Value Based Competition Result, Havard Business School Press, 2006, p.149.

자료: myelomacrowd.org

🏵 그림 10-1 세계 최고의 종합병원 메이요 클리닉

　미국에서 2016년 세계 최고의 종합병원으로 메이요 클리닉(Mayo Clinic)이 선정됐다. U.S. 뉴스는 미국 내 약 5000개의 의료센터를 대상으로 여러 임상 전문과, 시술 등 각 분야별로 환자의 생존율 및 안전성, 간호인력 등을 종합해 평가한 결과 이같이 나타났다고 발표했다.

　먼저 보건의료 계열은 대다수의 다른 서비스 계열과는 중요한 차이가 있다.[2]

　첫째, 보건의료 고객들은 보통 아프거나 다쳐서 심각한 스트레스를 받고 있다.

　둘째, 입원 환자들은 서비스 시설에 발을 딛는 것뿐만 아니라 심지어 그 안에서 살아야 한다.

---

2) 레너드 L. 베리 · 켄트 D. 셀트먼 지음, 김성훈 옮김, 메이요 클리닉 이야기, 살림Biz, 2012, pp. 33~65.

셋째, 보건의료 서비스는 어쩔 수 없이 찾는 서비스지, 원해서 찾는 서비스가 아니다.

넷째, 보건의료 서비스는 본질적으로 프라이버시와 관련될 수밖에 없다.

다섯째, 보건의료 고객들은 다른 서비스 고객들보다 훨씬 전인적인 맞춤형 서비스를 요구하는 경우가 많다.

여섯째, 보건의료 고객들은 이미 가지고 있는 문제를 넘어 더 심각한 손상을 받을 위험을 감수해야 한다.

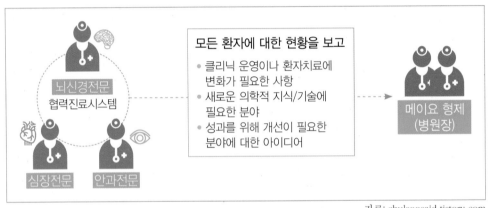

자료: chulsoosaid.tistory.com

🔆 그림 10-2 메이요 클리닉의 팀을 통한 협력 진료 모델

메이요 클리닉의 최우선 가치는 바로 '환자의 필요를 최우선으로(The needs of the patient come first)'라는 것이다. 이 가치관은 메이요 클리닉 접수창구에서 경영진까지 모든 부분에서 어떤 결정을 내리고 어떻게 행동할지 안내하는 역할을 한다. 또한 환자를 돌볼 때 의학적, 윤리적으로 어떻게 결정을 내리고 어떤 서비스를 제공할지 결정하는 지침 역할도 한다.

특히 교육 과정에서는 의사들에게 환자가 처음 꺼내는 말에 끼어들지 말고 끝까지 다 들으라고 가르친다. 그리고 말이 끝나면 "혹시 더 하실 말씀은 없으신가요?"라고 물어서 환자가 중요한 정보나 관련 사항을 감추고 있는 것은 없는지 확인해야 한다.

그리고 어느 직원이든 곤란에 빠지거나 상태가 악화되고 있는 환자를 봤다면 이때 가장 필요한 것은 권한 부여이다. 메이요 클리닉은 2005년에 '플러스원'이라는 프로그램을 시작했다. 이 프로그램은 '환자에게 의학적으로 필요한 사항'을 충족하기 어렵다고 판단될 때 중요한 정보들을 정확하고 설득력 있게 전달하기 위해 설계한 것이다. '플러스원'이란 어느 누구든 환자에게 필요한 것이라면 언제라도 지휘 체계를 거슬러 올라가 상부의 협조를 요구할 수 있게 하는 것이다. 예를 들어, 함께 일하고 있는 간호사들은 심지어 새벽 2시라 하더라도 당직 의사를 부를지 말지 빠른 시간 안에 결정할 수 있다. 간호사든, 기사든, 의사든 진료 팀 중 그 누구라도 이 방법을 사용해서 환자의 필요가 적절한 시기에 적절한 방법으로 충족되고 있는지 확인할 수 있다.

🌐 그림 10-3 돈보다 생명

서비스는 결국 수행이고, 그것을 수행하는 것은 사람이다. 고객의 관점에서는 서비스를 수행하는 사람이 바로 그 회사다. 따라서 회사는 고객 시장점유율 확보를 위한 경쟁에 힘쓰듯 인력 시장점유율 확보를 위한 경쟁에도 총력을 다해야 한다.3)

　　보건의료에서는 서비스를 제공하는 의사, 간호사, 임상 기사들이 권력을 쥐고 있다. 서비스를 받는 사람은 오히려 검사 테이블이나 병동 침실에서 자신의 사회적 지위를 드러내주던 장식들을 모두 벗고 획일화된 볼품없는 옷을 입은 채 가장 나약한 모습으로 누워 있다. 게다가 환자는 고통스럽고 두려운 절박한 상황에 놓여 있는 경우가 많다. 이렇게 극도로 예민해진 고객들을 직접 상대하는 일에서는 직원들을 제대로 뽑아서 유지하는 것이 대단히 중요하다.

자료: servicedesignplatform.com

　　🔱 그림 10-4 메이요 클리닉, 환자중심 통합 의료서비스 디자인의 선구자

　　메이요 클리닉의 모든 직원들은 클리닉의 핵심 가치에서 나온 다섯 가지 원칙을 바탕으로 평가 받는다.

　　● 환자 진료, 교육, 연구를 위한 절차와 서비스를 꾸준히 개선하려 노력하는가.

---

3) 레너드 L. 베리 · 켄트 D. 셀트먼 지음, 김성훈 옮김, 전게서, p.215.

- 상호 존중의 분위기를 장려하고 다양성을 추구하는 메이요 클리닉의 정신을 지지하는가.
- 팀워크, 개인적 책임감, 통합성, 혁신, 신뢰, 소통 등을 장려하는가.
- 개인적 행동, 사회적 행동에서 높은 기준을 따르려고 애쓰는가.
- 전문적 능력과 기술을 유지, 발전시키고 있는가.

일본에서도 2016년도 진료보수개정(診療報酬改定)에서 소위 '단카이 세대'[4]가 모두 75세가 되는 2025년을 향해서 효과적·효율적으로 질 높은 의료 제공체제의 구축이 기본인식의 하나가 되고 있다. 같은 문제의식으로부터 여러 가지 전문분야의 연구자가 연구에 착수하여, 각각의 전문지식을 살려서 의당한 의료조직의 전략, 조직체제 혹은 관리회계 등에 대한 제언을 하고 있다.[5]

자료: jerrystory.tistory.com

⟐ 그림 10-5 세포 하나하나에 활력을 불어넣자!

---

4) 단카이 세대(団塊の世代)는 일본에서 제2차 세계대전 이후 1947~1949년 사이에 베이비붐으로 태어난 세대를 말한다. 단괴세대라고도 한다.
5) アメーバ經營學術研究會 編, アメーバ經營の進化 : 理論と實踐, 中央經濟社, 2017, pp. 41~59.

본장의 목적은 관리회계 시스템으로서 아메바 경영을 받아들여, 서비스업, 특히 의료조직에의 도입에 따라 아메바 경영이 어떻게 진화했는지, 그것이 의료의 질 향상과 어떻게 관련되어 있는지를 검토하는 것이다.

아메바 경영은 60개 이상 일본의 의료·간호법인에 도입되고, 도입한 법인의 약 90%가 2년 이내에 재무적 업적을 개선시키고 있다. 의료·간호의 질이 내려가면 그와 같은 의료·간호 서비스를 제공하는 법인을 이용하는 사람이 줄고, 결과로서 양호한 재무적 업적을 올리는 것은 곤란할 것이다. 따라서 아메바 경영은 의료·간호의 질 향상에도 기여하는 것으로 추찰(推察)된다.

2. 서비스업의 특징

원가계산 혹은 원가관리의 관점에서 서비스업의 특징으로서 다음의 네 가지를 들고 있다.

① 아웃풋의 정의가 용이하지 않다.
② 아웃풋의 제공에 필요한 활동량은 고객에게 크게 의존하고 있다.
③ 생산요소에 외부요소가 포함된다.
④ 총 원가에 차지하는 고정비의 비율이 크다.

②와 ③은 밀접하게 관련되어 있기 때문에, 여기에서는 서비스업의 특징을 세 가지로 정리해서 설명하기로 한다.

(1) 환자에게 제공되는 서비스의 묶음

제조기업의 생산활동에 대한 아웃풋은 '제품'이다. 그것은 눈에 보이고, 정의하는 것이 용이하다. [그림 10-6]에 보이는 바와 같이 제조기업에서는 디자인, 상세설계, 시험제작, 실험, 생산준비, 생산 · 검사 후에 아웃풋으로서 제품인 자동차가 고객에게 판매된다. 제조기업은 시장조사에 의해 고객이 원하는 것을 원하는 가격으로 제공할 것을 기도(企圖)해서 활동을 행한다. 고객 자신이 제조기업에 있어서의 일련의 활동에 직접적으로 관여하는 일은 없다.

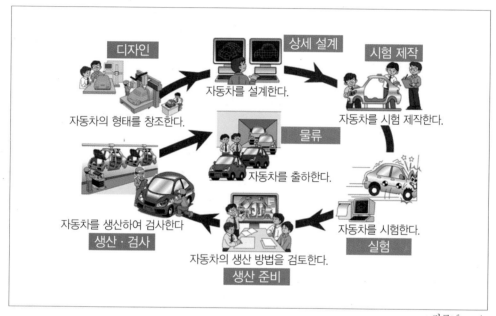

자료: ftr.co.jp

🏵 그림 10-6 일본 국내의 자동차 제조기업의 제조 공정

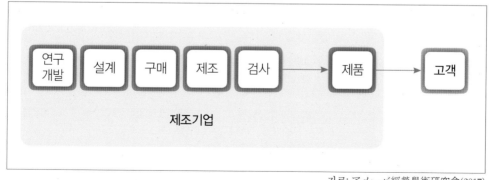

자료: アメーバ經營學術研究會(2017)

🏵 그림 10-7 제조기업에 있어서의 경제적 자원의 흐름

서비스업의 아웃풋은 '서비스'이다. 서비스는 제품과는 달리 눈에 보이지 않고, 정의하기가 용이하지 않다. 그렇다고는 하지만, 아웃풋의 정의가 용이하지 않다고 해서 원가관리를 위하여 아무것도 안 되는가 하면 그렇지는 않다. 병원이라면 환자에 대해서, 무엇을 위하여 어떠한 의료 서비스를 제공하고, 그때 얼마큼의 코스트가 들었는지를 측정할 수 있다.

병원에 있어서의 아웃풋은 환자에게 제공되는 의료 서비스이다. 여기에서 아웃풋의 질, 즉 의료의 질과 코스트의 관계에 대해서 포터 등은 다음과 같이 말하고 있다.

"질이 높은 것일수록 코스트가 든다고 하는 가정도 버리고 가야 한다. 우리들이 지금까지 보아온 다른 산업 이상으로 의료의 세계에서는 우수한 의료 제공자 쪽이 더 효율적인 것이 보통이다. 왜냐하면 진료가 더 정확하고, 치료의 미스도 적고, 합병증의 발증예(發症例)도 적으며, 회복은 빠르고, 침습성(侵襲性)은 낮고, 치료가 필요최소한으로 끝나기 때문이다."6)

포터 등에 의하면 의료의 질과 코스트는 트레이드 오프(trade-off)의 관계에 있는 것이 아니라, 동시에 개선하는 것이 가능하다. [그림 10-8]을 보면 알 수 있듯이 병원에서는 여러 가지 의료 서비스가 환자에게 제공된다. 의료의 질 향상과 코스트 저감을 장기간에 걸쳐서 실현시키기 위해서는, 케어 사이클 전체의 제휴(提携)와 통합을 추진하는 것이 중요하다. 여기에서 케어 사이클이란 모니터링과 예방으로 시작하여 진단, 준비, 치료, 회복과 사회복귀 요법(rehabilitation), 모니터링과 관리로 되는 일련의 프로세스를 의미한다.7)

병원이라고 하면 수술 등의 치료행위만 생각하는 경향이 많은데, 의료의 질이라는 관점에서나 원가관리의 관점에서도 중요한 것은 케어 사이클 전체이다. 치료행위만이 중요한 것은 결코 아니다. 오히려 그 상류에 있는 진단, 더 나아가서 예방, 또 그 하류에 있는 사회복귀 요법 등도 양질의 의료와 의료 코스트의 저감

---

6) Porter, M.E. and E.O. Teisberg, op.cit., 2006, p.7.
7) ibid. pp. 45~46.

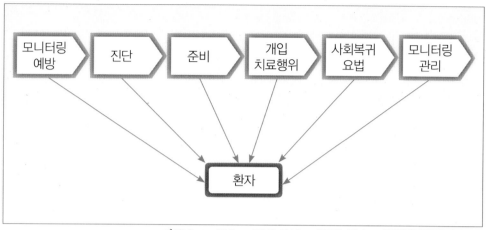

자료: Porter, M.E. and E.O. Teisberg(2006), アメーバ經營學術研究會(2017)

그림 10-8 케어 사이클과 의료 서비스

에 기여한다. 예를 들면, 잘못된 진단에 기초한 치료행위에 따라 환자의 용태가 회복되기는커녕 악화되어 버릴 염려가 있다. 그렇게 되면 다시 한 번 진단의 프로세스로 되돌아가지 않으면 안 되고, 결과적으로 의료의 질은 악화되며 코스트가 증가한다. 또 수술(치료행위) 후에 합병증이 일어나면 회복이 늦어지고, 입원기간이 지연되어 결과적으로 의료의 질은 악화되고 코스트가 증가한다.

그런데 병원의 조직형태로서는, 일반적으로 외과나 내과 등의 진료과, 간호부문, 약제부문, 검사부문, 영양관리부문 등 직종별로 다른 전문 의료 서비스를 제공하는 직능별 조직형태가 채용되어 있다. 그렇다면 전술한 케어 사이클에 있어서의 모니터링과 예방, 진단, 준비 등의 각 프로세스에서 의료 서비스를 제공하는 것은 어느 직종의 직능부문인 것일까.

병원에 입원한 경험이나 외래에서 진료를 받은 경험이 있는 사람이라면 누구라도, 의료 서비스를 제공하고 있는 것은 진료과의 의사만이 아니라는 것을 알고 있다. 입원했을 때 등은 진료과의 의사보다도 병동의 간호사로부터 의료 서비스를 제공 받는 시간이 길고, 임상검사기사에 의한 검사가 적절히 행해지지 않으면 그 결과에 기초한 진단을 진료과의 의사가 적절히 행할 수 없다. 당뇨병 예방 등에서는 영양관리가 중요해진다. 이와 같이 의료 서비스를 제공하는 것은 다직종·직능부문의 의료 종사자이다. 케어 사이클 내의 모든 프로세스에 다직종·직능부문의 의료 종사자가 관여하고 있다.

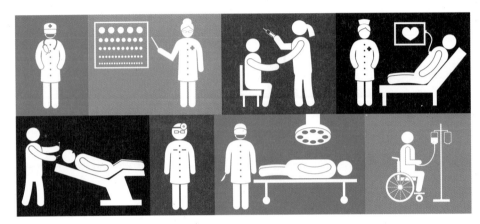

그림 10-9 의료 서비스 프로세스

또 현재 일본에서는 지역포괄 케어 시스템이 추진되고 있어, 케어 사이클 전체를 보았을 경우에, 의료 서비스는 하나의 병원이라고 하기보다도 지역에서 완결한다. 요컨대, 양질의 의료 서비스를 제공하기 위해서는, 모든 직종·직능부문의 의료 종사자가 스스로의 능력을 높임과 동시에 다른 직종·직능부문의 의료 종사자와의 제휴, 더 나아가서는 지역의 다른 병원이나 진료소와의 제휴를 도모할 필요가 있다.

이와 같이 생각한다면, 서비스업이 고객에게 제공하는 것은 하나의 서비스가 아니라 복수의 서비스로 되는 '서비스의 묶음'이라고 할 수 있다. 의료조직이 환자에게 제공하고 있는 것은, 첫째로 케어 사이클 전체에 걸친 서비스의 묶음이라는 것, 둘째로 다직종·직능부문의 의료 종사자가 케어 사이클 각 프로세스에서 제휴하여 서비스의 묶음을 제공하고 있다는 것, 셋째로 케어 사이클 전체에 걸친 서비스 묶음의 제공자는 하나의 병원에서 완결하는 것이 아니므로 다른 병원과의 제휴나 진료소와의 제휴가 요구되고 있다는 것에 주의를 해야 한다.

더욱이 제조기업과 의료조직에서는 또 하나 크게 다른 점이 있다. 전술한 [그

림 10-7]을 보면, 제조기업에서는 고객은 큰 박스의 바깥, 다시 말하면 기업의
밖에 있다. 고객이 제조기업의 생산활동을 직접 보는 일은 없고, 그 활동에 직접
영향을 줄 수도 없다. 그것에 비해서 [그림 10-8]에서는 환자가 큰 박스 안에 위
치하고 있다. 즉, 제조기업과는 달리 의료조직에서는 눈앞에서 서비스의 묶음을
제공받기 때문에, 의료 종사자의 응접처우(應接處遇)도 중요하다.

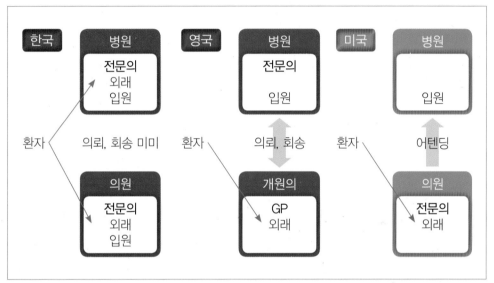

자료: webzine.rihp.re.kr

🕸 그림 10-10 의료 이용체계의 주요 국가 간 비교

(2) 환자의 역할

사람이 사람에 대해서 서비스를 제공하는 것이 서비스업의 특징이다. 이 경우
에 서비스를 제공하는 측은 기업의 일원인데, 서비스를 받는 측은 기업에는 속
하지 않은 외부요소이다. 여기에서 외부요소란 서비스의 제공에 있어서 불가결
한 요소이지만, 서비스를 제공하는 기업이 소유하고 있지 않다. 그 때문에 자유
롭게 처분할 수 없는 요소이다. 의료에 있어서의 외부요소는 환자와 그 가족이
며, 서비스의 제공에 있어서 불가결한 요소이다.

제조기업에서는 아웃풋의 제공에 필요한 활동량은 제조하는 제품과 그 수량에 의해서 정해진다. 고객은 큰 박스(제조기업)의 밖에 있으므로, 제품의 생산 프로세스와는 무관하다. 그것에 비해서 서비스업에서는 고객은 의료 종사자와 같은 박스 안에 있고, 의료 종사자의 업무활동량에 영향을 준다. 예를 들면, 같은 병의 환자이더라도 외래에서 진료과 의사에게 상세히 설명을 구하는 환자에 대한 진료시간은 그렇지 않은 환자의 경우보다도 길어진다. 의료 서비스 활동에 대한 자원요구는 아웃풋 그 자체의 성질뿐만 아니라 환자의 요구에도 의존하고 있다고 할 수 있다.

또 의료의 질을 좌우하는 것은 의료 종사자뿐만 아니다. 환자도 큰 영향을 미친다. 유방암을 예로 생각해 보자. 대장암과 비교하면 비교적 젊은 세대의 여성에게서 볼 수 있는 병이며, 젊기 때문에 진행은 빠르고 치료행위의 지연은 생명의 위험에 직결된다. 그러나 유방암 자체는 대장암 등과 마찬가지로 조기에 발

대상임종	검진대상	검진방법	검진주기
위 암	40세 이상 남녀	위장조영촬영술 또는 위내시경 검사	2년
간 암	40세 이상 남녀로 간경변증이나 B형 간염바이러스 항원 또는 C형 간염바이러스 항체 양성으로 확인된 자	간초음파검사 + 혈청알파태아단백검사	6개월
대장암	50세 이상 남녀	분변잠혈반응검사 결과 이상 소견시 대장내시경 검사 또는 이중조영바륨검사	1년
유방암	30세 이상 여성	유방자가검진	매월
	40세 이상 여성	유방촬영술 + 유방 임상진찰 권장	2년
자궁 경부암	30세 이상 여성	자궁경부질세포검사	2년

자료: gunchinews.com

🏵 그림 10-11 각종 암 검진대상, 검진방법 및 검진주기

견되면 고칠 수 있는 병이다. 하루빨리 치료를 시작하려면 정확한 진단이, 암에 걸린 조기 단계에서 이루어져야 한다.

구미(歐美) 등에서는 케어 사이클의 최초 프로세스인 모니터링과 예방에 해당하는 유방암 검진의 수진율(受診率) 향상에 의해 조기발견이 늘어나, 사망률이 매년 내려가고 있다. 한편, 일본에서는 국가가 정기적인 유방암 검진의 수진을 장려하고 있기는 하지만, 수진율은 OECD 가맹국 30개 국 중에서 최저 수준에 위치하고 사망률은 매년 증가하는 경향에 있다.

이와 같이 유방암은 케어 사이클의 상류 프로세스가 극히 중요하며, 당해 프로세스에 대한 환자의 관여(commitment)가 의료의 질 향상과 코스트 저감에 기여하는데, 이 사실은 당뇨병을 비롯하여 많은 병에도 해당된다. 케어 사이클의 상류 프로세스에 대한 환자의 적극적인 관여가 요망되는 것이다.

마찬가지로 케어 사이클에 있어서의 치료, 회복과 사회복귀 요법, 모니터링과 관리 등의 프로세스에서도 환자의 적극적인 관여가 불가결하다. 예를 들면, 뇌졸중 등의 병에서도 발증 후 일찍부터 충분한 사회복귀 요법을 행하면, 저하한 신체능력을 향상시킬 수 있다는 것이 실증되고 있다. 요컨대, 의료기관 등의 서비스업에서는 외부요소인 환자가 생산효율이나 코스트, 더 나아가서는 의료의 질을 좌우하는 중요한 요인인 것이다. 이것을 나타내 보인 것이 [그림 10-12]이다.

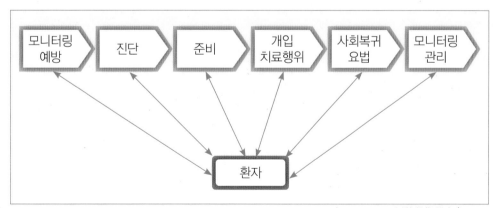

자료: アメーバ經營學術研究會(2017)

그림 10-12 케어 사이클, 의료 서비스 제공의 코스트와 의료의 질

(3) 총 원가에서 차지하는 높은 고정비

제조기업에서는 자동화가 진척되어 고정비의 비율이 높아지고 있다. 그러나 그렇더라도 직접재료비(변동비)가 주요한 원가요소라는 사실에 변함은 없다. 그것에 비해서 서비스업에서는 대부분의 코스트가 고정비이다.

그렇다고는 해도, 그렇다면 원가관리를 위해서 아무것도 할 수 없는가 하면 그렇지 않다. 어디에서 무엇을 위해서 얼마만큼의 코스트가 드는지를 측정하고, 그 정보를 전달하는 것이, 의료의 질을 유지·향상시키면서 코스트를 저감시키는 방법을 의료 종사자 자신이 생각하여, 그것을 실행하는 것으로 이어질 가능성이 있기 때문이다.

3. 서비스업의 아메바 경영

전술한 바와 같이 의료조직이 환자에게 제공하고 있는 것은 케어 사이클 전체에 걸친 서비스의 묶음이고, 다직종·직능부문의 의료 종사자가 케어 사이클의 각 프로세스에서 서비스의 묶음을 환자에게 제공하고 있다. 또 하나의 병원에서 의료 서비스가 완결되는 것이 아니기 때문에, 병원 간의 제휴나 병원과 진료소 간의 제휴가 요구되고 있다. 따라서 의료조직에는 의료의 질 향상과 코스트 저감의 양쪽을 달성시켜야 한다. 그러려면 첫째, 케어 사이클 전체에 걸친 제휴와 통합 및 다직종·직능부문 간의 제휴를 강하게 동기부여하도록 하는 관리회계 시스템과 프로세스가 요구되고 있다. 둘째, 의료제공 프로세스에 적극적으로 환자를 끌어넣을 것을 촉진시키는 구조가 요구되고 있다.

의료조직의 아메바 경영에는 상술한 두 가지의 구조가 짜 넣어져 있는가. 결론부터 말하자면, 아메바 경영에서는 시간당 채산이 중시되는 사실로부터, 의료의 질 향상과 코스트 저감 외에 시간의 단축 및 매출 증대의 동시달성을 기도(企圖)해서, ① 이익 센터(profit center, 수익실행부서)의 설정과 협력대가(協力對價)

시스템, ② 시간당 채산표와 중점항목 시트, ③ 전체 회의와 부문 회의가 그러한 기능을 달성하고 있다. 그들 중 어느 것 하나라도 빠지면, 아메바 경영이 의료의 질과 경영(시간당 채산)의 질 향상에 공헌하는 것은 어렵게 된다. 또 의료조직의 아메바 경영이 본래의 효과를 올리기 위한 전제로서, 제조기업과 마찬가지로 경영이념과 경영철학이 중요하다는 것은 말할 나위도 없다.

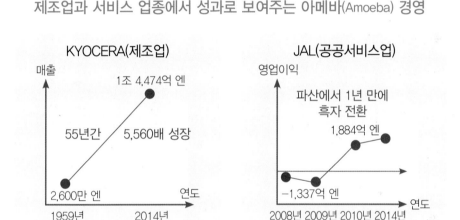

제조업과 서비스 업종에서 성과로 보여주는 아메바(Amoeba) 경영

KYOCERA(제조업)

매출

1조 4,474억 엔

55년간   5,560배 성장

2,600만 엔   연도

1959년   2014년

JAL(공공서비스업)

영업이익

파산에서 1년 만에
흑자 전환

1,884억 엔

−1,337억 엔   연도

2008년 2009년 2010년 2014년

교세라
이나모리즘
열풍

- **일본 열풍**: 일본의 살아 있는 경영의 신, 이나모리 가즈오(稻盛 和夫) 회장의 경영이념과 철학을 배우고자 경영자들이 세이와주쿠(盛和塾) 모임을 결성 일본 내 54개 지부에 6,000여 명이 활약
- **해외 열풍**: 브라질, 미국 대만, 중국 등 4개국 16개 지부에서 1,900여 명이 활발하게 활동 중
- **일본 세계대회**: 이나모리 회장의 경영철학을 배우기 위해 매년 요코하마 세계대회에 5,000명의 CEO 참가
- **중국 열풍**: 중국에서 49개 기업 100여 명에 가까운 경영자가 아메바 경영 컨설팅을 받았고, 중국 기업 7개사는 아메바 경영을 도입해 큰 성과를 내고 있다.

**경영자로서 사업이 불황에 처하고 조직이 관료화와 성장의 한계를 우려한다면
아메바 경영을 활용하여 '채산성 향상과 조직의 활성화'를 추구해야 합니다.**

자료: m.blog.naver.com

✦ 그림 10-13 제조기업과 서비스업의 아메바 경영

4. 결론

의료조직에는 의료의 질과 경영의 질을 향상시키기 위해, 케어 사이클 전체에 걸친 제휴와 통합 및 다직종·부문의 제휴를 강하게 동기부여할 수 있는 관리회계의 시스템과 프로세스가 요구되고 있다. 또 의료제공 프로세스에 적극적으로 환자를 끌어넣을 것을 촉진시키는 구조가 요구되고 있다. 본장에서는 의료조직에의 도입에 따라 아메바 경영이 어떻게 진화했는지, 그것이 의료의 질 향상과 어떻게 관련되어 있는지를 밝혔다.

이익 센터(profit center)의 조직편제 사고방식 자체는 제조기업과 다르지 않지만, 의료조직에서는 경영이념이나 경영방침이 어디까지 이익 센터를 세분화할 것인지, 어디를 이익 센터로 할 것인지의 의사결정에 관련된다. 케어 사이클의 출발점인 모니터링과 예방은 중요하다. 환자를 의료 프로세스에 적극적으로 관련짓게 하기 위해서, 건강진단 센터나 내시경 센터를 이익 센터로 하는 등의 고안을 볼 수 있다.

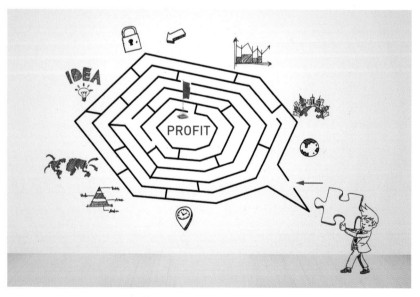

🔅 그림 10-14 이익 센터

이익 센터(profit center)는 이익을 직접 창출하는 기업의 일부이다. 이익 센터는 별도의 비즈니스로 취급되는 회사의 한 섹션이다. 따라서 손익 센터의 이익 또는 손실은 별도로 계산된다.

이익 센터 관리자는 수익 및 비용 모두에 대해 책임을 지므로 이익을 얻는다. 관리 책임 측면에서 이것이 의미하는 바는 관리자가 현금 수입으로 이어지는 활동을 창출하는 매출 수익 창출과 동시에 활동을 유발하는 비용(현금 유출)을 통제해야 한다는 것이다. 따라서 이익 센터 관리는 비용 센터 관리보다 어려워진다. 손익 센터 관리는 수익 사업 단위 또는 부서가 수익 및 비용을 결정하고 수익성을 측정할 수 있게 해주는 독립된 사업체로 취급되기 때문에 독립 사업을 운영하는 것과 같다.

일반적으로 서로 다른 이익 센터는 회계 목적으로 구분되므로 경영진이 각 센터의 이익을 추적하고 상대적 효율성과 수익을 비교할 수 있다. 전형적인 이익 센터의 예로는 상점, 영업 조직 및 수익성을 측정할 수 있는 컨설팅 조직이 있다.

피터 드러커(Peter Drucker)는 원래 1945년 즈음에 이익 센터(profit center)라는 용어를 만들었다. 그는 나중에 "내가 작성한 가장 큰 실수 중 하나"라고 철회했다. 그는 나중에 비즈니스 내에 비용 센터만 있고 "유일한 수익 센터는 수표가 반송되지 않은 고객"이라고 주장했다.

자료: premium.chosun.com

🔮 그림 10-15 현대경영학의 창시자 피터 드러커 교수

이익 센터나 협력대가를 설정함으로 인한 역할의 명확화가 다른 직종·부문과의 제휴강화에 이어진다. 제휴강화를 촉진시키는 구조로서 시간당 채산표와 중점항목 시트가 부문회의와 전체회의에서 유효하게 활용되고 있는 것을 알 수 있었다.

　의료제공 프로세스에 적극적으로 환자를 끌어넣는 것을 촉진시키는 구조라고 하는 점에 대해서, 일부 고려되고 있기는 하지만, 추후의 검토가 필요하다.

제4차 산업혁명을 위한 조직 만들기
| 아메바 경영의 진화 |

Chapter 11
호텔에서의
아메바 경영

Chapter 11

호텔에서의 아메바 경영

1. 목적 및 문제의식

본장에서는 아메바 경영에 있어서의 경영이념과 관리회계 시스템의 관계에 대해서 이해를 도모하기 위해서, 경영이념의 침투 정도와 부문별 채산제도의 운용 수준 간에 차질이 생기는 경우에, 종업원의 의식이나 행동에 어떠한 영향이 있는지를 검토하는 것이다.

아메바 경영은 경영이념과 관리회계를 자동차의 두 바퀴로 해서, 전원참가 경영을 실현하는 것을 이상으로 하고 있다. 그러나 아메바 경영을 생각해낸 교세라에서도 처음부터 현재와 같은 경영이념이 존재하고 관리회계 시스템이 정비

자료: richboy.tistory.com

🏵 그림 11-1 쇼후(松風)공업 근무 시절의 이나모리

되어 있던 것은 아니다. 이 두 가지는 교세라의 역사 속에서 발전되어 자동차의 두 바퀴로서 기능하게 되었다.[1]

아메바 경영이 정착하여 전원참가 경영이 실현되고 있는 기업·조직에서는 경영이념과 관리회계는 밀접하여 불가분의 관계가 되어 있다. 각각을 전체로부터 잘라내어 분석한다거나 개별 기능의 분석에 기초해서 관계성을 검토함으로써 얻어지는 식견에는 한계가 있다. 양자의 관계는 전체적으로 이해할 필요가 있다. 유기적인 조직관에 입각한다면, 기계의 교체 가능한 부품처럼 조직의 구성요소를 다룰 수 없기 때문이다.

아메바 경영에 있어서의 경영이념과 관리회계의 이해는, 그것들이 균형이 잡히고 높은 수준에 있는 상태의 사례로부터 뿐만 아니라, 불완전한 상태에 있는 사례의 연구에 의해서 추진할 수 있다. 아메바 경영 도입 프로세스의 연구는 그러한 가능성을 갖는 연구의 하나이다. 실무적으로도 아메바 경영을 도입할 때의 관심사 중 하나로서, 경영이념의 침투와 부문별 채산제도의 설계·운용을 동시진행적으로 추진할 것인가, 시간차로 추진할 것인가 하는 '도입시기(타이밍)'에 관한 문제를 들 수 있다. 그러나 지금까지 실시해온 연구에서는, 경영이념과 관리회계의 정합성을 취하기 위해서 어떠한 프로세스가 채용되었는지를 중심으로 해서 분석이 진행되어오고 있고, 정합적이 아닌 상태의 분석을 중심에 자리 잡고, 거기에 부족한 요소의 역할에 대한 고찰이 이루어져오지 못했다.

아메바 경영을 도입한 조직 내에는 반드시 경영이념과 부문별 채산제도의 정합성이 취해져 있다고는 말하기 어려운 경우도 있다. 〈표 11-1〉은 아메바 경영 도입 기업을, 경영이념의 침투도와 관리회계 실천도의 두 축으로 단순화해서 유형화한 것이다. 도입당초형 기업은 경영이념 침투도나 관리회계 실천도 모두 낮은 수준에 머물러 있다. 이상형에서는 경영이념이나 관리회계 모두 높은 수준에서 조화하고 있다. 그것들에 비해서 이념주도형에서는 경영이념은 높은 수준에

---

1) アメーバ經營學術研究會 編, アメーバ經營の進化 : 理論と實踐, 中央經濟社, 2017, pp. 61~100.

서 침투하고 있으나 구조 쪽이 낮은 수준으로 되어 있다. 구조주도형에서는 관리회계 실천도는 높으나 경영이념은 유명무실화(형해화, 形骸化)해버리고 있다.

표 11-1 아메바 경영 도입 기업의 유형

경영이념 침투도 / 관리회계 실천도	낮다	높다
낮다	도입당초형(저수준조화형)	이념주도형(구조부족형)
높다	구조주도형(이념형해화형)	이상형(고수준조화형)

자료: 岩崎一郎, 前揭書, p.62

  종래의 연구는 경영이념 침투도나 관리회계 실천도 모두 높은 수준에서 조화된 이상형을 중심으로 행해져왔다. 아메바 경영의 도입 연구에서도 이상형을 염두에 두고 이념을 선행할 것인가, 관리회계의 구조를 선행할 것인가 하는 관점에서 논의가 행해져왔다. 그것에 비해서 여기에서는 경영이념의 침투도와 관리회계의 실천도가 조화해 있지 않은 상태에 주목함으로써 거기에 부족한 요소의 역할을 이해하는 접근방법을 채용한다.

2. 선행연구의 리뷰

  여기에서는 아메바 경영의 생성 혹은 도입 프로세스를 다룬 사례연구를 문제삼아, 경영이념과 부문별 채산제도의 관계에 대해서, 각각의 침투도·실천도의 진전 타이밍이라고 하는 관점에서 선행연구를 정리한다. 아메바 경영에서 경영이념과 부문별 채산제도의 정합성을 어떻게 파악할 것인가, 그것 자체가 큰 논점이지만, 여기에서는 단순화해서 진전 타이밍이라고 하는 측면에 초점을 맞춰서 선행연구를 검토한다.

  진전 타이밍이라고 하는 관점에서 대상이 되는 제 연구를 살펴보면, 경영이념의 침투와 부문별 채산제도의 실천이 그 때에 따라서 엇갈림은 있지만 전체로서 정합적으로 동시진행으로 진행하는 경우와, 양자의 어느 쪽이 선행해서 시간의 어긋남이 있는 경우가 있다. 그래서 선행연구를 ① 동시진행적으로 진전한 케이스, ② 경영이념의 침투가 선행한 케이스, ③ 부문별 채산제도의 구축이 선행한 케이스로 구별해서 정리하기로 했다.

(1) 동시진행적으로 진전한 케이스

경영이념의 침투와 부문별 채산제도의 구축을 동시진행적으로 실시하여 정합화한 케이스의 대표적인 예로서는, 아메바 경영의 생성이라고 하는 관점에서 교세라가 해당하고, 아메바 경영 도입이라고 하는 관점에서 교세라케미칼 및 교세라미타가 주로 해당한다. 그 중에서도 교세라 아메바 경영의 생성 프로세스는 동시진행적인 정합화의 으뜸인 예이며, 또한 선행연구도 풍부하기 때문에, 여기에서는 교세라 아메바 경영을 문제 삼아 기술하기로 한다.

교세라에서는, 창업자인 이나모리 가즈오 명예회장이 교세라 철학과 시간당

자료: richboy.tistory.com

🔷 그림 11-2 이나모리 가즈오의 일과 인생의 성공 방정식

채산을 기축으로 한 부문별 채산제도를 생성 · 발전시키고 있다. 쌍방 모두 이나모리 자신이 경영과제에 직면할 때에 창의고안을 행한 결과 안출(案出)되어 점차적으로 발전을 이루고 있다. 따라서 교세라 철학을 포함하는 경영이념의 침투와 부문별 채산제도의 구축은 교세라의 오랜 역사 속에서 동시진행적으로 진전하여 오늘날의 양상에 이르렀다고 생각한다.

여기에서 잠깐 교세라 철학(philosophy)의 탄생 배경을 살펴보기로 한다.

"1959년, 27세 때, 일개의 세라믹 기술자인 나는, 지원해 주시는 분들도 있어서, 7명의 동료와 함께, 교토 세라믹(교세라의 전신)을 창업했다. 그 이후 약 53년, 교세라를 중심으로 하는 기업그룹의 경영에, 나는 갖고 있는 힘의 모든 것을 경주해 왔다.

나는, 경영이나 인생의 국면에 있어서, 벽에 부딪혀 너무나 고민되고 괴로울 때마다, 인간으로서 무엇이 올바른 것인가, 라고 하는 원점으로 되돌아와서 근본을 생각하고 그 원칙에 따라서 행동해 왔다. 그런데 그 날들의 쌓임은, 어느 사이에 믿을 수 없는 성과를 가져와 주었던 것이다.

집단이 기능하여, 성과를 내기 위해서는, 그 목표로 해야 하는 방향이 명확하고, 그 방향으로 집단을 구성하는 전원의 벡터를 맞추지 않으면 안 된다. 기업이면, 벡터를 맞추는 것은, 경영이념이나 회사방침으로 불리는 규범이다. 그리고 그 베이스에는, 근간이 되는 생각 혹은 철학이 존재하지 않으면 안 된다. 나는, 창업 후 얼마 되지 않은 무렵부터, 하루하루를 열심히 사는 가운데 배운 것을 그때그때마다 정리하여, '교세라 필로소피'로서, 전 사원에게 공유하도록 노력해 왔다.

자료: blog.daum.net

🔶 그림 11-3 교세라 '필로소피'의 탄생

그것은, 사람으로 사는 데 있어서의 기본적인 생각, 환언하면 '인간으로서 올바른 것을 올바른 채로 추구한다.'라고 하는 것을 베이스로 하고 있다.

이러한 '필로소피'는, 일견 기업경영에 있어서 연관이 없는 것으로 비칠지도 모른다. 그러나 나는 인간이 인간으로서 있어야 할 모습을 추구함으로써, 경영에서 서야 할 좌표축도 명확해진다고 믿고 있다. 경영이라는 것은, 경영자 인격의 투영으로 밖에 있을 수 없다. 그 때문에, 인간으로서 올바른 판단기준을 가지면, 그것은 반드시 경영의 실천에 있어서도 유효하게 기능할 것이다."[2]

이나모리가 일에 대하여, 또 인생에 대하여 자문자답하는 와중에 태어난 것이, 교세라 '필로소피'로 불리는 이나모리 경영철학이다.

교세라 '필로소피'는, 실천을 통해 얻은 인생철학이며, 그 기본은 '인간으로서 이런 삶의 방식이 올바르다고 생각한다.'라고 하는 것이다.

그 생각은, 지금의 KDDI에서도, KDDI 필로소피로서 계승되었고, 또 세이와주크(盛和塾, Seiwajyuku)의 회원기업에도 넓게 계승되어지고 있다. 경영의 원점이며, 인생의 판단기준이 되기도 하는, 이나모리 경영철학의 근본이다.

그러면 교세라 아메바 경영을 대상으로 한 선행연구에서는 경영이념의 침투와 부문별 채산제도의 구축 사이의 관계는 어떻게 해석되어 왔을까. 그것에 관해서 두 가지 흐름의 존재를 확인할 수 있다.

첫 번째는 Cooper를 시초로 하는 '마이크로 이익 센터(micro-profit center, MPC)' 연구의 흐름이다.[3] Cooper는 일본기업의 관리회계 사례를 폭넓게 관찰하고, 그 고찰 속에서 MPC 개념을 도출하고 있다. 교세라 아메바 경영의 사례는, 시장가격에 기초하는 사내 매매 시스템을 구축하여 이익책임단위를 세분화하고 있는 사실로부터, MPC 그 중에서도 '진성(real) MPC'라고 칭할 수 있다.

---

2) 稲盛和夫, 新版·敬天愛人 ゼロからの挑戰, PHP硏究所, 2012.

3) Cooper, R., Kyocera Corperation: The Amoeba Management System, Case Study, 9-195-064, Harvard Business School, 1994, pp.1-12. Cooper, R., When Lean Enterprise Collide: Competing through Confrontation, Harvard Business School Press, 1995.

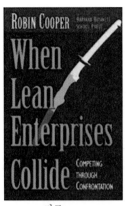
자료: amazon.com

🔷 그림 11-4 Cooper의 교세라 아메바 경영 저서

　그리하여 MPC 연구를 더욱 발전시킨 것이 일본 학자들에 의한 일련의 MPC 연구이다. 구체적으로는 '임파워먼트(empowerment)'[4]를 키워드로 해서 MPC의 이론화를 도모하고 있다. 그 중에서도 사례연구 및 설문지를 이용한 실증연구에 의해서 아메바 경영이 MPC로서 어떠한 기능을 하고 있는지를 검증하고 있다.

　MPC 연구에서 특기할만한 점은, 경영이념이 부문별 채산제도를 '보완한다'고 하는 역할로서 해석되고 있다고 하는 것이다. 예를 들면, 각 아메바는 독립채산이 절대시되고 있기 때문에 얼핏 보면 부분최적화행동을 유발할지도 모르지만, 경영이념을 전 종업원에게 침투시킴으로써 전체최적화를 지향하도록 촉구하고 있다고 생각한다. 이와 같이 MPC 이론을 기축으로 한 교세라 아메바 경영의 해석에서는, 경영이념이 부문별 채산제도의 폐해를 완화하는 역할을 하는 것으로서 이해되고 있다.

　이에 비해서 두 번째 흐름에는 일본 학자들에 의한 연구가 주류를 이룬다.[5] 구체적으로는 경영이념이 부문별 채산제도 속에 '구현화(具現化)'되고 있다고 해

---

4) 임파워먼트는 권한위양의 의미와 동기부여의 의미가 모두 포괄된 개념이다.
5) アメーバ經營學術研究會 編, 前揭書, pp. 64~66.

석한다. 예를 들면, 행위자-네트워크 이론(actor-network theory, ANT)[6]에 기초하여 교세라 아메바 경영의 생성 프로세스를 상세히 분석하고 어떤 일을 통해서 경영이념이 부문별 채산제도에 '명각(銘刻, inscription)'되고 있는 것을 밝히고 있다. 다시 말하면, 경영이념은 일의적(一義的)으로는 부문별 채산제도의 폐해를 완화하는 보완적 역할이 아니라, 부문별 채산제도의 실천을 통해서 경영이념이 실현되고 있다고 이해된다.

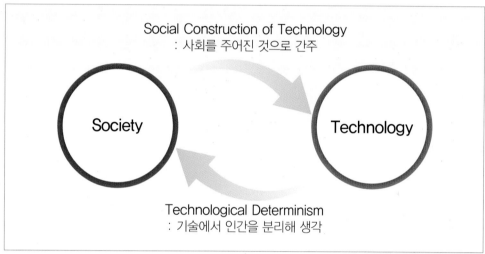

자료: foresight.kr

🔵 그림 11-5 행위자-네트워크 이론

이와 같이 경영이념과 부문별 채산제도의 정합성이 동시진행적으로 높은 수준에서 달성되고 있는 케이스에 대해서도, 두 가지 해석이 존재한다는 것을 확인할 수 있다. 아메바 경영에 있어서의 경영이념과 부문별 채산제도의 다이나믹한

---

6) 행위자-네트워크 이론은 1980년대 초반 등장 이후 최근까지 과학기술학, 사회과학, 인문학, 지리학 등 광범위한 분야에서 가장 주목받고 있는 학술적 이론이다. 행위자-네트워크 이론은 사물과 인간, 자연과 사회의 이분법적 존재론으로 구축된 근대주의에 대한 비판과 함께 인간과 비인간의 결합으로 이루어진 세계에 대한 인식을 제시하는 것을 통해 새로운 인식론적·방법론적 논쟁과 성찰을 이끌어내고 있다.

관계를 이해한다고 하는 목적을 중시하고, 제2의 관점, 즉 '경영이념이 부문별 채산제도에 구현화되고 있다'고 하는 입장에서 정합성을 살펴보기로 한다.

(2) 경영이념의 침투가 선행한 케이스

아메바 경영 도입 시에 경영이념의 침투가 선행하고, 부문별 채산제도의 구축이 뒤따르는 케이스의 대표적인 예가, JAL에 있어서의 아메바 경영 도입이다. JAL 지원에 즈음하여 이나모리는 처음에 경영진의 의식개혁에 착수하고, 그 후 전사적인 의식개혁을 행하고 있다. 그 과정에서 교세라 철학(필로소피)을 모방하여, JAL 독자적인 철학인 'JAL 필로소피'가 책정되었다. 더욱이 'JAL 필로소피'가 명문화되고 또한 필로소피 전문부서도 창설됨으로써, 조직 전체에 대한 필로소피의 침투가 촉진되고 있다.

자료: blog.naver.com

🔹 그림 11-6 JAL의 아메바 경영 도입과 변화 과정

한편, 부문별 채산제도에 대해서는 '협력대가 시스템'이라고 하는 사내 매매 시스템을 기초로 직능별 채산관리를 구축하고 있다. 부문별 채산제도는 JAL에 대한 지원이 개시된 2010년 4월부터 이미 검토되고 있었으나, 본격적인 운용은 2011년 4월부터이다. 부문별 채산제도의 기본설계 검토는 아메바 경영 도입 당초에 추진되고 있었기는 하지만, JAL 필로소피라고 하는 경영이념의 책정과 침투가 우선되어, 그 후 약 1년 후에 부문별 채산제도의 본격적인 운용이 개시되고 있다. 본 케이스에서는 종업원(특히 상위층)의 발본적인 의식개혁이 최우선 과제라고 생각되었기 때문에, 경영이념의 침투가 우선되었다.

JAL 케이스에서는 경영이념의 침투에 의해서 의식개혁이 추진되었기 때문에, 사내는 개혁을 향해서 에너지가 넘친 상태가 되고, 그 후의 부문별 채산제도의 효과도 현저했다는 것이 알려지고 있다.

자료: hankookilbo.com

🏵 그림 11-7 글로벌 기업 속으로 – 일본항공

(3) 부문별 채산제도의 구축이 선행한 케이스

상술한 케이스에 비해서 부문별 채산제도의 구축을 우선하고, 그 후에 경영이념의 침투를 꾀하여 정합성을 취하려고 시도하는 케이스가 있다. 대표적인 예로

서 ACTEC(アクテック 주식회사) 및 오기노(おぎの, 荻野)공업에 대한 아메바 경영 도입이 해당된다. 예를 들면, ACTEC은 아메바 경영 도입 당초는 업적의 향상, 경쟁의식의 양성 등 조직의 활성화가 보였는데, 도입 4년째부터는 조직 내에 파벌주의적인 행동이 두드러지기 시작하여, 업적도 정체하고 아메바 경영이 바로 유명무실화했다고 한다.

자료: waza-kirara.jp

🕸 그림 11-8 ACTEC

그 후 교세라 필로소피를 도입함으로써 사내에서 전체최적화행동이 보이게 되었다고 한다. 이와 같이, 우선은 부문별 채산제도를 구축함으로써 독립채산의식을 양성하고, 사후적으로 부분최적화행동을 시정하기(전체최적화를 지향하는) 위해서 경영이념의 침투를 꾀하는 경우도 존재한다. 부문별 채산제도의 구축이 우선시된 경우는, 아메바 경영 도입 당초야말로 성과가 올라가기는 하지만, 경영개혁을 전진시키는 에너지가 고갈되어 정체해버렸다고 생각된다.

자료: oginokk.co.jp

🕸 그림 11-9 오기노(荻野)공업

(4) 문제의 제기

지금까지 경영이념의 침투와 부문별 채산제도의 구축에 대해서, 시간의 어긋남(time lag)이라고 하는 관점에서 선행연구를 세 가지로 분류하여 검토했다. 시간의 어긋남이 생기고 있는 경영이념 선행 케이스와 부문별 채산제도 선행의 케이스에서는 모두 흥미 있는 식견이 확인되었다.

다시 말하면, 경영이념 선행 케이스에서는 경영이념의 침투에 의해서 부문별 채산제도의 효과가 현저하게 보였다는 것, 부문별 채산제도 선행 케이스에서는 경영이념 부재의 악영향이 확인되고 있다. 어느 쪽 케이스에서도 경영이념의 침투는 부문별 채산제도가 효과를 발휘하기 위해서는 필요불가결하다는 것을 보이고 있다.

그러나 선행연구에서는 경영이념에 있어서 부문별 채산제도가 어떠한 의미를 가지고 있는지에 대해서는, 반드시 명백하게 검토되어 오고 있지는 않다. 예를 들면, 경영이념은 침투하고 있기는 하지만, 부문별 채산제도가 충분히 정비 구축되어 있지 않은 상황의 검토는 지금까지 거의 이루어져 있지 않다.

그래서 아메바 경영에 있어서 부문별 채산제도가 경영이념에 있어서 어떠한 의미나 역할을 가지고 있는지에 대해서 이해를 할 필요가 있다.

즉, 경영이념이 잘 침투하고 있는 아메바 경영 도입 기업에 있어서, 설계·운용의 문제를 떠맡은 부문별 채산제도는, 조직 구성원의 사고방식이나 행동에 어떠한 영향을 미칠까?

이 질문은 다음과 같은 세 가지 소질문으로 분해할 수 있다.

① 부문별 채산제도의 설계·운용은 어떻게 되어 있는가?
② 경영이념은 어느 정도 침투해 있는가?
③ 조직 구성원의 사고방식이나 행동은 어떻게 되어 있는가?

자료: post.naver.com

그림 11-10 일본 슈퍼마켓이 잘되는 이유? 답은 '아메바 경영'에 있다[7)]

3. 호텔 A사의 사례

(1) 연구 설계

사와베 노리오 · 오오타니 하루오는 앞의 질문에 답하기 위해서 사례연구 방식을 채택했다. 아메바 경영에 있어서의 경영이념과 부문별 채산제도의 다이나

---

7) 일본 슈퍼마켓은 최근 '제안형 매장구축'을 점포 서비스의 주요 차별화 요소로 내세우며 아메바 경영을 실천하고 있다. 정규직 · 비정규직 모든 직원이 적극적으로 권한을 이양 받아 고객에게 맞춤형 서비스를 제공하는 것이다. 그리고 일본 슈퍼들은 지역 주민이 소통장소로 이용하도록 노력하고 있다. 지역 주민들의 사랑방 역할을 자임하고 나선 것이다.

밀한 관계의 이해를 도모하기 위해서는, 소수의 표본을 대상으로 해서 집중적인 조사를 실시하는 것이 유효하다고 생각하기 때문이다. 사례연구의 성질로서는 아메바 경영에 있어서의 경영이념과 부문별 채산제도의 관계성에 대한 변화(variation)를 늘리는 타입의 연구가 된다.[8]

사례의 선택은 다음과 같은 관점에서 이론적으로 실시했다.

본 연구의 목적으로부터 사례로서는 '아메바 경영을 도입'하고 있을 것, '경영이념은 침투'하고 있는가, '부문별 채산제도의 설계·운용에 문제를 떠맡고 있다'는 것이 요구된다. 경영이념의 침투 정도이든 부문별 채산제도의 설계·운용의 문제이든 실제로 조사해 보지 않으면 그 실태는 알 수 없다. 그렇다고 하더라도 그 가능성을 높이기 위해서, 경영이념의 침투도에 관해서는 필로소피를 도입하고 나서 여러 해 이상 경과하고 있는 회사를, 부문별 채산제도의 설계·운용문제에 대해서는 교세라 본체의 비즈니스 모델과는 거리가 먼 비즈니스 모델에 기초하고 있다는 것을 단서로 이론적 표본추출을 실시했다. 그 결과 호텔업에서의 아메바 경영에 대해서 조사 중인 호텔 A사에 있어서, 조직의 일부에서 본 연구의 문제의식에 가까운 상황이 확인되었기 때문에 호텔 A사를 사례의 후보로했다. 그리고 교세라 커뮤니케이션 주식회사(이하 KCCS로 약칭)의 협력을 얻으면서 조사를 실시했다.

자료: kyocera.co.kr

🔷 그림 11-11 교세라 커뮤니케이션

---

8) アメーバ經營學術研究會 編, 前揭書, pp. 67~70.

사례연구에서 경험적 재료의 수집은 주로 준구조화방식(準構造化方式)에 기초해서 인터뷰에 의해 실시했다. 인터뷰의 선택에 즈음해서는, 경영이념의 침투와 부문별 채산제도의 설계·운용에 대해서 다면적으로 파악할 수 있도록 삼각검증(triangulation)을 유의했다.9) 그를 위해서 복수의 계층과 복수의 직능을 망라한 인터뷰 리스트를 작성하여, 인터뷰를 실시했다. 또 부문별 채산제도의 설계·운용에 대해서 신뢰성 있는 경험적 재료를 수집하기 위해서, 인터뷰는 책임자급 이상의 멤버로 되어 있다. 인터뷰 리스트에 기초해서 채산부문/비채산부문, 계층, 직종을 망라한 합계 26명으로부터 청취를 실시했다.

조직 내부에서의 인간관계나 정치적 관계의 영향을 배제하기 위해서, 인터뷰는 기본적으로 1명의 피회견자에 대해서 실시하고 있다. 인터뷰 장소는 모두 호텔 A사 내의 회의실이며, 조사팀이 직접 현지에 방문했다. 근속년수에 대해서는 10년 미만, 10년 이상~15년 미만, 15년 이상의 3단계에 의해서 기간에 폭을 가지게 하였다.

인터뷰는 두 공동 연구자 사와베 노리오·오오타니 하루오와 KCCS로부터 1명의 지원자를 포함하여 3명이 조사팀을 구성하여 진행되고 있다. 조사내용의 기록방법은 녹음을 한 후 그 자리에서 PC에 입력한다거나 노트에 메모하는 것이다. 녹음 데이터는 모두 문서화한 후에 팀 내에서 공유하고, PC에 입력한 내용이나 노트에 메모한 것 모두 전자매체로 보존하여 정보공유를 하고 있다.

경영이념에 대해서는 '경영 12조항'(이나모리 공식 사이트)이나 '여섯 가지 정진(精進)'10)을 공통의 해석기반으로 해서 분석을 실시했다. 경영이념의 침투정도나 경영이념과 부문별 채산제도의 정합성에 대해서는 반실가상적(反實假想的) 추측 고찰에 의해서 경험적 재료를 신중하게 해석했다.

---

9) 캠벨(D.T. Campbell)이 제안한 연구방법으로, 어떤 한 주제를 규명하기 위해서 서로 다른 세 가지의 조작적 정의에 입각한 자료수집 방법을 동원하는 연구방법. 삼각연구법, 다각화(多角化)라고도 한다.

10) 稲盛和夫, 六つの精進, サンマーク出版, 2010.

자료: 稲盛和夫 Official Website

🕸 그림 11-12 이나모리 가즈오 Official Website

'경영 12조항'은 다음과 같다.

① 사업의 목적, 의의를 명확히 한다.

　공명정대하고 대의명분이 있는 높은 목적을 세운다.

② 구체적인 목표를 세운다.

　세운 목표는 항상 사원과 공유한다.

③ 강렬한 소원을 마음에 품는다.

　잠재의식에 스며들 정도로 강하고 지속적인 소원을 가지라.

④ 누구에게도 지지 않는 노력을 한다.

　수수한 일을 한 걸음 한 걸음 견실하게 해이해지지 않고 노력을 계속한다.

⑤ 매출을 최대한으로 늘리고, 경비를 최소한으로 억제한다.

　들어오는 것을 늘리고, 나가는 것을 억제한다. 이익을 쫓는 것이 아니다. 이
익은 뒤에서 따라온다.

⑥ 가격결정은 곧 경영임을 명심하라.

　가격결정은 최고경영자의 일이다. 손님도 기쁘고, 자신도 벌이가 되는 한
지점을 찾으라.

⑦ 경영은 강한 의지로 결정한다.

경영에는 바위도 뚫는 강한 의지가 필요하다.

⑧ 불타는 투혼을 가지라.

경영에는 어떠한 격투기보다 더 심한 투쟁심이 필요하다.

⑨ 용기를 가지고 일을 맡는다.

비겁한 행동이 있어서는 안 된다.

⑩ 항상 창조적인 일을 한다.

오늘보다는 내일, 내일보다는 모레, 항상 개량개선을 끊임없이 계속한다. 창조고안을 거듭한다.

⑪ 배려의 마음으로 성실하게 임하라.

기업경영에는 상대방이 있다. 상대방을 포함해서 모두가 기쁘고 행복해야 한다.

⑫ 항상 명랑하고 적극적으로, 꿈과 희망을 품고 순수한 마음으로 임하라.

자료: 稲盛和夫 Official Website

🔷 그림 11-13 여섯 가지 정진

(2) 호텔 A사의 소개

호텔 A사는 일본 지방도시에 입지하고 있으며, 인근에는 대규모 공업단지가 있다. 호텔 A사는 대기업 X사의 자회사로서 약 20년 전에 창업되었다. X사가 아메바 경영을 실천하고 있었던 사실도 있고, 필연적으로 호텔 A사에서도 아메바 경영을 창업 때부터 도입하고 있다. 아메바 경영의 설계·운용에 즈음하여 X사로부터 호텔 A사에 노하우를 전할 만한 10명 정도의 멤버가 전적(轉籍)하고 있다(일부 시스템의 도입을 제외하고, 외부 컨설턴트에 의한 지원은 특별히 없다). 총 객실 수는 약 300개이고, 주변에서는 비교적 규모가 큰 호텔로 알려져 있다. 또 종업원 수는 현재 약 200명이다.

호텔의 특징은 '시티 리조트 호텔'이다. 소위 시티 호텔이 제공하는 숙박, 레스토랑(카페·일식·바이킹), 연회(결혼식·일반연회) 서비스에 그치지 않고, 리조트 호텔에 있는 엔터테인먼트 요소를 띤 슈퍼마켓이나 온천·풀·헬스클럽이 일체가 된 시설도 병설되어 있다. 그리고 최대의 매력은 호텔 내의 중간에 천장이나 마루를 두지 않고 2층 이상의 높이로 지은 공간 및 전체 유리 벽면이며, 방문한 손님은 개방감 풍부한 경관을 즐길 수 있는 디자인으로 되어 있다.

자료: reman.tistory.com

그림 11-14 시티 리조트 호텔 이미지

주된 고객층은 근린공업단지를 찾는 비즈니스 손님, 주변 지역을 찾는 개인 혹은 단체 관광객, 수학여행·스포츠 합숙·숙박연수 등을 목적으로 한 단체손님이 주로 되어 있다. 또 근처의 공항에서도 자동차로 20분 이내라고 하는 입지를 살려서, 외국인 관광객의 수요도 왕성하여 한국이나 타이완에서 많이 찾아오고 있다. 숙박객으로부터의 평가도 상승하고 있고, 최근에는 세계 최대규모의 여행자 상대 평판 사이트 '트립어드바이저(TripAdvisor)'로부터 '엑설런스 인증'을 수상했다.

(3) 부문별 채산제도의 설계 · 운용

호텔 A사의 부문별 채산제도에서는 업적지표로서 '상각전이익(償却前利益)'을 채용하고, '시간당 채산'은 활용하고 있지 않다. 또 주요한 채산단위(채산부문)는 '숙박', '레스토랑', '연회'이며, 소위 사업부제조직에 가까운 단위로 되어 있다. 조직계층 하위의 직능 레벨은 직능 간(소위 교세라라고 하는 곳의 제조와 영업, 공정①과 공정②와 같은 관계)에서 내부대체가격이나 협력대가라고 하는 사내 매매의 구조가 구축되어 있기 때문에, 말단의 조직단위에서 수익 및 비용을 측정할 수 있는 상태로 되어 있지 않다. 이와 같이 호텔 A사의 채산단위는, 일부를 제외하고, 교세라와 같이 계(係) 레벨까지 세분화되어 있지 않고, 더 상위의 부문 · 부 · 과 레벨이 채산단위로 되어 있다.

각 부문에 대해서 더욱 세세하게 살펴보면, '숙박'에서는 최상위 단위로서 '숙박부문'이 있고, 여기가 가장 세세한 채산단위로 되어 있다. 숙박부문은 '숙박 서비스부'와 '숙박영업부'로 구분되어 있다. 더욱이 '숙박 서비스부'는 네 개의 직능으로 과(課)가 구성되어 있는데, 각 직능의 채산은 가시화되어 있지 않다.

'레스토랑'은 각각의 점포(조직상은 '과')가 채산단위로 되어 있을 뿐만 아니라, 각 레스토랑 내에서 '키친 계(係)'와 '홀 계(係)'라고 하는 직능별로 개별 채산표를 작성하고 있다. 단, 실질적인 채산관리는 레스토랑(과) 단위로 실시하고 있다.

그것에 비해서 '연회'의 채산관리와 조직구조는 약간 복잡하다. '연회'는 '연회부문'으로 하나의 채산단위인데, 최근에 '결혼식'과 '일반연회'에서 채산을 독립해서 산출하는 시도가 개시되고 있다. 이것은 '결혼식'과 '일반연회'의 채산을 가시화함으로써 쌍방의 공헌도를 명확히 할 목표가 있다. 그러나 조직상 영업은

자료: lottehotel.com

그림 11-15 호텔 레스토랑 이미지

'결혼식'과 '일반연회'로 구분되어 있지만, '연회 키친'과 '연회 서비스'는 '연회요식부'에서 발생한 비용을, 소위 개별비와 공통비(시간을 기준으로 배부)의 관점에서 '결혼식'과 '일반연회'에 집계되고 있다. 채산관리로서 완전히 기능한다고는 말하기 어려운 면도 있다.

'예실대비관리'의 PDCA(plan-do-check-act) 사이클은 기본적으로는 교세라와 같은 프로세스이고, 마스터플랜 및 예정을 이용한 것으로 되어 있다. 마스터플랜은 연차(年次)의 이익목표 관리로서, 예정은 월차(月次)의 이익목표 관리로서 각각 기능하고 있다. 월 내 예정의 진척관리에서는 전망을 월의 20일, 28일, 월말의 총 3회로 나누어서 행하고 개산(槪算)을 산출하고 있다. 그것 이외에도 예정의 진척관리에 대한 현장의 자주적인 대처로서, '숙박'에서는 주차(週次)로 예정의 진척상황을 각 책임자가 지배인에게 보고하고 있다. '레스토랑'에서는 '레스토랑 주차회의'에서 각 레스토랑의 요리장 및 매니저를 비롯하여 지배인, 총지배인이 모여 예정의 진척상황을 확인하고 논의한다. '연회'는 매주 '연회 주차회의'를 열어 수주(예약) 건수나 매출의 추이를 체크하고, 앞으로의 계획을 서로 이야기한다. 그리고 조직전체로서 실적은 다음 3일에는 확정하고, 각 채산단위의 피드백 정보로서 활용되고 있다.

부문별 채산제도 중에서 중요한 역할을 하고 있는 것이 각종 회의체이다. 구체적으로는 '전체회의', '책임자회의', '부문별회의'가 주요한 회의로서 부문별 채산제도의 실효성을 높이고 있다. 어느 회의에서도 공통적인 것은 월 초순에 개최되고, 전월 실적의 리뷰를 기초로 하고 있다는 것이다.

자료: openbuildings.com

그림 11-16 호텔 전체회의실 이미지

'전체회의'는 업적보고라고도 일컬어지고, 조직 구성원이 한 곳에 모여 '실적의 공유'를 행하는 것이 주된 목적이다. '책임자회의'는 각 부문의 책임자가 개별 실적에 대한 설명책임을 다하고, 앞으로의 계획에 대해서도 간결하게 설명하는 장이다. '부문별회의'는 총칭으로 부문마다 '숙박부문회의', '레스토랑 부문회의', '연회부문회의'로서 개최된다. 각 회의에는 호텔 A사의 사장 및 총지배인 등이 참가한다. 각 회의에서는 내외환경을 정밀 조사한 다음에 다시 실적 리뷰 및 계획을 보고하는데, 가령 설명이 애매했다거나 문제가 미해결인 채로 있다거나 하는 경우, 각 책임자는 바로 '엄중한 추궁'을 받는다.

자료: princehotels.com

🏵 그림 11-17 호텔 부문별 회의실 이미지

호텔 A사의 부문별 채산제도를 교세라의 아메바 경영과 비교해서 정리하면, 다음과 같은 세 가지 점이 특징으로서 떠오른다.

① 전사적으로 채산단위는 사업단위에 가까운 큰 묶음으로 되어 있다.
② 직능별(기능별로 분화한 최소단위)로 채산이 가시화되어 있는 곳과 그렇지 않은 곳이 있다.
③ 조직단위와 채산단위가 일치하지 않은 곳이 있다.

(4) 경영이념의 침투

호텔 A사에서는 개업 당초부터 교세라 필로소피를 도입하고 있는 사실로부터 대략 20년 경과한 현재는 조직 구성원에게 경영이념이 비교적 침투해 있다고 조사 개시 시점에서는 예상되었다. 특히 개업 시에 모기업 X사로부터 전적(轉籍)

한 멤버 약 10명에 관해서는 이미 어떤 경영이념을 포함한 필로소피 교육을 받고 있을 가능성이 높다고 생각되었다. 한편, 호텔 A사의 조직 구성원은 입사해서 처음 경영이념에 접한 사람이 압도적 다수를 차지하고 있다. 구체적으로는 다른 조직에서의 업무경험을 가진 경력사원 채용자 및 각종 학교를 졸업한 직후 입사한 신입사원 채용자가 해당된다. 이들 경력사원 및 신입사원에게 있어서 경영이념이 어느 정도 침투해 있는지는 신중하게 조사할 필요성이 있었다.

이것들을 고려하여 경영이념의 침투에 대해서 인터뷰 조사를 실시했다. 경력사원과 신입사원에게 청취를 중심으로 경영이념의 침투에 대해서 조사했다.

'경영 12조항'의 침투에 대해서

처음에 '경영 12조항'에 관한 종업원의 이해에 대해서 살펴본다. 청취 조사의 결과로부터 경영 12조항에 표현되고 있는 경영이념이 인터뷰의 의사결정이나 행동 레벨에서 침투하고 있다는 것이 확인되었다.

인터뷰 조사로부터 '구체적인 목표를 세운다'는 것은 추상적인(애매한) 목표설정을 회피하는 것이며, 그러기 위해서는 정량적인 숫자로 표현하는 것이 바람직하다. 그것에 의해 책임의 소재가 명확히 됨과 동시에 다른 멤버와의 목표공유를 촉구하고 있다고 하는 이해가 공유되고 있다는 것이 확인되었다.

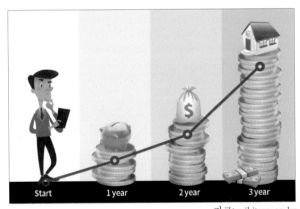

자료: wikitree.co.kr

🏵 그림 11-18 구체적인 목표

멤버의 책임자는 '강렬한 소원을 마음에 품는다'는 것을 통하여, 목표를 향해서 다른 멤버를 끌어넣는 것으로 이어진다. '매출을 최대한으로 늘리고, 경비를 최소한으로 억제한다'고 하는 의식은 일상의 행동 속에도 뿌리를 내리고 있다는 것이 확인되었다. 특히, 경비를 최소로 하기 위해서 소모품 하나라도 낭비를 억제하고자 하는 의식이 침투해 있다고 할 수 있다.

숙박부문의 조직 구성원은 객실 단가의 설정에 대해서 극히 신중하게 판단하고 있는 것을 알 수 있다. 가격결정은 최고경영자의 일이며, 호텔 A사도 최종적으로 지배인이나 사장의 '승인'을 앙청(仰請)하게 된다. 그러나 현장의 책임자는 지금까지의 객실 단가의 변동과 예약 상황 등을 주시하면서 새로운 단가를 '제안'하기 때문에, 현장의 책임자에게도 '가격결정은 경영'이라고 하는 의식이 침투해 있다고 생각된다.

평소부터 창의고안을 거듭하고 '항상 창조적인 일을 한다'고 하는 사고방식이 침투하고 있는 것이 엿보인다. 레스토랑이나 연회의 키친에서는 제공하는 요리의 식재료에 대해서 맛·품질·계절감 등 여러 가지 각도에서 창의고안을 행하여, 고객을 싫증나게 하지 않는 노력을 하고 있다. 동시에 경비 최소라고 하는 점에도 배려하면서 식재료의 품질과 원가라고 하는 양면에서 창의고안을 추구하고 있는 것이다.

자료: jeju.noriter.net
🏵 그림 11-19 레스토랑의 신선한 식재료로 만든 요리

'항상 명랑하고 적극적으로' 생각하는 것의 중요성은 널리 받아들여지고 있다. 기업경영의 현장에서는 예상하지 못했던 곤란이 덮치는 경우는 적지 않다. 예를 들면, 영업에서는 예약(수주)이 계획대로 진행되지 않고 막히는 경우는 결코 드문 일이 아니다. 그와 같은 경우 '적극적으로' 생각할 수 있는 사람일수록 돌파구를 빨리 찾을 수 있다고 하는 인식이 간파된다.

'여섯 가지 정진(精進)'에 대해서

'반성을 한다'고 하는 것에 대해서 이나모리는 '자신의 나쁜 마음, 자아를 억제하고, 자신이 가지고 있는 좋은 마음을 마음속에 싹트게 하는 작업'이라고 한다. 또 '감성적인 고민을 하지 않는다'는 것에 대해서 "끝난 것에 대해서 깊은 반성을 하더라도 감정이나 감성의 수준에서 걱정을 거듭해서는 안 됩니다. 이성으로 사물을 생각하고 새로운 생각과 새로운 행동으로 즉시 옮아가야 합니다."라고 말하고 있다. 호텔에서는 고객으로부터의 서비스에 대한 감상이 앙케트 조사나 메

🕸 그림 11-20 자기반성(self reflection)

일·전화 등으로 보내져온다. 호텔 A사에서는 고객의 목소리에 대해서 그 요인을 항상 평소부터 탐색하고 행동 혹은 규칙을 개선하고자 하는 자세가 엿보인다. 또 그 판단기준은 '인간으로서 올바른 행동이란 무엇인가'라고 하는 '이성'에 기초해서 행해지고 있는 것을 알 수 있다.

'선행, 이타행(利他行)을 쌓는다'는 것에 대해서 "이타행, 다시 말하면 친절한 배려의 마음, 자비의 마음으로 남에게 상냥하게 접하는 것은 대단히 중요한 것입니다. 반드시 당신에게 훌륭한 행운을 가져다주기 때문입니다."라고 말하고 있다. 호텔 A사의 관리부문에서는 객실이나 레스토랑의 청소나 수리의 일부에 대해서 외주한 경우와 자사에서 실시한 경우의 견적비교를 산출하고, 책임부서의 의사결정을 지원하고 있다. 또 채산부문인 연회의 책임자는 자기 부문이 매상을 올림으로써 호텔 전체의 경영이 안정된다고 하는 인식을 가지고 있다. 더욱이 각 채산단위는 독립채산이기는 하지만, 인원의 협력에 대해서 조직전체가 원활화하도록 의식하고 있다. 특히 호텔 A사에서는 객실 수(약 300실)에 비해서 레스토랑의 좌석 수가 적기 때문에, 식사 시간대(특히 조식이나 석식 때)에는 손이 비어 있는 부서로부터 레스토랑에 협력해 줄 것이 요구된다.

그 밖에도 경영이념에 관련된 코멘트가 청취조사를 통해서 여기저기에 다수 보였다. 여기에서는 '전원참가경영'으로 통하는 '멤버끼리의 연결'에 관련된 내용에 대해서 문제 삼는다. 구체적으로는 '교세라 필로소피'에 명문화되어 있는 '벡터를 합친다'를 들 수 있다.

'벡터를 합친다'는 것에 대해서, 이나모리는 "각 사람들 힘의 방향(벡터)이 모두 한 곳에 모이지 않으면 힘은 분산해버리고, 회사전체로서의 힘이 되지 않습니다."라고 하는 문제의식 하에서, "전원의 힘이 같은 방향으로 결집했을 때, 몇 배의 힘이 되어 놀라운 성과를 만들어냅니다. 1+1이 5도 되고 10도 되는 것입니다."라고 말하고 있다.

호텔 A사의 레스토랑에서는 통상, '키친'과 '홀'로 업무가 나누어져 있어, 언뜻 보면 협동의식이 낮아지기 쉽지만, 의사소통을 긴밀하게 취하면서 레스토랑 전체의 최적화를 의식하도록 하고 있다. 또 호텔 A사에서는 젊은 멤버를 중심으로

'직장위원회'를 설치하여 평소 품고 있는 모든 감정을 서로 공유함으로써 직장의 개선과 협동의식의 양성을 도모하고 있는 것이다.

자료: timeout.com

그림 11-21 레스토랑의 키친과 홀

(5) 정리

이상으로 호텔 A사에 대해서 '호텔 A사의 소개', '부문별 채산제도의 설계·운용', '경영이념의 침투'의 순으로 살펴보았다. 특히 경영이념의 침투에 관해서는 청취조사로부터 얻은 코멘트를 기초로 조직 구성원의 의식수준에까지 파고들었다. 그 결과, 경영이념은 전사적으로 깊이 침투해 있고, 특히 조사대상이었던 책임자 레벨의 조직 구성원 사이에서는 '신입사원' 혹은 '경력사원'에 관계없이 경영자 마인드가 양성되어 있다고 할 수 있다.

경영이념이 부문의 차이에도 불구하고 전사적으로 깊게 침투해 있는 데 비해서, 호텔 A사의 부문별 채산제도는 부문이나 부서에 따라서 그 내실이 다르다는 것이 확인되었다. 다시 말하면, 채산이 말단의 작은 조직단위까지 가시화되어 있는 부서와, 채산의 가시화가 큰 묶음으로 그쳐서 최소조직단위와 채산단위가 일치하지 않는 부서가 있다.

부문별 채산제도는 조직 구성원의 업무방식을 평가한다. 조직 구성원으로부터

하자면 부문별 채산제도에 의해서 자신들의 업무방식을 서로 파악할 수 있다. 이러한 의미에서 부문별 채산제도는 경영이념의 실현을 목표로 하고 있는 조직 구성원 자신들이 얼마큼 경영이념을 실현할 수 있었는지를 표현하는 '장(場)'을 제공하고 있다.

호텔 A사에서는 조직단위(책임자 레벨)로 채산이 가시화되어 있는지 어떤지, 라고 하는 점에서 자기 표현하는 공통의 '장'의 성질이 다르다. 결론을 먼저 말하자면, 호텔 A사에서는 부문별 채산제도가 만드는 '장'의 성질 차이가 조직 구성원의 의식에 영향을 미치고 있다는 것이 밝혀졌다.

부문별 채산제도에 의해서 말단까지 채산이 가시화되어 있는 경우, 경영이념의 실현을 향해서 행동하고, 창의고안하고자 하는 자세가 확인되고 있다. 그것에 비해서, 채산의 가시화가 큰 묶음에 그치고 말단 레벨에서는 채산이 가시화되어 있지 않은 부문에서는, 경영이념의 실현을 향한 적극적인 행동과 직결된 발언은 거의 확인할 수 없다. 이러한 부서에서는 경영이념의 실현에 공헌하고 싶다고 하는 기분은 강하지만, 어떻게 해서 그것을 실현할 수 있는지가 보이지 않는다고 하는 안타까움이 말끝에서 전해져 오는 일이 많다.

자료: m.bulkyo21.com
🏵 그림 11-22 질문 공세를 받는 이나모리 가즈오 회장, "먼저 사람이 되라"

제4차 산업혁명을 위한 조직 만들기
| 아메바 경영의 진화 |

Chapter 12

학교조직에서의
아메바 경영

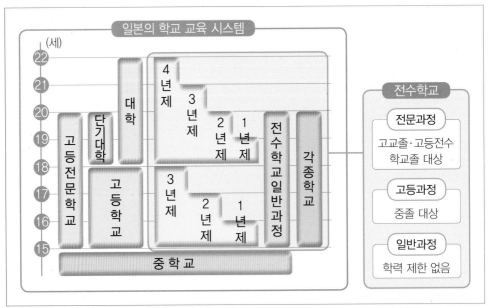

Chapter 12

학교조직에서의 아메바 경영

1. 서론

본 장에서는 학교에 아메바 경영 도입한 사례를 소개하여, 교육현장에 있어서의 아메바 경영의 유효성에 대해서 논의하기로 한다. 서비스업에 대한 아메바경영의 도입은 추진되고 있지만, 학교에의 도입 사례는 일본에서 아직 1~2개의

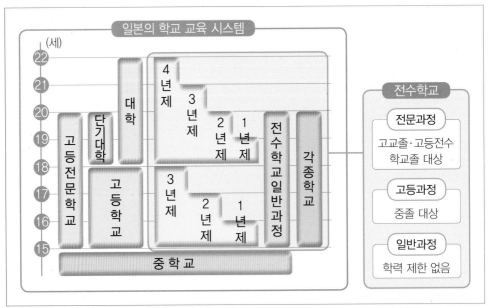

자료: prof-hed.co.kr

그림 12-1 일본의 학교 교육 시스템

일본의 학교 교육 시스템

(세)
22
21
20
19
18
17
16
15

대학 / 4년제 / 3년제 / 2년제 / 1년제
고등전문학교
단기대학
고등학교
3년제 / 2년제 / 1년제
전수학교일반과정
각종학교
중학교

전수학교
전문과정 — 고교졸·고등전수학교졸 대상
고등과정 — 중졸 대상
일반과정 — 학력 제한 없음

예밖에 보이지 않는다. 일본의 학교는 학생 수가 점점 줄어드는 경향이 있어, 학생확보와 효율화의 압력에 들볶이고 있다. 급기야 경영 파탄하는 학교도 나오고 있다. 학교에서도 경영상의 궁리를 할 필요가 생기고 있다.

여기에서는 경영 파탄 후의 학교법인을 물려받아 새로 재출발시킨 전문학교에 대한 아메바 경영 도입 후의 경위와 그 효과에 대해서, 주로 인터뷰 조사에 기초해 살펴보기로 한다. 학교에 아메바 경영을 도입하려면 어떠한 궁리가 필요할까, 도입에 의해서 어떠한 효과가 보였는가, 그리고 어떠한 과제가 부상하고 있는가, 당사자들의 생생한 목소리에 귀를 기울여보기로 한다.[1]

2. 학교를 둘러싼 환경변화

아메바 경영을 도입한 것은 일본의 전문학교이다. 전수학교(專修學校)는 1976년에 새로운 학교제도로서 창설되었다. 일본의 학교교육법 중에서 전수학교는 '직업 혹은 실제생활에 필요한 능력을 육성하고, 또는 교양의 향상을 도모한다'는 것을 목적으로 하는 학교이다. 그래서 실천적인 직업교육, 전문적인 기술교육을 행하는 교육기관으로서, 여러 갈래에 걸친 분야에서 전문가(specialist)를 육성하고 있다.

이론을 교실에 앉아서 배우는 기회가 비교적 많은 대학과 비교해서, 전수학교는 사회에 나가 즉시 도움이 되는 지식이나 기술의 습득을 중시하여 실습이 많은 것이 특징이다. 전문학교란 전수학교 중에서 전문과정을 갖는 학교를 가리킨다.[2] 전문학교에는 고교 졸업자 및 고등전수학교 졸업자가 진학 가능하다. 그러

---

1) アメーバ經營學術研究會 編, アメーバ經營の進化 : 理論と實踐, 中央經濟社, 2017, pp. 101~120.
2) 일본 문부과학성은 전수학교와 전문학교를 구별할 때, 전문학교를 전문학교[전수학교(전문과정)]라고 하는 용어를 쓰고 있다. 여기에서는 간편화를 위해서 전문학교라고만 표기한다.

나 학교교육법 중의 일부3) 충족되지 못하는 부분이 있어서 사학조성(私學助成)을 받지 못한다. 그 때문에 학교경영이 안정되지 못한 학교법인이 전수학교에는 많다.

자료: m.blog.daum.net

🔷 그림 12-2 일본 교토이용미용전수학교

한편으로는 학교운용이 제한되어, 대학과는 다른 자유로운 매력이 반감되는 것도 걱정된다는 의견도 있다.

이러한 전문학교뿐만 아니라 학교 전체를 둘러싼 환경은 근년 더욱 각박함을 더하고 있다. 최대의 요인은 학생 수가 줄어든다는 것이다.4) 단적으로 합계특수출생률(여성이 일생 낳는 아이의 수)의 저하를 들 수 있다. 이 출생률은 전후 일관해서 감소경향에 있어, 1947년에 4.54명이었던 것이 1977년에는 1.80명, 2013년에는 1.43명까지 되고 있다.

이외에도 전문학교의 학생 수 감소를 가져온 이유가 있다. 2002년까지는 원칙으로서 '새로운 대학은 설치하지 않는다'고 하는 방침이었던 문부과학성은, 교육의 시장화를 지향하는 방향으로 전환하여 대학의 설치기준을 완화했다. 그 결과로서 정원을 밑도는 대학에 의한 생존전략으로서의 전문학교화가 시작되었다. 그것에 따라 경쟁의 격화는 전문학교끼리에 그치지 않고, 전문학교와 대학 사이

---

3) 일본의 학교교육법 중 일조교(一條校)에 포함되지 않아, 일조교 이외의 학교로서 취급된다.
4) 이것을 일본에서는 소자화(少子化)라고 부른다.

에도 퍼지고 있다. 대학 및 단기대학의 진학자 수는 최근 10년간 거의 보합세인데, 전문학교의 진학자는 10.5만 명 감소했다. 전수학교의 학생 수는 1992년의 86만2천 명을 피크로 감소경향에 있고, 2015년에는 65만6천 명이 되고 있다. 이 숫자는 피크 때의 약 77%이다.

이러한 경향의 현저한 예는 대학에 있어서의 간호학부의 증설일 것이다. 지금까지도 간호교육의 과정을 가지고 있는 대학은 있었지만, 근년은 새로 간호사를 양성하는 과정을 증설하는 대학이 증가하고 있다([그림 12-3] 참조).

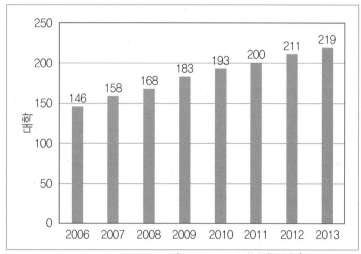

자료: アメーバ經營學術研究會 (2017), p.103

🔷 그림 12-3 간호계 대학 수의 추이

이것은 다가올 고령화 사회에 대한 간호사 부족에 대응하기 위해서이기도 하지만, 소자화(少子化)⁵⁾ 사회에서의 이러한 움직임은 간호사를 양성하는 전문학

---

5) 저출산(低出産)은 출생률이 저하되는 현상을 말한다. 일본과 중국에서는 소자화(少子化)라는 단어를 사용한다. 초창기에는 남성의 경제력 부족, 경제적인 문제만으로 인식되었으나 점차 개인주의, 가치관의 다원화, 성격문제, 인간관계 스트레스 등 다양한 원인이 존재하는 것이 확인되었다. 특정 종교와 사상에 입각한 결혼 강요, 가부장제가 사라지면서 수면위로 등장하게 되었다.

교와 대학 사이의 학생 확보경쟁을 격화시키는 요인이 되기도 한다. 대학이 살아남기 위해서 '실학', '자격에 강한 학교'를 선전하는 전문학교화는 간호사 양성에만 그치지 않고, 여자대학의 관리영양사 양성, 문과계대학의 의료국가자격 양성 등, 이 흐름은 계속된다고 생각한다. 이와 같은 대학의 생존전략은 소자화(少子化)와 함께 전문학교의 경영환경을 각박하게 하고 있다.

이와 같은 상황 중에 전문학교는 채산과 교육 양면의 개선이 요구되고 있다. 한 사람 한 사람의 학생에 대한 섬세하고 빈틈이 없는 대응을 효율적으로 행할 필요가 있는 것이다. 이와 같은 교육 서비스의 질 향상을 통해서 학교의 신뢰와 학생 수의 증가에 결부시키는 것이 바람직한 모습일 것이다. 그러나 개개의 교직원의 노력만으로는 그 달성은 어렵다. 교원과 직원 및 부문 간의 협력이 학교에 요구되는 시대가 되었다고 할 수 있을 것이다. 그러나 학교는 일반기업보다도 훨씬 협동이 어려운 조직이다. 다음 절에서는 학교조직의 일반적 특징에 대해서 검토하고 그 곤란함을 살펴보기로 한다.

3. 학교조직의 일반적 특징

학교조직의 연구는 초중학교 및 고등학교를 대상으로 한 것이 많고, 전수학교를 대상으로 한 연구는 거의 눈에 띄지 않는다. 본 절의 논의도 초중학교를 대상으로 한 연구를 기초로 하고 있는데, 거기에서 학교조직에 일반적으로 보이는 특징에 대해서 문제 삼기로 한다.

(1) 낮은 태스크 의존성

학교조직에서는 수업이나 학생에 대한 지도에 대해서, 학습지도요령의 내용에서 일탈하지 않는 한, 각 교사의 재량이 크다. 더욱이 일상적인 교육은 분리병렬적으로 수행되어 소위 태스크 의존성이 낮다. 태스크 의존성이란 멤버가 주어

자료: ohmynews.com

🔷 그림 12-4 일본 초등학교 학생들의 등교 장면

진 일을 유효하게 처리하기 위해서 서로 의존하는 정도를 말한다. 멤버는 태스크 의존성에 의해서 자신의 일 태도가 다른 멤버의 일에 영향을 미친다고 인식하여, 책임감을 느끼게 된다. 의존성이 높은 직장에서는 멤버 상호의 관계가 커지기 때문에, 개개의 책임 범위를 넘은 노력을 하게 된다. 이러한 프로세스를 통해서 태스크 의존성이 높은 직장에서는 멤버는 스스로 일을 솔선해서 궁리하고 개선하는 진취적 행동을 취하게 된다. 연구개발부문을 표본으로 한 연구를 통해서, 태스크 의존성이 진취적 행동에 대해 직접적인 효과가 있다는 것을 보였다.

자료: doopedia.co.kr

🔷 그림 12-5 격리된 학교 교실

한편, 학교조직에서는 어떤 교실에서 실시되는 수업이 다른 교실에 직접 영향을 미치는 일은 거의 없고, 자기완결한 태스크로서 운영된다. 따라서 다른 교실에서 수업의 지연이나 '이지메'(왕따, 괴롭힘)라고 하는 문제가 발생하고 있다고 해도, 그 시점에서 직접적인 영향을 미치는 일은 없다. 또 자신의 일이 다른 멤버의 일에 별로 영향을 주지 않기 때문에, 개개의 책임을 넘어서까지 일의 개선을 행할 가능성은 낮아질 것이다.

자료: blog.naver.com

🕸 그림 12-6 태스크 의존성이 높은 자동차 생산라인

(2) 개업화

이러한 태스크 특성은 때로 개업화(個業化)라고 불리는 조직화 경향을 가져온다. 개업화란 학교조직이 직면하는 불확실성에 대해서 개개 교원의 재량에 따라서 대응하고자 하는 경향이다. 태스크 의존성이 낮은 조직에서 개업화의 경향이 높아지면, 조직으로서의 통합성은 없어지고 조직활동은 개별분산적인 활동의 집적이 된다.

그 때문에 교사는 한 사람 한 사람이 노력하면 학교가 잘 된다고 하는 발상을 뿌리 깊게 갖게 되고 조직으로서 협동한다고 하는 의식은 낮다. 더욱이 교원끼리는 함께 서로 높이고자 하는 적극적인 자세로 교육이나 학교 본연의 모습에 대해서 의논이나 의견교환을 하는 일은 적고, 스스로의 책임감이나 주위에 폐를 끼쳐서는 안 된다고 하는 의식으로부터, 업무상의 고민을 혼자서 도맡아버리는 케이스도 많다.

　개업화의 진행이 교사의 학생대응력을 저하시키고, 자율적인 교육개선활동을 해치며, 지도가 더 곤란하게 되는 것은 자명하다. 더욱이 개업화가 진행될수록 자기완결적인 교직관(敎職觀)이 강화되고 개업화가 더 한층 진척된다. 즉, 개업화의 진행은 조직으로서의 학교운영을 더 곤란하게 하고, 교원의 개별성을 높이며, 곤란에 직면한 교원을 지원하는 것을 어렵게 하는 것이다.

자료: news.sbs.co.kr

🏵 그림 12-7 수업시간

(3) 애매한 목표

　학교의 조직목표는 수치화·구체화가 곤란하고 애매함이 크다. 무릇 교육목표는 수치화가 곤란하다. 그 때문에 목표달성을 위한 기술이 정해지지 않고, 다양한 교육실천이 생긴다고 할 수 있다.

　즉, 추상도가 높은 애매한 목표 아래에서는 현실의 업무는 개개 교원의 판단에 맡겨지는 부분이 크다. 따라서 목표를 달성하는 수단이나 목표달성도로부터도 개개 교원의 해석에 의존해버린다. 더욱이 애매한 목표 아래에서는 교원의 업무 태도의 공정한 평가도 곤란해진다. 이 때문에 교원 간의 경쟁의식도 생기기 어렵고, 업무의 개선이 이루어질 가능성은 역시 낮아져버린다.

이와 같이 일반적으로 학교조직은 자율적·협동적인 개선활동을 생각해 내기 어려운 특성을 가지고 있다. 더욱이 문제가 발생하더라도 교원이 도맡아버린다고 하는 일이 있기 때문에, 적당한 때에 조직적인 대응이 어렵게 된다. 급격한 환경변화에 직면하는 학교에서 이와 같은 특징은 때로 심각한 영향을 학교에 미치게 될 것이다. 이제부터 학교에 필요한 것은 교원의 학교경영에 대한 참여 및 협동에 의한 학교개선이며, 그러기 위한 목표나 비전의 공유라고 생각한다.

물론 학교나 행정도 수수방관하고 있는 것은 아니다. 예를 들면, 공립학교에서는 민간이 교장을 채용한다거나 지역에 열린 '커뮤니티 스쿨'제도를 도입하는 등, 외부의 힘을 이용해서 학교개선을 행하는 시도가 이미 이루어지고 있다. 이러한 말하자면 '외압'에 의한 조직개혁이 아니라, 내부 멤버의 책임감을 높여 협동을 촉구하고 조직 목표달성을 위한 개혁을 스스로 추진하기 위한 시스템으로서 아메바 경영이 주목을 받는다.

그림 12-8 애매한 목표

4. 사례

(1) 학교의 개요와 아메바 경영 도입의 경위

사례연구의 대상인 A학교법인은 1980년대에 전문학교로서 일본 간사이(關西)에서 개교했다. 한때는 약 2,000명이나 되는 학생을 받아들이고 있었는데, 2006년에 민사재생법을 신청하고, 2008년에 현재의 학교법인으로서 재출발했다. 그 재출발 시는 아메바 경영이 도입되었다. 아메바 경영 도입의 의사결정은 다른 사업에서 아메바 경영을 받아들인 경험이 있는 이사장이 실시했다. 이사장은 KCCS(교세라 커뮤니케이션 시스템 주식회사) 매니지먼트 컨설팅에 의뢰하여 아메바 경영 도입을 도모했다. 그때, 이사장은 전 교직원에 대해서 다음과 같이 말했다.

"교직원은 교육활동에 주력하고, 학교경영은 최고경영자만이 생각하면 된다고 하는 종래의 연장선상에 있는 학교운영은 안 됩니다. 경영적인 관점을 마침 갖고 있는 교직원 여러분도 함께 전원참가로 이 학교경영을 생각하고, 추진해가는 것이 필요합니다. 저는 하루라도 빨리 실현시키기 위해서, 아메바 경영의 도입을 결의했습니다."

그림 12-9 전원참가

아메바 경영의 목적은 ① 시장에 직결된 부문별 채산제도의 확립, ② 경영자의식을 가진 인재의 육성, ③ 전원참가 경영의 실현이다.[6] 이사장은 학교경영에 있어서도 아메바 경영을 도입하면, 경영자의식을 가진 교직원에 의한 전원참가형의 경영이 가능하다고 생각했다.

그러나 교직원에게 있어서는 이사장이 말하는 '아메바 경영'에 대해서 큰 위화감이 있었다고 한다. 어떤 교직원은 "역시 그것은 일반 기업용 아니겠습니까. 학교 같은 데서 그러한 수법을 쓸 수 있을까, 라고 하는 것이 처음의 기분이었습니다."라고 말했다. 인터뷰에 응한 5명의 교직원 중 4명까지가 '학교현장에 아메바 경영은 맞지 않을 것이다.'라고 하는 인상을 가지고 있었다고 한다.

이와 같은 인상을 가진 교직원에게 교장은 다음과 같이 아메바 경영의 도입을 설명하고 있다.

"아메바 경영의 도입에 의해 업무효율화가 꾀해지고, 교사의 연구시간이 늘어납니다. 그럼에 따라서 교육의 질이 향상되고, 학교의 명성을 얻는 데에 이어지며, 입학생이 늘어납니다. 입학생의 증가에 따른 수입 증가로 학교운영이 안정되며, 교직원의 급여도 오르고 여가시간이 생기게 되는 것입니다."

(2) 아메바의 구분

아메바 경영에 있어서의 조직은 세분화된 아메바 조직인데, 단 마구 조직을 잘게 잘라 구분하면 되는 것이 아니다. 이나모리는 세분화의 기준으로서, ① 명확한 수입과 그것을 얻기 위해서 필요한 비용을 산출할 수 있을 것, ② 비즈니스로서 완결(完結)해 있어서 리더가 창의고안할 여지가 있을 것, ③ 회사 전체의 목적이나 방침을 수행할 수 있을 것 등의 세 가지를 들고 있다.[7]

---

6) 稲盛和夫, アメーバ經營 - ひとりひとりの社員が主役 -, 日本經濟出版社, 2006.
7) 稲盛和夫, 前揭書.

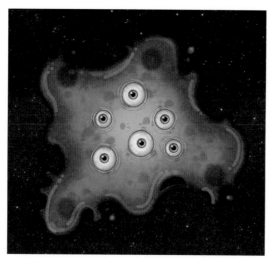

자료: globalms.tistory.com

🔷 그림 12-10 아메바 조직 분열

　다시 말하면, 아메바가 독립채산조직으로서 성립하고, 또한 기업의 전체목적에 도움이 되도록 구분하는 것이 필요하다. 그러나 경비를 발생시킴으로써 어떤 이익을 얻는 아메바(이익 센터 : PC)뿐만 아니라, 조직 내의 간접부문(경리나 인사 등)을 담당하는 아메바(비이익 센터 : NPC)에서는 수입이 발생하지 않는다.

　NPC에서 발생하는 공통경비는 PC에 할당된다. NPC는 경비의 예정을 PC에 전하고, PC는 그 예정을 근거로 해서 자신의 아메바 대체경비의 예정을 세운다. 만일 NPC의 경비가 대폭으로 증가하면, PC의 이익을 압축하는 데에 이어진다. 그래서 PC는 NPC에 대해서 경비증대의 이유를 추궁하게 된다. 세분화된 아메바는 경비증대에 관한 책임의 소재가 명확하므로, 이와 같은 프로세스를 통해서 NPC에 있어서의 경비에 대한 의식이 높아져 가는 것이 기대된다.

　A학교법인의 조직은 [그림 12-11]과 같이 되어 있다. 그림 중의 전문학교에 속하는 각 전과(專科)나 과정 및 순환(recurrent) 교육 사무실이 PC이며, 그 이외의 관리부와 광보기획실은 NPC이다. 전술한 바와 같이 기업에서 아메바를 구분할 때의 기준은 독립채산조직으로서 성립하고, 또한 기업의 전체목적을 달성하는 것이었다.

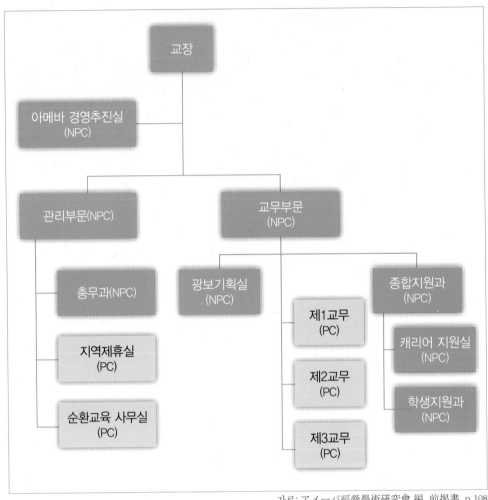

자료: アメーバ經營學術研究會 編, 前揭書, p.108

⬡ 그림 12-11 A학교법인의 조직도

A학교법인의 경우, PC 아메바의 구분 기준은 각각의 전문학교 내 각 전과나 과정이다. 이 구분은 단지 수업을 실시할뿐만 아니라 '입학 → 수업 → 졸업'이라고 하는 학생의 입구에서 출구까지를 책임으로 한 구분이 되어 있다. 학년이나 수업과목에 의한 구분도 물론 가능하지만, 교육 서비스의 질을 생각할 경우, 한 사람 학생의 입학에서 졸업까지의 책임을 질 수 있는 아메바 구분 쪽이 합리적이다. 한 사람 한 사람의 학생에 맞는 교육 서비스의 제공이 가능하게 될 것이다.

(3) 시간당 채산의 도입

아메바 경영에서는 부가가치를 아메바의 총 노동시간으로 나눈 '시간당'이 채산의 지표로서 이용된다. 메이커의 제조부문이라면 총 출하에서 사내 구입을 뺀 총 생산으로부터, 인건비를 제외한 모든 경비를 뺀 차감 매출액을 총 노동시간으로 나누어서 구할 수 있다. 그러면 A학교법인에서는 어떻게 시간당을 계산할 것인가.

교장과 컨설턴트는 협의를 통해서 각 과정의 입학금과 수업료를 12로 나눔으로써 1개월분의 '총 생산'으로 하고, '총 생산'으로부터 '경비'를 뺀 것을 각 아메바 멤버의 총 노동시간으로 나누는 것으로 시간당을 계산하기로 했다. 그러나 이 방법은 어떤 문제를 발생시킨다. 입학금과 수업료는 전년도에 결정되어버려서, 교원의 학기 중 고안이나 노력으로 증가하는 것이 아니다. 또 각종 광보활동도 다음해의 입학생 수에는 효과가 있을지 모르지만, 학기 중의 총 생산을 늘리는 데에는 이어지지 않는다. 다시 말하면, 총 생산액의 대부분은 연초에는 결정되어버리는 것이다.

게다가 입학생 수는 학과의 인기에 따라서 좌우되는 부분도 많다. 따라서 각 아메바의 노력은 오로지 경비의 절약에 향해진다. 그런데 학교의 경우, 경비의 대부분은 감가상각비 등이 차지하므로, 멤버가 창의고안할 수 있는 여지는 반드시 크지 않은 것이다.

그렇다면 학교에서 시간당을 계산하는 의미는 어디에 있는 것일까. 이 학교에서는 시간당 채산은 월 1회 개최되는 경영회의에서 보고·공유된다. 다시 말하면, 각 아메바의 리더는 이 회의에서 실적보고가 요구됨과 동시에 다른 아메바의 채산도 알 수 있다. 이 사실이 사람들의 사고방식을 바꾸는 데에 이어지고 있다.

경영회의에서 시간당 채산의 공유에 의하여, 이나모리가 말하는 '투명경영'이 실천되고 있다. 지금까지 금전 면에 대해서 의식이 낮았던 교직원들도 시간이나 채산을 의식하기 시작하고, '급여에 상응한 근무방식이란 무엇인가'를 생각하게 되는 것이다.

자료: mdncinema.com

그림 12-12 투명경영/윤리경영

또 학교의 경비에는 계절변동이 있다. 예를 들면, 연초에는 복사비 등의 경비가 많아지지만, 여름철 휴업 시의 경비는 적어진다. 따라서 매월의 경비를 보는것만이 아니라 경비의 누적을 보도록 하고 있다고 한다. 예를 들면, 7월의 경영회의에서는 전달의 시간당뿐만 아니라 4월부터 6월까지의 시간당 누적의 체크가 이루어진다. 이렇게 함으로써 리더가 근시안에 빠져 경비를 들여야 할 때에들이지 않는다고 하는 폐해를 방지하고 있다.

일반기업의 경우는 적시의 수치를 보는 것으로 기업경영에 반영하고 계획, 수정할 수 있다. 학교는 연초에 계획을 고지하기 때문에, 연도 도중의 계획, 수정은불가능하다. 또 월차의 수치만으로는 교육활동이 가시화하기 어렵고 매월의 활동이 총 생산에 반영되지 않는다. 학교의 경우는 교육활동의 축적에 의해서 학생의 장래가 개화하는 결과에 이어진다. 그 때문에 경비의 누적을 파악함으로써교육활동이 어떻게 실천되고 있는지를 가시화할 수 있는 것이다.

전술한 바와 같이 인기가 있는 학과에는 오픈 캠퍼스(open campus)에 많은 사람이 모이고, 그 결과 수험생이나 입학생이 증가하는 경향이 있다. 이것은 아메바의 수입에 반영되어버리기 때문에, 불공평감(不公平感)을 낳을 위험이 있다.

따라서 A학교법인에서는 오픈 캠퍼스에 온 학생 수 중 몇 %가 수험했는지를 평가하도록 하고 있다. 이 일종의 '원료에 대한 제품 비율'이 나쁜 과정은 오픈 캠퍼스 시에 충분히 매력을 다 전할 수 없다고 판단되는 것이다.

자료: blog.naver.com

🏫 그림 12-13 일본 복지교육전문학교 오픈 캠퍼스

학교의 경우에 퇴학자가 나오면 그 과정의 수입은 감소한다. 따라서 퇴학자가 나오지 않는 궁리가 필요하다. 이 일은 학교 교육 서비스의 질 향상에 이어질 가능성을 가지고 있다고 할 수 있다.

(4) PDCA 사이클

A학교법인에서는 아메바마다 월 1회 개최되는 부문회의와 전술한 경영회의를 통해서 체크가 행해지고 있다. 부문회의는 아메바의 멤버 전원이 참가하고, 예실대비관리가 이루어진다. 교장은 정보공유의 장으로서의 중요한 회의로서 포착하고 있다. 그는 이 모든 회의에 출석하여 학교의 중점항목, 계획의 진척상황, 예산집행과 계획의 분리 등을 확인한다. 또 부문회의에서 서로 이야기된 것이나 지시가 경영회의에서 반영되고 있는지, 또 경영회의에서의 지시가 부문회의에서 서로 이야기되고 있는지를 체크한다. 더욱이 아메바마다 '중점항목 시트'가 마련되어 있다. 이것은 아메바 리더의 '특히 이것을 하고 싶다'라고 하는 행동예정을 나타낸 것이다. 물론 이 시트를 통해서 예정과 실적의 체크도 이루어지고 있다.

(5) 필로소피 교육

'교세라 필로소피'란 사물을 손익이 아니라 선악으로 판단하기 위한 '인간으로서 올바른 철학'이다. 이 철학의 아래에서는 공평·공정한 판단과 배려에 충만한 인간성이 요구된다. 아메바 경영을 잘 응용하기 위해서는 이와 같은 필로소피를 갖추는 것이 필요하다. 따라서 아메바 경영 도입에는 이 필로소피 교육도 동시에 진행된다.

자료: blog.daum.net

◈ 그림 12-14 여러 사람의 힘을 모아서 이타행(利他行)을 실천하는 교세라 직원들

도입 당초에 A학교법인에서도 교세라 필로소피의 교육이 행해지고 있었다. 그러나 현재는 리더에 대한 강습회를 제외하고는 거의 행해지고 있지 않다고 한다. 왜냐하면 학교법인의 기본방침과 행동기준이 필로소피의 사고방식과 공통적이기 때문이다. 이 기본방침과 행동기준의 교육은 매일의 창화(唱和, 한 사람이 주창하여 여러 사람이 이것에 따름)나 교직원교육을 통해서 이루어지고 있다.

교세라 필로소피는 '인간으로서 올바른 것'에 대한 사고방식이기 때문에, 영리기업뿐만 아니라 학교나 행정기관 등의 비영리조직에 충분히 통용하는 철학이다. 따라서 A학교법인에서는 학교의 이념까지 바꿀 필요는 없다고 생각하고 있다.

(6) 교육의 질 향상을 위한 매진

이러한 아메바 경영의 도입에 더해, A학교법인에서는 교육의 질 향상을 위한 몇 가지 일에 들러붙고 있다. 하나는 '5S 교육'[8]이다. 이것을 받아들이고 있는 기업은 많지만, 학교에서 교직원 전원이 들러붙고 있는 케이스는 적다. 교장에 의하면 '환경정비'는 '수파리(守破離)'[9]의 도입이라고 한다. 형태부터 들어가 마음에 이른다. 독자적인 궁리를 시도해 본다. 버림으로써 새로운 도전에 이어지는 것을 목표로 하고 있다.

자료: dreamnet21.tistory.com

⬡ 그림 12-15 수파리

---

8) 5S란 일본어의 발음 정리(Seiri), 정돈(Seiton), 청소(Seiso), 청결(Seiketsu), 생활화(Shitsuke)의 머리글자를 딴 각각의 다섯 가지 요소를 말한다.

9) 불교 용어에서 건너와 무도 수행의 단계를 표현하는 말로 정착되었다. '수(守)'란 '가르침을 지킨다'라는 의미. 스승의 가르침을 받들어 정해진 원칙과 기본을 충실하게 몸에 익히는 단계를 말한다. '파(破)'는 원칙과 기본을 바탕으로 하면서도 그 틀을 깨고 자신의 개성과 능력에 의존하여 독창적인 세계를 창조해 가는 단계이다. 그렇지만 이 시기의 수련은 다분히 의식적이고 계획적이며, 작위적인 수준에 행해지는 것이 특징이다. 다음 단계인 '리(離)'는 파의 연속선상에 있지만, 그 수행이 무의식적이면서도 자연스러운 단계로 질적 비약을 이룬 상태이다. 자신도 모르게 '파(破)'를 행하되, 모든 면에서 법을 잃지 않고, 규칙을 벗어나지 않는 경지에 이름을 뜻한다. 수련의 최후단계이다.

(7) 리더나 교원의 의식변화

① 시간관리에 대한 의식의 변화

전술한 바와 같이 학교의 목적은 수치화·구체화가 곤란하다. 교원은 애매한 목표에 대해서 자신의 해석을 기초로 각자 활동하기 때문에, 업무의 시간관리나 비용에 대한 효율화 의식은 결코 높다고는 할 수 없다. 또 교육활동에 종사하는 사람들 사이에서는 '효율화'를 일종의 '수고를 덞'이라고 포착하여, 그 말 자체를 싫어하는 풍조도 있다.

그러나 아메바 경영 도입 후, 채산이 수치화됨으로써 리더들의 효율화 의식이 향상하고 있다는 것이 밝혀졌다. 인터뷰 조사에서는 '시간당 채산에 의해서 행동이 숫자로 나오기 때문에, 의식변화가 일어났다', '시간 개념이 생겼다', '잔업이 줄었다. 모두가 능숙하게 휴식을 취하게 되었다', '시간관리가 가능한 사람이 늘었다', '빨리 귀가하기 위한 효율화가 가능했다', '시간당 채산의 효과로 휴식을 취할 수 있게 되었다' 등의 목소리가 들렸다. 이와 같이 도입 후에는 노동시간이 수치화됨으로써 효율화의 의식이 높아지고, 잔업시간이 감소했다는 것이 확인되었다.

여러분의 시간은 제한되어 있습니다.
그러므로 다른 사람의 인생을 사느라고 시간을 낭비하지 마세요.

Your time is limited,
so don't waste it living someone else's life.

– 스탠포드 졸업식 연설에서 –

스티브 잡스 / Steven Paul Jobs

자료: thoughts.hue-memo.kr

그림 12-16 스티브 잡스의 시간관리

학교에서는 학생의 반응이나 행동이 항상 불확실하기 때문에, 예정이나 시간을 간파할 수 없는 경우가 많다. 그 때문에 여유를 가진 시간계획이 세워지는 경우가 많다. 또 교육현장에 효율이라고 하는 말은 어울리지 않고 낭비도 필요하다고 생각하는 기조(基調)가 있다. 이 사실이 시간이나 경비의 효율화에 대한 의식향상을 방해하고 있는 원인이 된다. 그러나 교원에 대한 인터뷰 조사의 결과로부터는 학생지도에 대해서도 효율화의 의식이 나타나고 있었다.

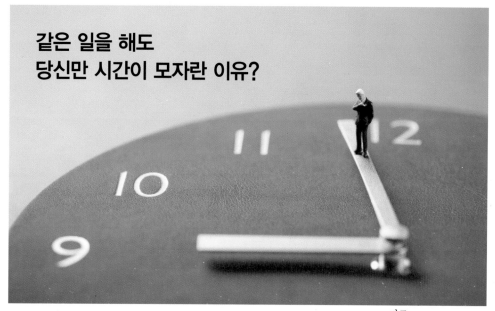

자료: m.post.naver.com

🔅 그림 12-17 같은 일을 해도 당신만 시간이 모자란 이유

② 경쟁의식의 변화

인터뷰로부터는, 아메바 경영의 도입에 의해서 집단 간의 경쟁의식이 생겨, 집단 내의 통합이 향상하고 있다는 것이 엿보였다. '다른 부서와의 비교를 하게 되었다', '다른 부서의 좋은 점을 보러가는 일이 늘었다', '공동체의식이 강해졌다', '이전보다는 결속이 강해졌다', '팀으로서 기능하고 있다' 등의 목소리가 들렸다.

그림 12-18 공동체의식

전술한 바와 같이 학교에서는 개업화(個業化)라고 불리는 조직화 경향이 보인다. 개업화의 진전에 의해서 교직원 사이에서는 의견교환이나 정보공유가 진척되지 않고, 그 경향이 더욱 개업화를 진척시키는 결과를 낳고 있다. 그러나 아메바 경영의 도입은 집단 내의 결속을 강화하고, 집단 간의 경쟁의식을 높이는 결과를 가져왔다. 또 진단 간 경쟁도 결코 제로섬이 아니라, 서로 배움으로써 서로 높이는 성질의 경쟁이라는 것을 알 수 있다.

이와 같이 아메바 경영의 도입에 의해서 개업화가 완화되고, 서로 경쟁하고 서로 배우는 분위기가 양성되고 있다는 것을 알 수 있다.

③ 경영자의식의 싹틈

아메바 경영의 도입에 의해서 리더 사이에 경영자로서의 의식이 싹트고 있다는 것을 알 수 있다. 이나모리에 의하면, 경영자의식을 가진 인재의 육성이란 아메바 리더에게 아메바의 채산에 대한 책임을 맡김으로써 '자신도 경영자의 한 사람이다'라고 하는 의식을 가진 인재를 육성하는 것이다. 즉, 종업원으로서 '시키는 대로 한다'는 입장에서, 리더로서 '해 준다'는 입장이 되는 것으로, 경영자로서의 책임감을 기르는 것이다.

🔘 그림 12-19 경영자의식

　인터뷰 조사로부터는, 예를 들면 '지점장의 의식을 가지고 있다', '자신의 책임으로 한다', '리더는 그 곳 회사의 사장이다', '경영 마인드가 올라갔다.', '옛날에 비해서 자주성이라고나 할까. 전체를 생각한 움직임은 서서히 나타나고 있다', '정보는 얻기 어려운 것이다', '자신의 책임으로 하는 것이다', '재량권이 확대되었다' 등의 소리가 들렸다. 리더 사이에 경영자의식이 양성되고 있는 것을 알 수 있다. 학교 현장에 있어서 경영자의식의 구체적인 예를 들을 수가 있었다.

　한 사람이라도 많은 학생이 입학하는 것이 수입증가로 이어지고, 퇴학하는 학생이 줄어드는 것이 손실회피로 이어진다는 것이 교원에게도 의식되고 있는 것이다. 당연한 것 같지만, 경영자 이외는 평소 좀처럼 의식할 수 없는 일이다.

(8) 과제

2009년에 아메바 경영을 도입한 이래, A학교법인에서는 오픈 캠퍼스를 1년에 40회 이상 개최하고, 학생 수 증가에 힘써왔다. 그 결과, 2007년에는 78명이었던 학생 수가 2012년에는 280명까지 회복했다. 또 도입하고 3~4년 후에는 삭감되었던 급여도 늘어나고 보너스도 지급되게 되었다.

자료: m.shoseo.ac.kr

🕸 그림 12-20 일본 과자전문학교 오픈 캠퍼스 현장

그러나 아메바 경영이 학교조직에 뿌리내리기 위해서는, 아직 과제도 많다. 여기에서는 현재 생각되는 과제에 대해서 논의하기로 한다.

① 활동 사이클의 문제

전술한 바와 같이 학교의 활동은 연단위이며, 수입은 기본적으로 기초(期初)의 연 1회만 발생한다. A학교법인에서는 이것을 12등분해서 매월의 수입으로 하고 있는데, 이래서는 기간 중의 궁리나 노력이 수입에 반영되기 어렵다. 또 이번 기(期)의 모집활동 결과는 다음 기에 반영되어버린다.

컨설턴트도 학교와 일반기업의 활동 사이클의 차이가 아메바 경영 도입에 있어서 고생한 점이라고 말하고 있다. 물론 전술한 바와 같은 궁리·노력할 여지가 있지만, 기간 중의 궁리·노력이 반영되도록 하는 지표나 활동이 앞으로 요구될 것이다.

예를 들면, 교과서를 전액 자기부담 비용으로 작성·판매한다거나, 외주하고 있는 교육을 내제화(內製化)한다거나 하는 궁리가 앞으로는 필요하게 될 것이다. 그렇게 하면, 지출이 줄어서 채산개선에 이어짐과 동시에 교육의 질 개선, 독자적인 교육의 전개 등으로 이어진다고 생각한다.

② 부문 간 제휴

일반기업에 있어서의 아메바 경영에서는 아메바 간의 매매가 발생한다. 그 때문에 아메바 간의 정보공유가 촉진되고, 시장정보가 조직전체에 전해지는 효과가 있다. 그런데 학교에 있어서의 아메바 경영에서는 아메바 간의 매매는 발생하지 않는다. 그 때문에 부문 간 제휴 및 학생정보의 공유에 대해서는, 회의나 조례의 장에서 교장이나 이사장이 의식적으로 장려하지 않으면 안 된다.

그러나 교장에 의하면 아직 충분하다고는 할 수 없다고 한다. 예를 들면, 광보와 교무 그리고 캐리어 지원이 학생의 정보를 공유하면, 좀 더 효과적인 광보활동에 이어질 가능성이 있다. 또 학생이 무엇을 학교에 요구하고 있는지 알 수 있고, 교육의 개선에 이어질 수도 있을 것이다. 그러나 그 상태에는 아직 이르지 못하고 있다.

또 교장은 학생과나 광보가 PC(이익 센터)가 되어 다른 아메바와 거래를 실시할 가능성에 대해서도 언급하고 있다. 예를 들면, 학생과가 학생증을 발행할 때, 교무 등의 아메바에 판매한다고 하는 것도 생각할 수 있다. 광보는 영업활동으로서 입학생에 대해서 소개료를 취한다고 하는 것도 생각할 수 있을지 모른다. 물론 현재는 실시하고 있지 않지만, 학교조직에 있어서의 부문 간 거래의 가능성으로서 한 번 생각해볼 여지는 있을 것이다.

자료: blog.naver.com

⬡ 그림 12-21 일본 관광전문학교 오픈 캠퍼스 광보활동

③ 교원의 의식변화

교장에 의하면 아메바 리더의 의식변화에 비하면, 교원의 의식변화 수준은 아직 낮다고 한다. 학교의 사명, 지역사회에 대한 공헌, 교육의 질 향상이라고 하는 학교가 지향해야 할 방향으로 나가기 위한 일하는 방식의 창의고안이나 파벌주의의 돌파라고 하는 면에서는, 아직 부족한 곳이 눈에 띈다고 한다.

이와 같이 아메바 경영 도입 이후 몇 가지의 과제가 떠오르고 있는 것을 알 수 있다. 그러나 역으로 말하면, 이와 같은 과제가 현재화(顯在化)하는 것 자체가 아메바 경영의 효과라고 말할 수 있을 것이다. 아메바 경영의 특징은 '투명경영'

"만약 내가 사리사욕을 위해서
회사를 경영하는 일이 있으면,
내 목숨을 내놓아도 상관이 없습니다.'

자료: youtube.com

⬡ 그림 12-22 아메바 경영의 특징은 '투명경영'

이며, 최고경영자가 각 아메바의 일하는 방식을 시간당 채산을 통해서 파악가능한 점에 있다.

일반의 학교조직에서는 위와 같은 과제는 학교 고유의 해결 불가능한 특징으로서 볼 수 있을 가능성이 있다. 이것이 과제로서 의식되어 곤란하기는 하지만 해결의 방향성이 보이고 있는 것은, 아메바 경영의 효과 중 하나라고 할 수 있을지도 모른다.

5. 이론적 함의(含意)

이와 같이 학교 현장에의 아메바 경영 도입은 일정한 효과를 올리고 있는 것처럼 보인다. 그러나 일반기업과는 다른 조직편성이 아메바 경영의 효과를 충분히 살리는 데에 방해가 되고 있는 면도 있는 것으로 생각한다. A학교법인의 아메바 경영은, 소집단으로 분할하여 채산을 공유함으로써 채산의식을 향상시킨다고 하는 점에 중점이 놓여 있다. 그러나 이미 언급한 바와 같이 교직원의 창의고안이나 부문 간 제휴를 충분히 이끌어내는 데까지는 이르지 못하고 있다.

한 가지 생각할 수 있는 원인으로서, 학교에서의 채산은 학생 수가 늘어나는 것으로 상당히 개선되어버린다고 하는 점을 들 수 있다. 교육에 드는 변동비는 학생 수의 증가에 비례해서 증가하지 않는다. 학생 수가 회복되고 있는 지금, 일하는 방식의 창의고안을 하는 모티베이션이 발휘되기 어려울지도 모른다. 그러나 그것 이외에도 원인이 있다고 생각한다.

멤버의 자발적인 창의고안 행동은 직무의 자율성, 즉 자신의 일하는 방식을 스스로 결정하는 정도가 높을수록 촉진된다. 동시에 업무의 태스크 의존성이 높은 경우, 창의고안 행동은 더욱 촉진된다는 것을 실증연구를 통해서 밝혀지고 있다. 전술한 바와 같이 태스크 의존성이란 자신의 업무 성과가 멤버의 업무방식에 의존하고 있는 정도, 역으로 말하면 다른 멤버의 업무 성과가 자신의 업무방식에 의존하고 있는 정도를 의미하고 있다. 업무의 자율성이 높으면 업무에 대한 책임감과 자유도가 생기고, 사람들이 창의고안을 행할 여지는 커진다. 그러나 동시에 사람들의 책임감은 자신의 업무방식이 다른 사람의 업무에 영향을 미치고 있다는 것을 자각함으로써도 발생한다. 또 태스크 의존성이 높으면 멤버 간의 관계가 친밀해지고, 서로 도와 편익을 주어서 은혜를 베풀기 쉬워진다. 이 사실도 자발적 행동을 촉진한다고 생각한다. 즉, 직무의 자율성과 의존성이 높아짐으로써 멤버는 자발적인 창의고안 행동을 취하게 된다. 더욱이 그 자발적 행동은 호혜관계(互惠關係)가 되는 상대방을 향하게 되는 것이다.

A학교법인의 아메바 경영은 조직을 세분화하고 위기의식을 높여서, 직무의 자율성을 높이는 데는 성공하고 있다고 생각한다. 그러나 아메바 내 교원 간의 상호의존성 및 아메바 간의 상호의존성을 높이는 데는 이르지 못하고 있다. 아메바 경영을 통해서 멤버의 창의고안을 끄집어내려면, 자율성을 높이고 채산의식을 높이는 것만으로는 불충분하다. 그것을 위해서는 아메바 내 및 아메바 간의 상호의존성을 만들어내도록 디자인할 필요가 있다.

일반기업의 경우, 아메바 간 거래가 발생하기 때문에, 아메바 간의 의존성은 그것에 의해서 만들어질 가능성이 높다. 그러나 학교조직의 경우는 자율성과 의존성이라고 하는 언뜻 보아 모순된 양자를 균형 있게 양립시키는 디자인이 요구된다.

자료: chamstory.tistory.com

🏛 그림 12-23 교직원들의 '따로 또 같이' 모임

6. 정리

이 장에서는 학교조직에 있어서 아메바 경영 도입의 사례에 대해서 검토했다. 그 결과, A학교법인에서는 아메바 경영에 의해서 시간의식·경쟁의식에 변화가 보이고, 경영자적인 의식이 싹트고 있다는 것을 알았다. 하나의 사례이기는 하지만, 일반기업용으로 개발된 아메바 경영이 학교의 경영개선에도 적용 가능하다는 것을 시사하고 있다.

그러나 일반기업에서 행해지고 있는 아메바 경영을 그대로 학교에 도입하는 것은 역시 어렵다. 본 장에서 기술한 바와 같은 커스터마이즈화가 필요하며, 교직원의 창의고안을 안출하고, 부문 간 제휴를 산출하기 위해서는 더욱 궁리가 필요할 것이다.

자료: hani.co.kr

🏵 그림 12-24 일본 제과학교에서 학생들이 진로 맞춤 '실속형' 실습을 하고 있는 모습

냉엄한 학교 간 경쟁 속에서 각 학교는 교육의 질과 독자성의 향상이 요구된다. 한편으로 효율적인 운영이 요구되고 있다. 아메바 경영을 잘 이용함으로써 효율적이고 질 높은 교육을 제공하는 것이 가능하다고 생각한다. 교육의 질을 높이려면, 교육에 대해서 효과적으로 에너지와 시간을 쓸 필요가 있고, 또한 부문을 초월한 제휴가 필요하다. 그러기 위해서는, 교직원은 낭비를 배제하고 교육에 효과적으로 시간을 들이도록 업무방식을 바꿀 필요가 있다. 동시에 학생에 대해서 입학에서 졸업까지 효과적인 작용을 하는 것이 요구된다. 아메바 경영은 그러한 학교개선을 실시하는 계기를 마련할 가능성을 가지고 있다고 생각한다.

1. 김준식·박민생·차대운·김정수, 핵심 조직행동론, 대명, 2007.

2. 노형진·이애경, 제4차 산업혁명을 위한 인재육성, 배문사, 2017.

3. 노형진·이애경, 제4차 산업혁명을 이끌어가는 스마트컴퍼니, 한올출판사, 2017.

4. 노형진·이애경, 제4차 산업혁명의 핵심동력 - 장수기업의 소프트 파워 -, 한올출판사, 2017.

5. 레너드 L. 베리·켄트 D. 셀트먼 지음, 김성훈 옮김, 메이요 클리닉 이야기, 살림Biz, 2012.

6. 백기복, 조직행동연구, 창민사, 2011.

7. 변상우·김학돈·홍승만·정현우, 조직행동론, 대진, 2012.

8. 윤대혁, 조직행동론, 무역경영사, 2009.

9. 이나모리 가즈오 지음, 양준호 옮김, 이나모리 가즈오 아메바 경영, 한국경제신문, 2017.

10. 정동일, 사람을 남겨라, 북스톤, 2015.

11. アメーバ經營學術研究會 編, アメーバ經營の進化：理論と實踐, 中央經濟社, 2017.

12. 稻盛和夫, アメーバ經營 – ひとりひとりの社員が主役 -, 日本經濟出版社, 2006.

13. 稻盛和夫, 新版·敬天愛人 ゼロからの挑戰, PHP研究所, 2012.

14. 岩崎一郎, なぜ稲盛和夫の經營哲學は,人を動かすのか?, CrossMedia Publishing, 2016.

15. Cooper, R., Kyocera Corperation: The Amoeba Management System, Case Study, 9-195-064, Harvard Business School, 1994, pp. 1~12.

16. Cooper, R., When Lean Enterprise Collide: Competing through Confrontation, Harvard Business School Press, 1995.

17. Jay R. Galbraith 지음, 김현주 · 정재상 옮김, 조직설계 방법론, 시그마인사이트컴, 2005.

18. John M. Keller, Motivational Design for Learning and Performance - The ARCS Model Approach - , Springer, 2010.

19. Porter, M.E. and E.O. Teisberg, Redefining Health Care : Creating Value Based Competition Result, Havard Business School Press, 2006.

20. Richard L. Daft 저, 김광점 · 김명형 외 12인 역, 조직이론과 설계[12판], 한경사, 2016.

찾아보기

index

저자 소개

|노형진|

- 서울대학교 공과대학 졸업(공학사) / 고려대학교 대학원 수료(경영학박사)
- 일본 쓰쿠바대학 대학원 수료(경영공학 박사과정)
- 일본 문부성 통계수리연구소 객원연구원 / 일본 동경대학 사회과학연구소 객원교수
- 러시아 극동대학교 한국학대학 교환교수 / 중국 중국해양대학 관리학원 객좌교수
- 국방과학연구소 연구원 역임
- 현재) 경기대학교 경상대학 경영학과 교수
  - 전공. 품질경영 · 기술경영 · 다변량분석(조사방법 및 통계분석)
  - 중소기업청 Single-PPM 심의위원 / 대한상공회의소 심사위원 · 지도위원
  - 한중전략경영연구소 이사장 / 한국제안활동협회 회장

- 주요저서 : EXCEL을 활용한 품질경영(학현사)
  - Amos로 배우는 구조방정식모형(학현사)
  - SPSS/Excel을 활용한 알기쉬운 시계열분석(학현사)
  - SPSS를 활용한 조사방법 및 통계분석(제2판)(학현사)
  - SPSS를 활용한 일반선형모형 및 일반화선형혼합모형(학현사)
  - EXCEL에 의한 경영과학(한올출판사)
  - SPSS를 활용한 회귀분석과 일반선형모형(한올출판사)
  - SPSS를 활용한 주성분분석과 요인분석(한올출판사)
  - Excel 및 SPSS를 활용한 다변량분석 원리와 실천(한올출판사)
  - SPSS를 활용한 비모수통계분석과 대응분석(지필미디어)
  - SPSS를 활용한 연구조사방법(지필미디어) / SPSS를 활용한 고급통계분석(지필미디어)
  - SPSS를 활용한 통계분석의 선택방법(지필미디어)
  - 제4차 산업혁명을 위한 인재육성(배문사)
  - 제4차 산업혁명을 이끌어가는 스마트컴퍼니(한올출판사)
  - 제4차 산업혁명의 핵심동력 – 장수기업 소프트 파워 – (한올출판사)

- e-mail: hjno@kyonggi.ac.kr
- H.P: 010-3375-5642

제4차 산업혁명을 위한 조직 만들기
- 아메바 경영의 진화 -

2018년 1월 10일 초판1쇄 인쇄
2018년 1월 15일 초판1쇄 발행

저   자 노 형 진
펴 낸 이 임 순 재
펴 낸 곳 (주)한올출판사
등   록 제11-403호
주   소 서울시 마포구 모래내로 83(성산동, 한올빌딩 3층)
전   화 (02)376-4298(대표)
팩   스 (02)302-8073
홈페이지 www.hanol.co.kr
e - 메 일 hanol@hanol.co.kr
I S B N 979-11-5685-616-0